Schweigen ist schwer

Evelyn Hardey

SCHWEIGEN IST SCHWER

Verlagsbuchhandlung
Julius Breitschopf
Wien · München · Zürich

Einband von E. Grauel v. Mandelsloh

© Copyright 1974 by Verlagsbuchhandlung
Julius Breitschopf, Wien
All rights reserved throughout the world
Printed in Austria
Druck: Wiener Verlag, Wien

Der Neue zieht ein

Als es endlich klingelte, fuhren Uwe und Bernd erschreckt in ihren Betten hoch. Es war elf Uhr nachts. Seit zwei Stunden hatten sie nun schon gewartet und doch hatte das Klingeln sie erschreckt. „Das muß er sein", sagte Bernd. Auch Uwe war davon überzeugt und nickte. Dann bückte er sich, denn ein vertrautes raschelndes Geräusch vom Fußboden her kündete Post aus dem Mädchenzimmer an. Von der Heizung unter dem Fenster lief ein dickes Rohr, dicht über dem Fußboden, bis zur Wand. Dieses wärmespendende Heizungsrohr nahm seinen Weg durch ein viereckiges Loch in der Wand, das nach der Anbringung des Heizkörpers im Mädchenzimmer nebenan nicht wieder zugemauert worden war. Die Pflegekinder der Schotts hatten daraus eine praktische Rohrpost gemacht, die der Zustellung von Nachrichten diente. Tante Magda und Onkel Alfred waren von dem Einfall begeistert gewesen, endlich würden die späten Klopfzeichen und gerufenen Botschaften vom Mädchenzimmer zum Jungenzimmer aufhören, die viele Beschwerden der anderen Hausbewohner verursacht hatten. Seit es die Rohrpost gab, hatte im Kindernest Schott keine laute Unterhaltung durch die Wand mehr stattgefunden, und doch brauchte am Abend keines der Kinder mit Gedanken einzuschlafen, die es gern noch ausgetauscht hätte.

Uwe hockte auf dem Boden und sah die Schnur durch den Ring flitzen. Schon tauchte das Schächtelchen auf. Er entnahm ihm den Zettel und las:

„Endlich sind sie da!" Das war keine umwerfende Mitteilung, nur ein Beweis, daß auch die Mädchen erleichtert waren.

Bernd und Uwe aber fühlten, daß ihre Spannung trotzdem noch nicht gewichen war. Beide lauschten. Tante Magdas Pantoffelschritte waren zu hören gewesen. Hinterdrein Onkel Alfreds Schritte, fest, energisch, in Stiefeln. Er behielt seine Stiefel sogar am Abend an.

Uwe war wieder unter die Decke gekrochen. Er schaute zu Bernd, der gegenüber im zweiten Stock eines Doppelbettes saß. Dort oben schlief jeweils der Jüngste. Der neunjährige Bernd fand das ganz in Ordnung. Still und abwartend überlegte er, wie der Neue, der das Bett unter ihm beziehen würde, wohl aussehen mochte. Frau Schott hatte den vier Kindern bereits erzählt, daß er elf Jahre alt sei, genauso alt, wie Andreas, der vor zwei Monaten von seinem Vater abgeholt worden war. Bernd konnte sich kaum noch beherrschen. Er hüpfte auf Knien in seinem Bett umher. Es knarrte und wankte. Uwe war nicht so leicht aus der Ruhe zu bringen. Er lehnte gemütlich gegen sein riesiges Kopfkissen und machte Fingerübungen auf der Blockflöte. Zu so später Stunde laut zu musizieren, wäre rücksichtslos den schlafenden Hausgenossen gegenüber gewesen. Das wußte er, also übte er im Stillen. Mit seinen dreizehn Jahren war Uwe der Älteste. Als er klein war, hatte seine Mutter ihn noch ab und zu bei den Pflegeeltern besucht. Das war vor zehn Jahren gewesen, und seinen Vater hatte er niemals kennengelernt. So war Uwes Zuhause das Kindernest Schott, und es gab keinen Zweifel darüber, daß er sich dort wohl fühlte. „Hör doch bloß auf", bat er Bernd, der inzwischen begonnen hatte, mit beiden Fäusten auf sein Federbett zu trommeln.

„Ich möchte Sanne und Bine einen Antwortbrief schreiben", verkündete Bernd.

Uwe schlug vor:

„Warte doch lieber, bis er bei uns im Zimmer ist." Er fuhr mit seinem lautlosen Flöten fort. Dann saß er plötzlich ganz still und sperrte Augen und Ohren auf. Auch Uwe ließ seine Flöte sinken und horchte. Aus der Küche waren deutlich Worte zu hören:

„Komm Casper, trink noch eine Tasse warme Schokolade, bevor du zu Bett gehst. Fräulein Uhlen, nehmen Sie Zitrone zum Tee?"

Fräulein Uhlen war die Fürsorgerin. Bernd beugte sich über den Bettrand, um Uwe voll ins Gesicht sehen zu können.

„Sag mal, hast du auch verstanden, daß der Kasper heißt?" Uwe konnte sein Erstaunen darüber kaum verbergen.

„Hm, ja, das hab ich auch verstanden", gab er zu. Bernd begann zu lachen und stopfte sich einen Bettzipfel in den Mund.

„Du kicherst wie ein Mädchen", bemerkte Uwe. Bernd hörte auf zu lachen, sagte aber ununterbrochen:

„Kasper, Kasper, Kasperle! Tra tra tra la la, Kasperle ist wieder da!"

Uwe hatte die Flöte bedächtig in den schmalen Kasten gepackt. Er stieg nun von seinem Lager und trat an das

Doppelbett. Sein Kopf war dicht vor dem des kleinen Pflegebruders.

„Hör mal zu, mein Lieber, ich will dir etwas sagen. Wir werden den Neuen nicht mit seinem Namen necken. Verstehst du? Denk dir bitte etwas anderes zum Necken aus, wenn du ihn länger kennst. Den Namen hat er sich ja nicht selbst ausgesucht. Was kann er denn dafür, daß er so heißt?"

Bernd nickte sofort, denn er wußte, daß Uwe es ernst meinte.

„Post!" rief Bernd von oben und deutete auf das zappelnde Kästchen an der Schnur im Wandloch. „Was ist denn bloß los?" wollten die Mädchen wissen. Knallrot und dringend war die Frage in Druckbuchstaben gemalt. Anscheinend hatten sie keine Stimmen und Geräusche aus der Küche vernommen. Auch bis zum näher gelegenen Jungenzimmer drang zur Zeit nur Geschirrklappern. Uwe reichte Bernd Papier und Kugelschreiber hinauf, damit er sich beschäftigen konnte. Bernd kaute beim Schreiben an seiner Unterlippe. Ungefaltet gab er Uwe die Nachricht, damit er sie lesen konnte: „Er heißt Kasper und trinkt Schokolade" stand darauf. Uwe setzte in flinken Schriftzügen darunter: „Liebe Sanne, liebe Bine, es ist wirklich so. Ausführlicher Bericht folgt." Die Mitteilung wurde schnell durchgespult und löste drüben ein Kichern aus. Susanne meinte:

„Bernd macht Spaß. Kasper heißt er bestimmt nicht."

„Wenn Uwe schreibt, es stimmt, dann stimmt es", sagte Sabine überzeugt. Die beiden Mädchen, die Schwestern waren, saßen zusammen in einem Bett. Die kleine zehnjährige Sabine war zu der um zwei Jahre älteren Susanne unter die Decke geschlüpft. Sie war genauso ungeduldig wie drüben der Bernd.

„Es dauert furchtbar lange, bis man heiße Schokolade ausgetrunken hat", seufzte sie.

„Höchstens zehn Minuten", tröstete Susanne.

„Warum mußte er auch mit einem Zug fahren, der mitten in der Nacht hier ankommt?" wollte sie wissen.

„Nun komm Bine, bürste lieber meine Haare weiter." Sabine fuhr fort, das blonde Haar ihrer Schwester zu bürsten. Ihr eigenes hing bereits nach hundert Bürstenstrichen seidig glänzend über ihre Schultern. Auf einmal sprang Susanne flink unter der Bürste fort.

„Pst, ich höre was, sie sind jetzt drüben bei den Buben!"

Die Mädchen konnten trotz großer Anstrengung nur einen Teil der Worte verstehen, mit denen nebenan der Neue vorgestellt wurde. Sie vernahmen dabei auch Schieben und Schurren von Koffern auf dem Fußboden. Alles ging sehr schnell. Sie hörten nebenan die Zimmertür klappen. Wie Blitze in der Nacht sausten Susanne und Sabine mit wehendem Blondhaar zurück in ihre Betten. Gleich danach wurde bei ihnen die Tür geöffnet. Frau Magda Schott trat ein. Gegen den Lichtschein aus der Diele sah man die rundliche Gestalt, die nicht größer als die zwölfjährige Susanne war. Mit kleinen Schritten schlurfte sie herein. „Ihr seid doch noch wach? Kinder, es ist fast Mitternacht!" Bevor die Mädchen sie mit Fragen bestürmen konnten, berichtete sie:

„Er ist elf Jahre alt, so groß wie du Bine. Er heißt Kasper, mit einem C vorn. Er hat rötliches Haar und eine Menge lustiger Sommersprossen. Seine Eltern sind Entwicklungshelfer in Afrika und bleiben zwei Jahre dort. So lange bleibt er bei uns."

„Toll", sagte Susanne, „warum ist er nicht auch in Afrika?"

„Weil er das Klima dort nicht vertragen hat und weil er hier zur Schule gehen soll. Genug jetzt, morgen früh ist große Begrüßung!"

„Muttiiii!" bettelte Sabine, die noch Einzelheiten wissen wollte. Aber Frau Schott ließ sich nicht erweichen, denn sie wollte nicht, daß morgen vormittag zwei todmüde kleine Mädchen in der Schule saßen. Sie gab jeder Tochter einen Kuß und deckte sie zu. Dann kämmte sie aus der Bürste noch ein paar lange Haare, warf sie in den Papierkorb und ging zur Tür.

„Gute Nacht, sie ist kurz, schlaft schnell ein!" scherzte sie und ging leise hinaus. Nach einigen Minuten raschelte es im Postkanal. Susanne knipste das Schreibtischlämpchen wieder an. Sabine war schon dabei, das Zettelchen, welches den angekündigten ausführlichen Bericht enthielt, zu entfalten. Es mußte eilig bekritzelt worden sein. Mühselig entzifferten die neugierigen Mädchen:

„Er war in Afrika. Er hat ein 5 Meter langes Krokodil gesehen. Er kennt sogar einen, der später von dem Krokodil aufgefressen worden ist."

„Pfui Teufel", machte Sabine, dann las sie weiter:

„Er gibt aber gar nicht an. Er ist ein netter Kerl. Bernd."

Darunter hatte Uwe geschrieben: „Casper läßt Euch grüßen." Und darunter hatte der Neue dann noch selbst seinen Namen geschrieben. Sie lasen den Brief zum zweiten Mal.

„Das nennen sie einen ausführlichen Bericht", beschwerte sich Susanne. Dann löschte sie das Licht, und es wurde still. Wie Frau Schott gesagt hatte, war die Nacht recht kurz gewesen. Das Aufstehen fiel schwer, doch zeigte gleich danach niemand mehr Spuren von Müdigkeit. Die Aufregung war zu groß.

In dieser Woche waren die Mädchen an der Reihe, das Badezimmer zuerst zu benutzen. Susanne und Sabine waren sogar zehn Minuten früher als gewöhnlich dran. Sie waren auch mit der Morgenwäsche fertig, bevor Uwe wie üblich an die Tür bummern mußte.

„Grüß euch!" rief Susanne, die am Morgen selten den Mund aufmachte.

„Schläft er etwa noch?" forschte sie.

„Nein er kommt gleich zum Frühstück. Er braucht aber in dieser Woche noch nicht zur Schule zu gehen", wußte Bernd zu berichten.

„Wo bleibt ihr denn?" rief Tante Magda aus der Küche, in der sie schon seit einer Stunde beschäftigt war, um die große Familie zu versorgen. Alle beeilten sich nun, um ihre gewohnten kleinen Hilfsdienste zu leisten. Die Küche war geräumig, in der Mitte stand ein großer, gescheuerter Holztisch. Darauf lagen sieben bunte Kunststoffmatten. Susanne verteilte flink und geschickt tiefe Schüsseln, während Sabine am Herd auf die Milch aufpaßte. Beide warfen alle paar Sekunden gespannte Blicke durch die Diele zur Tür des Jungenzimmers. Endlich ging sie auf, und das neue Familienmitglied trat heraus.

Casper hatte einen gestreiften Bademantel an und band sich gerade die etwas ausgefranste Schnur um den Bauch. Er kam in die Küche und lächelte die beiden neuen Schwestern so vergnügt an, daß Sabine ihm spontan ihre Hand entgegenstreckte. Sie hatte dabei ihren Rührlöffel in die Haferflocken plumpsen lassen und mußte ihn herausfischen. Auch Susanne beeilte sich, den Pflegebruder freundlich zu begrüßen.

Tante Magda machte die Kinder miteinander bekannt: „Also Casper, das ist unsere Susanne und ihre Schwester Sabine. Wir adoptierten die zwei, als sie fünf und drei Jahre alt waren. Seitdem sind wir sehr glücklich miteinander."

Frau Schott griff Sanne an ihrem Pferdeschwanz und drehte sie sanft herum, um zu sehen, ob das auch ihre Meinung war. Die große Tochter nickte dazu und bestätigte:

„Bei uns geht's demokratisch zu. Es wird dir gefallen! Du kannst mich Sanne nennen und sie Bine, okay, Casper?" Das hatte sie ein wenig verlegen hinzugesetzt, denn es war ihr nichts anderes mehr eingefallen. Sabine rührte und lächelte. Zum Glück kam Uwe dazu. Gleich darauf erschien auch Onkel Alfred, gefolgt von Bernd, der ihm mal wieder beim Rasieren zugesehen hatte.

„Ich habe ihm von Caspers Krokodil erzählt und er hat sich vor Schreck fast geschnitten!" verkündete der Jüngste. Sabine zischte den Bruder an:

„Hör doch bloß mit dem scheußlichen Krokodil auf!" Tante Magda teilte das Frühstück aus und meinte:

„Casper wird bestimmt viel Interessantes zu berichten haben." Sie schaute ihn dabei aufmunternd an, und er antwortete bereitwillig:

„Klar, das mach ich gern." Es war nicht schwer, ihn in ein Gespräch zu ziehen. Mit Appetit aß er seine Haferflocken und schaute gespannt rundum. Von Bernd kam die hoffnungsvolle Feststellung:

„Dann werden wir ja endlich mal was anderes zu hören kriegen, als die alten Geschichten von Onkel Emmerich." Empört sagte Sabine:

„Ich finde Muttis Geschichten von Onkel Emmerich sehr interessant." Tante Magda lächelte getröstet, obwohl keines der anderen Kinder zustimmte. Dann fragte sie:

„Aber Berndchen, seit wann langweilen dich denn die

Geschichten über Onkel Emmerichs Abenteuer. Du hast doch immer zugehört."

„Na ja, nun kenne ich sie aber alle schon genau", war Bernds ehrliche Antwort.

Casper sah fragend von einem zum anderen. Uwe, der neben ihm saß, weihte ihn ein:

„Tante Magdas Vater hatte einen Bruder namens Emmerich. Der hat die tollsten Sachen angestellt."

„Das kann man wohl sagen", ergänzte Herr Schott, „ein ganz unglaublicher Kerl muß das gewesen sein. Kein Wunder, daß man sich so viele Geschichten über ihn erzählt."

„Da bin ich aber neugierig", sagte Casper. Es klang jedoch eher höflich als gespannt. Irgendwie merkte er, daß die neuen Geschwister dieser Geschichten müde sein mußten. Nur Sabine schaltete sich wieder verteidigend ein:

„Casper wird begeistert sein!"

„Hach, daß ich nicht lache, der Casper hat doch selbst Abenteuer erlebt, viel bessere, als der Onkel Emmerich. Dem ging es doch immer nur um die blöden Edelsteine. Und tot ist er auch schon. Und nicht einmal von einem Ungeheuer gefressen worden oder so." Diese Worte von Bernd hatten Tante Magda nun wirklich böse gemacht.

„Du sollst dich schämen, Bernd, wie kann man nur so etwas sagen." Herr Schott bat um Ruhe. Casper hatte während dieses ersten gemeinsamen Frühstücks erkannt, daß der verstorbene Onkel Emmerich in dieser Familie anscheinend noch eine Rolle spielte. Er erwartete, daß er bald noch mehr über ihn zu hören bekommen würde, und versicherte Frau Schott, daß er sich darauf freute.

„Sag Tante Magda zu mir", forderte sie ihn auf und führte ihn in das Wohnzimmer.

„Hier, schau dir einmal diesen wunderschönen alten Schrank an. Den habe ich von Onkel Emmerich geerbt." Der Schrank war über mannshoch und reich verziert. Geschnitzte Ranken ringelten sich im dunklen Holz um zwei Glastüren. Die Metallschlösser daran wiesen ebenfalls blankgeputztes Blattwerk auf. In Kniehöhe befand sich ein Vorbau. Zwei geschwungene Armlehnen, die von drei kleinen Holzsäulen getragen wurden, wiesen darauf hin, daß dieser Platz als Sitzbank benutzt werden konnte. Casper stand stumm und staunend vor dem gewaltigen Möbelstück. Frau Schott klappte die Sitzfläche der Bank wie einen schweren Deckel empor und ließ Casper in eine geräumige Truhe schauen.

„Allerhand", entfuhr es ihm. Er fühlte sich selbst nicht wohl dabei, denn er wußte, daß damit nichts ausgedrückt worden war. Er fand den Schrank weder schön noch häßlich. Seine Zurückhaltung störte Tante Magda nicht. Sie ließ den Deckel wieder über den geheimnisvollen Inhalt fallen und sagte:

„Darin sind viele kleine Schätze und allerlei sonderbare Dinge, von denen jedes eine seltsame Geschichte hat." Ihre Augen glänzten vor Freude, so daß Casper erwartete, daß sie gleich eine der Geschichten erzählen würde.

Da stürzte jedoch Susanne, mit der Schulmappe in der Hand, herein und rief:

„Mutti, schnell, schnell, wir brauchen Milchgeld für die Schule!"

Im Nu war Frau Schott wieder mit ihren Gedanken im Alltag und erledigte das Notwendige. Casper stand ratlos in der Diele und schaute dem Hasten und Treiben zu.

„So, mein Lieber, nun sind sie alle draußen!" verkündete Frau Schott. Es war, als hätte sich ein Sturm gelegt. Casper setzte sich zu Onkel Alfred der seine

Morgenzeitung auf dem abgeräumten Küchentisch ausgebreitet hatte. Er las darin, trank seinen Kaffee und schaute ab und zu hoch, um dem neuen Pflegesohn freundlich zuzuzwinkern. Die Erfahrungen mit seinem Kindernest hatten Herrn Schott gelehrt, daß zuviel Beachtung und Gesprächigkeit für einen neuen Schützling nicht gut waren. Die Zeit des Eingewöhnens verlief ruhiger und reibungsloser, wenn der kleine Hausgenosse nicht durch übertriebene Aufmerksamkeit belastet wurde. Je mehr man ihn wie ein vertrautes Familienmitglied behandelte, um so schneller gelang es ihm, dazu zu werden.

Casper empfand das als wohltuend. Er kam sich schon nach den ersten Stunden nicht mehr wie ein Gast vor. Jeder blieb seinen alten Gewohnheiten treu, nichts drehte sich um den Neuen. Er war kein Mittelpunkt, sondern ein Glied im Kreis. Er fühlte sich recht behaglich und sah mit in Onkel Alfreds Zeitung hinein.

Bald legte Herr Schott die Zeitung zusammen. Er nahm noch einen letzten Schluck Kaffee, blickte dann auf die Uhr und faßte den Jungen um die Schultern.

,,Komm mit in den Laden. Du kannst die Vorhänge aufziehen und die Tür aufschließen."

Casper folgte ihm. Er wußte, der Laden war eine Schuhmacherei. Onkel Alfreds Hände hatten ihn auch bereits daran erinnert. Sie sahen wie derbes, rissiges Leder aus.

Der Laden lag in dunkelgrünem Schummerlicht. Es roch stark nach Leder und Wichse. Forsch trat Casper an die Schaufensterscheibe und zog den grünen Vorhang zur Seite. Onkel Alfred hatte inzwischen einen Schlüsselbund hervorgeholt und davon einen Schlüssel in die Ladentür gesteckt. Nun stand er an der Wand und trennte behutsam mit seinen wuchtigen Fingern ein Blatt vom Kalender. Casper schloß mit einem kräftigen Ruck die Tür auf. Er schaute hinaus und bemerkte nicht, wie zufrieden sein Pflegevater nickte. Er wußte auch nicht, daß er im Stillen dachte: Der Junge ist in Ordnung! Der paßt gut zu uns.

Wie fremd die Straße noch für ihn war. Und wie grau, wie trübe alles aussah. Die Häuser waren grau, und selbst die Kleidung der Menschen erschien Casper farblos. Für Augenblicke huschten Bilder durch seinen Sinn, die von der gleißenden Sonne Afrikas erhellt wurden. Grellbunt wie laute Musik. Er dachte an die Dorfbewohner, die sich in knalligen, frohen Farben kleideten, und an die Eltern, die ohne zu zögern dem heiteren Brauche folgten. Die Erinnerung an leuchtende Blüten und strahlendblauen Himmel kam und war so stark, daß er Hitzegeflimmer zu sehen glaubte und die heißtrockene Luft in der Nase zu spüren begann. Doch der Spuk war schnell vorbei, als sich eine Gestalt aus dem Nieselregen löste und mit höchst erstauntem Gesicht auf die Tür zukam. Casper sprang zurück, denn ihm fiel ein, daß er im gestreiften Bademantel in der Ladentür einen Schusterei stand und träumte. Mit großen Sprüngen war er die Stufen zur Wohnung emporgeeilt und verschwunden.

„Guten Morgen, Herr Schott", sagte die eintretende Kundin, „was war denn das eben? Schon wieder ein neues Kind?"

„Schönen guten Morgen, Frau Fürst. Ja, das war ein Kind. Und für uns ist er noch neu, das stimmt!"

Sie holte zwei paar Schuhe aus ihrem Netz und stellte sie auf den Tisch.

„Um Himmels Willen, wie viele haben Sie denn jetzt schon?"

„Unsere Familie umfaßt immer fünf Kinder, Frau Fürst. Und es mag sein, daß der Himmel es will", antwortete der Schuster, indem er ihre Worte gebrauchte. Er besah sich die Sohlen der braunen Schuhe, strich sie mit Kreide an und fragte dann:
„Spitzen und Absätze an den blauen, Frau Fürst?"
„Ja, beides. Der Bengel ist ja rothaarig, konnten Sie denn keinen anderen kriegen?" erkundigte sie sich weiter.
„Ach wissen Sie, nach der Haarfarbe suchen wir sie uns nicht aus. Außerdem macht das die Fürsorgestelle."
Onkel Alfred hatte Mühe, die Fragen mit Geduld zu beantworten. Die Kundin spürte das und setzte nun ein süßes Lächeln auf.
„Ja Herr Schott, Sie haben eben ein riesengroßes Herz nicht wahr, so ist es doch?"
Er reichte ihr die beiden Abholemarken und antwortete.
„Wenn nur die Wohnung riesengroß wäre!" Abschließend setzte er hinzu:
„Am Freitag sind Ihre Schuhe fertig." Dann ging er auf die Tür seiner Werkstatt zu, und Frau Fürst verließ eilig den Laden.
Casper hatte inzwischen seine Pflegemutter im Jungenzimmer gefunden. Sie war schon dabei, seinen Koffer auszupacken. Flink sprang er hinzu und half ihr. Sie zog eine Schublade auf und erklärte:
„So Casper, das ist deine und die darunter auch." Er nickte.
„Hier im Schrank ist Platz für deine Sachen. Dort hängen leere Bügel."
Er bemühte sich, ihrem Eifer entsprechend mitzuhelfen, und in kurzer Zeit hingen seine Jacken und ein

Mantel auf den Bügeln. Casper fühlte sich immer mehr zu Hause. Plötzlich fragte er halb aus Wißbegier, halb aus dem Wunsch heraus, Tante Magda eine Freude zu machen:

„Wo hat der Onkel Emmerich eigentlich gelebt?"

„Die ersten zwanzig und die letzten zwanzig Jahre seines Lebens hat er hier in dieser Stadt verbracht. Dazwischen war er stets unterwegs gewesen. Viele Jahre in Südamerika. Das waren für uns alle daheim die aufregendsten Jahre. Und als er dann wiederkam, da war er nicht mehr derselbe."

Casper hörte zu und überlegte dabei, wie oft sie das wohl schon erzählt haben mochte.

„So seltsam ist das doch gar nicht", sagte er.

„Du weißt ja auch noch nichts, warte nur ab."

„Bitte, Tante Magda, erzähl doch weiter."

Er folgte Frau Schott in die Küche. Er erfuhr, daß Tante Magdas Großvater, der Onkel Emmerichs Vater gewesen war, schrecklich streng und unnachgiebig mit seinem abenteuerlichen Sohn gewesen war.

„Wie haben sie oft alle auf ihn geschimpft, meine Großeltern, die ganze Familie", seufzte Tante Magda, „und ich habe ihn so verehrt", gestand sie.

Casper fragte:

„Was hat er denn bloß so fürchterliches angestellt, daß die ganze Verwandtschaft so böse war?"

„Er wurde mit der Zeit immer starrköpfiger, und das hat alle so verärgert. Ein paar kleine Bosheiten hat er allerdings wirklich auf dem Gewissen." Sie schüttelte bekümmert den Kopf. Da klingelte es. Frau Schott erklärte:

„Onkel Alfred braucht mich im Geschäft. Mach, was du willst, Casper. Die anderen trudeln so zwischen eins und zwei ein." Sie winkte mit beiden Händen und hastete davon.

Casper ging ins Schlafzimmer und schaute aus dem Fenster. Hinter hohen Büschen, nicht weit vom Haus, war ein schnurgerader Kanal zu sehen. Enten und Möwen schwammen auf dem stillen Wasser und ließen sich von den Autos, die über die nahe Brücke polterten, nicht stören.

Casper fand diesen Anblick freundlich. Sogar der milde Regen paßte gut dazu. Auf einem schmalen, ausgetretenen Pfad, der dicht am Steinufer des Kanals führte, ging ein alter Mann mit seinem Hund spazieren. Casper sah beiden nach, bis er sie nicht mehr sehen konnte. Dann schloß er das Fenster, denn der feine Regenschleier wehte bis auf das Fensterbrett. Sicher ist es im Mädchenzimmer genauso, dachte er und ging hinüber. Er schloß auch hier das Fenster, wie einer, der sich daheim fühlte und kleine Pflichten übernahm.

Beim Hinausgehen fiel sein Blick auf ein Bild an der Wand. Es zeigte zwei kleine Mädchen, eines saß auf einem Dreirad, das andere stand und hielt eine Puppe. Neben ihnen war ein junges Paar zu sehen. Casper erinnerte sich, daß Susanne und Sabine Schotts Adoptivkinder waren. Er schaute das Bild lange an und ahnte, daß die Antwort auf die Frage nach dem jungen Paar eine traurige sein würde. Leise schloß er die Tür und ging zurück in das Zimmer, das er nun für lange Zeit mit Uwe und Bernd teilen würde.

Er schrieb einen langen Brief an seine Eltern, der noch am gleichen Tag auf die Reise gehen sollte, denn der jüngste Bruder bestand darauf, ihn zum Briefkasten zu bringen. Alle begleiteten ihn, denn es hatte aufgehört zu regnen, und sie wollten Casper die Gegend zeigen.

Schnell lief Susanne hinauf in den zweiten Stock, um ihre Freundin Cordula mitzunehmen. In großen Sprüngen kamen beide die Treppen herab, um die anderen einzuholen. Cordula knöpfte dabei noch ihre Jacke zu und fragte atemlos:

„Ist er nett?"

Susanne nickte kräftig und tippte Casper noch im Laufschritt auf die Schulter.

„Das ist meine beste Freundin, Cordel!"

„Hallo Cordel, ich heiße Casper." Er war stehengeblieben. Bernd ergänzte:

„Er heißt wirklich so. Und ein Krokodil hat er auch, wie der richtige Kasper!" Den Zusammenhang hatte er eben erst entdeckt und fand ihn großartig. Er war dabei in die Luft gesprungen und hatte den Brief nach Afrika fallen lassen. Uwe hob ihn auf, stieß Bernd in die Seite und bemerkte:

„Wenn sich einer wie ein Kasperl und ein Hampelmann zusammen benimmt, dann bist du es."

Verdrossen riß Bernd ihm den Brief wieder aus der Hand und rannte damit los zum Postkasten. Casper seufzte erleichtert, als er seinen Brief im Schlitz verschwinden sah.

Die Gruppe ging zur Brücke und dort eine steile Steintreppe hinunter, welche zum Pfad längs des Kanals führte. Ein ganzer Schwarm von Möwen war beobachtend auf dem Brückengeländer gesessen und kam nun herangesegelt. Laut kreischend kreisten sie über dem Wasser.

„Hat einer an Brot gedacht?" wollte Uwe wissen. Susanne verneinte für alle. Cordula aber kramte aus ihrer Jackentasche einen kleinen Plastikbeutel hervor.

„Kotelettknochen", verkündete sie. Susanne machte ein Ekelgesicht.

„Sag bloß, du weißt nicht, daß Möwen Fleisch fressen!" rief Bernd in den Lärm. Die gierigen Vögel schrien beim Anblick der Tüte noch lauter.

Cordula warf drei Knochen in hohem Bogen hinaus auf den Kanal. Viele Möwen stürzten mit ihren spitzen Schnäbeln aus der Luft hinterdrein. Die Leckerbissen wurden immer kleiner, denn jedem Vogel gelang es, sich ein Fleischrestchen davon abzureißen. Bald flogen drei große kräftige Möwen mit den fast blanken Knochen davon, gefolgt und belästigt von den anderen.

Plötzlich wurde es still, und die Kinder konnten wieder ihre eigenen Worte verstehen.

„Am Kanal ist immer etwas los!" stellte Bernd fest. Die anderen stimmten zu.

„Wir sind oft hier unten. Im Sommer ist das Gras so hoch. Dann legen wir uns hier auf die Böschung. Und wenn es regnet, sitzen wir unter der Brücke. Dort haben wir uns Bänke gebaut." Die Bänke bestanden aus Steinen und Brettern. Zum Hinsetzen war es aber noch zu kalt. So schlenderten sie wieder den Pfad entlang. Sie spazierten hintereinander bis zur nächsten Brücke, stiegen dort die Treppe empor und zeigten Casper eine alte Sonnenuhr, die zur Zeit nutzlos unter bewölktem Himmel stand. Bernd sah sehnsüchtig einem Motorboot nach. Bine flüsterte Caspar zu: „Ich glaube, er denkt an seinen Vater. Der ist nämlich Schiffsarzt und fast immer auf See."

Es fiel Casper nicht schwer, Sabines Gedanken zu folgen.

„Das mag schon sein", stimmte er ihr zu, „und wo ist seine Mutter?"

„Bernds Eltern sind geschieden. Seine Mutter durfte

ihn nicht bei sich behalten, weil sie irgend etwas angestellt hat." Sabine zuckte mit den Schultern.

„Und der Vater ist fast immer auf See?" wiederholte Casper.

„Er kommt ihn ab und zu mal besuchen. Er ist immer sehr, sehr nett, dann geht er aber wieder fort, und das wird wohl noch viele Jahre so gehen."

„Er liebt wohl seinen Beruf sehr?" erkundigte sich Casper. Dabei mußte er an seine eigenen Eltern denken.

„Bestimmt!" Sabine nickte, „er hat uns einmal erzählt, wie er einen Matrosen operiert hat. Bei Sturm sogar."

Casper war sehr beeindruckt und müde. Still und nachdenklich ging er mit den anderen heim. Es war nicht einfach, sich all das, was er heute über die neuen Geschwister erfahren hatte, zu merken. Nachdem er sich von Cordula verabschiedet hatte, hörte er, wie sie hinter seinem Rücken Susanne zuwisperte:

„Mensch, der ist wirklich nett."

Darüber freute er sich. Er glaubt, daß auch die anderen ihn schon mochten. Der Anfang war gut.

Nach dem Essen stand er mit Bernd am Fenster und wartet auf das Motorboot der Wasserpolizei, dem Bernd jeden Tag zuwinkte.

„Sie kommen immer", versicherte der kleine Bruder eifrig, „bei jedem Wetter, auch an Feiertagen."

„Sie sind eben Männer, die ihre Pflicht tun", sagte Casper darauf.

„Das stimmt!" kam es voller Überzeugung von Bernd, für den diese Worte wieder einmal Trost dafür waren, daß sein Vater ihn allein lassen mußte.

„Da sind sie", rief er froh. Auch Casper sah nun das helle Schiff unter der Brücke hervorkommen. Bernd winkte mit beiden Armen. Das gleiche tat auf dem Boot ein Mann. Kurz hörte man noch das Tuckern des Motors, dann waren sie vorbeigefahren, die Wasserschutzmänner, die sich täglich die Mühe machten, einem kleinen Jungen eine Freude zu bereiten. Es wehte kühl vom Wasser herauf, aber Casper war eigentümlich warm zumute. Bernd schloß zufrieden das Fenster. Als Tante Magda zum Gute-Nacht-sagen kam, fand sie die Jungen bereits in den Betten und das Zimmer einigermaßen aufgeräumt. Sie ging froh und zuversichtlich hinaus.

„Wir wünschen Casper einen schönen Traum. Denn was man in der ersten Nacht im neuen Heim träumt, das geht in Erfüllung. Heute ist ja seine erste, richtige, ganze Nacht ! ! ! ! Sanne und Bine." Bernd schnitt eine Grimasse: „Typisch Mädchen, nicht wahr?"

„Das ist Quatsch, Bernd, so was gibt es nicht. An Träume kann man glauben, ob man Junge oder Mädchen ist."

„Sie meinen es doch nur gut", beschwichtigte Casper. Uwe löschte das Licht wieder und Bernd hielt den Mund. Casper beschäftigte aber noch eine Frage:

„Was ist eigentlich mit den richtigen Eltern von den beiden?"

Uwe antwortete lange nicht, und auch Bernd blieb auffallend still.

„Autounfall" sagte Uwe dann nur kurz. Gleich darauf hörte man seine Matratze knarren und unter seiner Decke kamen die Worte hervor:

„Nun gute Nacht, ihr zwei. Casper, gib dir mal wirklich Mühe, was Schönes zu träumen, dann freuen sich die beiden. Casper boxte noch einige Male sein Kissen, dann lag er still und versuchte zu träumen.

Mehr über Onkel Emmerich

Casper gewöhnte sich schnell an die neue Schule. Seine Briefe an die Eltern klangen froh und zufrieden. Sie wußten alles über sein Befinden und hatten sogar schon einiges über den geheimnisumwitterten Onkel Emmerich erfahren. Zwar wußte Casper noch nicht soviel über ihn wie seine neuen Geschwister, aber er fragte Tante Magda täglich aus.

„Du schaust ja immerfort auf den Schrank", flüsterte Sabine am Abend, als die Kinder beim Würfelspiel um den runden Wohnzimmertisch saßen.

„Bine, du bist dran", unterbrach sie Uwe. Sabine würfelte eine Vier und zog mit ihrem Männchen vier Felder weiter. Cordula, die auch dabei war, sagte vorwurfsvoll:

„Ihr spielt aber heute langweilig!" Auch Uwe war sichtlich erleichtert, als das Spiel endlich aus war. Bald darauf verschwand er im Jungenzimmer, von wo man bald seine Flöte hörte. Susanne und Cordula setzten sich mit einer bunten Filmillustrierten auf das Sofa. Als Bernd sah, daß Onkel Alfred die Zeitung umfaltete, um ein Kreuzworträtsel zu lösen, stellte er sich zu ihm hinter den dicken Sessel, um mitzuhelfen.

„Dem Wind zugekehrte Seite des Schiffes?" fragte Herr Schott über seine Schulter.

„Luv", schrie Bernd dicht am Ohr des Pflegevaters. Der trug die drei richtigen Buchstaben ein und bat den Jüngsten:

„Du brauchst aber nicht so zu brüllen, mein Lieber, wir sind hier nicht auf hoher See!"

Frau Schott war in die Küche gegangen, um Tee zu brühen. Nachdem Sabine das Brettspiel fortgeräumt hatte, ging sie zu dem alten Schrank und setzte sich auf seine Bank. Von dort schaute sie Casper an und deutete auf den Platz neben sich. Er setzte sich daneben, blieb aber stocksteif und wagte nicht, sich anzulehen, denn in seinem Rücken waren Glastüren. Sie machten den Platz unbequem. Casper machte seinem Unbehagen Luft:

„Ich finde diesen Schrank und diese Bank scheußlich!"

„Du hast ihn aber immer angeschaut, warum?"

„Weil ich weiß, daß er soviel Interessantes enthält." Er mußte an die dunkelrote Schildkröte denken, die Indianer aus Stein gemeißelt hatten, und die beiden guterhaltenen Schlangenhäute, die Tante Magda ihm gezeigt hatte. Ihm fiel auch der vergilbte Brautschleier ein, der nie eine Braut zur Hochzeit geschmückt hatte und der nun gefaltet im Dunkeln, zwischen den nachgelassenen Schätzen lag.

„Warum hat denn bloß der Onkel Emmerich diesem Fräulein Elise nicht geschrieben, daß er nicht pünktlich zur Hochzeit kommen konnte?" forschte Casper.

„Das war ja das Schlimme", wisperte Sabine, „nach der Verlobung hat Elises Vater immer die Briefe vom

Onkel Emmerich abgefangen und vernichtet. Dann hat der arme Bräutigam seine Briefe an Tante Magda geschickt. Sie war damals fünfzehn Jahre alt. Sie brachte die Briefe heimlich Elise bis deren Vater auch das entdeckte. Er soll fürchterlich getobt haben."

Noch immer wagte Casper nicht, sich anzulehen. Er hörte jedoch so gespannt zu, daß ihm die ungemütliche Bank nichts mehr ausmachte. Sabine fuhr fort:

„Die Mutter der Braut war eingeweiht worden und hatte trotz allen Ärgers schon heimlich vieles mit Elise für die Hochzeit besorgt."

„Die reinste Verschwörung", stellte Casper fest.

„So ungefähr." Sabine nickte. „Tante Magda und Elises Mutter haben den beiden geholfen, so gut sie konnten, aber Elises Vater mochte Onkel Emmerich einfach nicht."

„Aber warum kam Onkel Emmerich nicht zur Hochzeit?"

„Es ist ihm irgend etwas Wichtiges mit vielen, wertvollen Edelsteinen dazwischengekommen. Ein ganz großes Geschäft mit furchtbar viel Geld."

„Warum haben sie denn die Hochzeit nicht verschoben?" Casper sah die Probleme längst vergangener Zeiten nüchtern an und machte nachträglich praktische Vorschläge. Sabine aber wußte:

„Die Sache mit der heimlichen Post war doch herausgekommen und Tante Magdas Vater hatte gerade den Brief erwischt, in dem die Erklärung für Onkel Emmerichs Verspätung stand. Den Brief hat er dann seinem Bruder gegeben und der hat ihn an Onkel Emmerich zurückgeschickt und geschrieben, seine Tochter Elise hätte es sich überlegt, sie dachte gar nicht daran, ihn noch zu heiraten."

„So eine Gemeinheit", entfuhr es Casper, „und dann?"

„Dann soll die Verbindung ganz abgerissen sein. Elise dachte, Emmerich wollte sie nicht heiraten, und er dachte, Elise wollte nicht!"

Casper wurde ganz traurig.

„Ja und dann hat Onkel Emmerich eines Tages alles herausgekriegt. Er war so wütend, daß er Elises Vater ein Paket schickte, in das er einen geschrumpften Indianerkopf und einen Zettel mit bösen Wünschen gepackt hatte."

„Was? Ist das wirklich wahr?"

„Natürlich", beteuerte Sabine, „er mußte sogar ins Krankenhaus, weil er vor Schrecken etwas am Herzen gekriegt hat."

„Meine Güte", stöhnte Casper leise, „und die Elise?"

„Sie hat sich später einen anderen Schleier gekauft und einen anderen Mann geheiratet. Der war auch jünger!"

Frau Schott kam mit voll beladenem Tablett herein. Es gab roten Hagebuttentee und Kandiszucker. Der knackte in dem heißen Getränk. Sehr süß war er aber nicht, fand Casper. Man mußte viele Löffel davon nehmen. Er rührte versonnen und dachte an die Dinge in der Schranktruhe.

„Ist der Schrumpfkopf auch im Schrank?" wollte er von Sabine wissen. Fast hätte sie ihre Teetasse fallen lassen. Etwas von dem heißen roten Tee war auf ihre Hand gespritzt.

„Auuuu!" machte sie und zischte dann Casper zu: „Nein, natürlich nicht, du spinnst wohl!"

Sie wurden unterbochen, denn Bernd rief laut durch das Zimmer:

„Wer kennt einen Fluß in Kolumbien, mit ganz vielen Buchstaben?"

Nun war Tante Magda an der Reihe, einen Schreck zu bekommen. Sie goß ein wenig Tee auf ihre Untertasse, schnell stellte sie die Tasse auf den Tisch und rief:

„Das weiß keiner? So ein Zufall, der Fluß heißt sicher Magdalena. Ich erinnere mich genau, was für einen schönen Brief Onkel Emmerich damals auch an mich geschrieben hatte, als er dort war. Er mußte an mich denken, wegen des Namens!" Sie blickte bereits verträumt. Bernd raufte seine Haare.

„Jetzt geht das wieder los mit dem blöden Onkel", beklagte er sich. Herr Schott lächelte, nachsichtig mit beiden, während er die Buchstaben in sein Rätsel eintrug.

„Nun laß doch der Tante Magda ihre Abenteuergeschichten", beschwichtigte er, denn er hatte Verständnis für die abschweifende Phantasie seiner Frau. Unzählige Male hatte sie in all den Jahren im Geschäft die Frage: „Sohlen und Absätze?" gestellt, Schuhe angenommen und ausgegeben, dazu das Einerlei des großen Haushalts. Obwohl ihr die Erziehung der Kinder viel Freude und Abwechslung brachte, strahlten doch diese Erinnerungen aus der eigenen Jugend in den Alltag von heute. Und in diesen Erinnerungen war der außergewöhnliche Verwandte Emmerich nun einmal Mittelpunkt. Herrn Schott störte das überhaupt nicht. Er fand das lustig und wunderte sich keineswegs, daß sogar ein Kreuzworträtsel diese Erinnerungen beschwor.

Bernds Ärger war auch bereits verflogen, als er sah, daß der Flußname Magdalena genau der richtige war. Eifrig vertieften sich die beiden in weitere Auflösungen.

Casper rührte immer noch in seiner Tasse. Der Kandiszucker löste sich nur langsam.

„Kolumbien", sagte er nachdenklich, „dort ist er doch

auf die Sache mit den Smaragden gestoßen, nicht wahr, Tante Magda?"

Frau Schott nickte, glücklich über die Frage, und antwortete gleich:

„Das stimmt Casper. Mit den Smaragden ist er dann so unheimlich reich geworden." Schnell setzte sie hinzu: „Natürlich nicht ohne Fleiß und Tüchtigkeit!" Sie nahm den Verstorbenen stets in Schutz, und Casper vermutete ganz richtig, daß er deshalb die schaurige Sache mit dem Schrumpfkopf von ihr niemals erfahren hätte.

Mühselig druckste und schluckte er an einer Frage, bevor er sie laut stellte:

„Wenn der Onkel Emmerich dich so gern gehabt hat, Tante Magda, und wenn er so furchtbar reich war, warum hast du dann nur diesen ... diesen alten Schrank hier von ihm geerbt?"

„Oh, der Schrank ist nicht alles. Er hat mir ein Grundstück vermacht. Es ist ein Stückchen Land am Rand der Stadt." Sie trank ihren Tee und lächelte zufrieden, „wir nennen es ‚den Platz'. Wir haben viel Spaß dort." Uwe, der sich wieder zur Gruppe gesellt hatte, berichtete:

„Wir haben selbst einen Zaun herumgebaut. Die Mädchen haben Blumenbeete, Onkel Alfred zieht Gemüse. Manchmal male ich dort, und die anderen spielen Federball."

„Und eines Tages bauen wir die Laube!" scherzte Onkel Alfred. Davon war schon so lange die Rede, daß den Plan niemand mehr ernst nahm. Onkel Alfred fehlte einfach die Zeit für die Arbeit an so einem Häuschen, außerdem war das Material dafür sehr teuer.

„Ja, die Laube bleibt wohl ein Traum", seufzte Tante Magda. Casper zugewandt fragte sie dann sogleich:

„Übrigens: Traum! Hast du denn eigentlich in der ersten Nacht bei uns etwas geträumt?" Alle sahen Casper abwartend an, er fühlte sich ungemütlich. „Nun sag schon, hast du etwas geträumt?"
„Weißt du es noch?"
„Was war es denn?"
So bestürmten sie ihn mit Fragen. Er wollte die Familie nicht enttäuschen und suchte nach den passenden Worten.
„Geträumt habe ich etwas", gab er zu, „aber nichts Besonderes. Es geschah nichts, es waren nur Bilder."
„Afrika!" unterbrach Bernd, „ist doch klar!"
Casper schüttelte den Kopf und vergaß, daß er sich vorgenommen hatte, die Sache nicht so ernst zu nehmen.
„Nein, ich bin ganz sicher, es war hier. Es war ein Haus. Ein weißes Haus. Sanne und Bine hab ich darin gesehen. Und stellt euch vor, der alte Schrank hier, der stand auch darin." Außer Bernd lachten alle vergnügt.
Dann trugen sie das Geschirr hinaus und Bine flüsterte Casper ins Ohr:
„Übrigens gehörte zu dem alten Schrank noch eine riesengroße Standuhr. Sie war auch ein Erbstück, aber sie ist verschwunden. Darüber spricht hier keiner mehr, weil Frau Schott dann immer schrecklich traurig wird."
Casper hätte am liebsten gleich mehr darüber erfahren, aber Susanne kam dazu. Casper gelang es gerade noch, einen dankbaren Blick zu werfen.
Casper hätte an diesem Abend sehr gern noch einen Zettel an Sabine geschickt, um mehr über die große Standuhr zu erfahren. Was ihn davon abhielt, war das Bedürfnis, diese Frage mit niemand anderem zu teilen.
Leider ergab sich aber in den nächsten Tagen keine gute Gelegenheit mit Sabine allein und in Ruhe zu

sprechen. In den Schulpausen waren immer andere dabei, und im Haus gab es viel zu tun. Zunächst hatte jeder für sich seine Schularbeiten zu erledigen, und dann kamen die Hilfsdienste im Haushalt. Casper erkannte, daß in der Verteilung dieser gemeinsamen Pflichten keine Unterschiede zwischen den Mädchen und den Jungen gemacht wurden. Er half mit Susanne beim Reparieren eines Regals in Onkel Alfreds Werkstatt und Uwe schnippelte mit Sabine grüne Bohnen für den Eintopf. Selten waren alle zur gleichen Zeit zu Hause. Und ausgerechnet an dem Nachmittag, als Sabine Casper bat, ihr beim Wäscheabnehmen zu helfen, hatte er Übungsstunde im Schwimmverein. So liefen sie aneinander vorbei. Aber Caspers Gedanken kreisten immer um die alte Uhr.

„Casper, sei so gut und gehe einkaufen, ja?" Bereitwillig nahm er das alte Netz. Ob es ihm gelingen würde, Sabine mitzunehmen? Es wurde wieder nichts. Sie schrieb einen Aufsatz und wollte nicht gestört werden. So wanderte er allein los und fragte sich, ob es überhaupt richtig war, mit der Frage nach der Uhr auf Sabine zu warten. Je länger er jedoch darüber nachdachte, um so mehr mußte er sich selbst recht geben. Sabine war nun mal die Mitteilsamste. Sie hatte genau wie er lebhaftes Interesse an dem Inhalt des alten Schrankes und auch an den Erzählungen vom Onkel Emmerich. Die kleine Bine, die oft ein wenig neidisch war, wenn die große Schwester mit der Freundin Cordel über die gemeinsamen Lieblinge von Leinwand und Platten fachsimpelte. Vielleicht fühlte sie sich gerade deshalb so zu alten und romantischen Dingen hingezogen, weil Sanne in ihrer Begeisterung fürs Modische etwas übertrieb?

Ja, Sabine war zweifellos die Richtige, dachte Casper. Er hatte ihre Freude, ihn in die eigenartigen Onkelgeschichten einzuweihen, genau gespürt. Heute Abend würde sicher eine Gelegenheit sein, sie nach der Uhr zu fragen. Er kam mit vollem Einkaufsnetz wieder an, und dann ging alles sehr schnell.

Abgewaschen wurde gemeinsam. Bernd winkte dem Motorboot. Uwe übte noch Flöte und schon standen Schotts fertig in der Diele, denn heute war Elternabend in der Schule. Uwe mußte den Hausfrieden hüten. Er wurde von den anderen anerkannt, weil er sich durchsetzen konnte, ohne sich wichtigzumachen. Wenn Uneinigkeit entstand, dann schwang im Ton seiner Ratschläge immer die Verwunderung mit, daß die anderen so dumm sein konnten. Das wirkte viel mehr, als wenn er den starken Oberaufseher markiert hätte.

Uwe holte das Schachspiel heraus und forderte Susanne auf, mit ihm zu spielen. Er hatte versprochen, ihr Schachspielen beizubringen. Uwe baute die Figuren auf, und Bernd schaute ihm zu. Er wußte, daß dieses Spiel die bevorzugte Freizeitbeschäftigung seines Vaters auf See war.

„Und was macht ihr?" fragte Uwe Sabine und Casper. Die beiden schauten sich an, und Casper antwortete schnell:

„Wir kramen in dem alten Schrank." Sabine rief sofort:

„Au ja!" wurde jedoch von Bernds Worten:

„Verschont uns bloß und wirbelt keinen Staub auf!" übertönt.

Uwe war zufrieden, denn alle schienen nun beschäftigt und versorgt zu sein, getreu dem Schott'schen Grundsatz, daß jeder tun solle, was ihm beliebte, sofern er keinen hinderte, dasselbe zu tun.

Sabines Freude über Caspers Teilnahme an ihren

Interessen wuchs, als sie den Deckel von der Sitzbank hob. Nun konnte sie ganz allein den netten neuen Bruder in diese Geheimnisse, denen die anderen Geschwister kaum noch Beachtung schenkten, einweihen. Casper schob sofort den alten Brautschleier beiseite. Von dem Gebilde hatte er nun genug. Sabine aber streichelte ihn und flüsterte:

„Ich könnte ihn immer wieder ansehen. Denk mal, wie unglücklich die arme Elise gewesen sein muß."

„Hm", brummte Casper. Die Rührung, die er beim erstenmal empfunden hatte, stellte sich nicht wieder ein. Er befingerte indessen alte Rollsiegel, gewebte Tücher und Tonpfeifen. Vor Eifer begann er richtig zu wühlen.

„Halt, halt", mahnte Sabine, „wir dürfen das hier nicht alles durcheinanderbringen."

„Fangt bloß nicht an, zu zanken", bat Uwe, ohne den Blick vom Schachbrett zu nehmen. Seine Aufmerksamkeit war sofort wieder beim Spiel.

„Sanne, wie oft soll ich dir denn nun noch sagen, daß der Turm nicht schräg geschoben wird." Er seufzte. Und Bernd seufzte betont laut und vernehmlich mit. Damit wollte er beweisen, daß er diese Regel längst begriffen hatte.

„Was willst du denn noch sehen?" fragte Sabine, die durch Caspers Ungeduld ein bißchen verwirrt war. Casper überlegte, wie die Standuhr zur Sprache bringen könnte. Da ihm nichts besseres einfiel, sagte er:

„Mach den Deckel zu, erzähl mir lieber etwas."

Sabine war enttäuscht. Hatte Casper nun auch schon die Lust verloren? Sie wurde traurig. Zum Erzählen mußte man sich doch die Sachen ansehen. Was wollte er denn hören? Sie setzte sich ratlos auf den niedergeklappten Deckel und schaute fragend drein.

„Erzähl mir was von der alten Uhr!" platzte Casper heraus und sah Bine, wie erwartet, erschrecken.

„Wozu denn, sie ist verschwunden. Die gibt es nicht mehr. Mutti ist sehr, sehr traurig darüber, und ich will davon nicht reden."

„Bitte!" sagte Casper eindringlich. Sabine zuckte die Schultern. Anscheinend war es heute das einzige, was Casper interessierte. Um seine Anteilnahme an den alten Geschichten nicht ganz zu verlieren, fügte sie sich und erzählte:

„Beim Onkel Emmerich lebte in den letzten Jahren eine alte Frau. Sie pflegte ihn, hielt seine Sachen und die Wohnung in Ordnung. Er ging überhaupt nicht mehr aus dem Haus. Sie machte alles für ihn. Keinen anderen wollte er mehr sehen. Tante Magda war die letzte gewesen, die ihn noch ein paarmal besuchen durfte."

„Nun komm schon zu der Uhr", drängte Casper, der merkte, daß Sabine die Erzählung genoß und fürchtete, sie würde sie zu sehr ausdehnen.

„Ja doch", sagte sie scharf, „das hat doch alles damit zu tun. Also, der Onkel war dann eines Tages tot." Sabine machte eine Pause und wickelte eine lange, blonde Haarsträhne um ihren Finger. Casper war still. Er unterbrach sie nicht.

„Ja, der Onkel war gestorben", fuhr sie fort. Nachdenklich besah sie die Haarspitzen zwischen ihren Fingern.

„Er war ja auch schon alt." Casper glaubte zu wissen, warum Sabine das hinzugefügt hatte, und schaute vor sich hin. Er begann, mit den Beinen zu baumeln, was Sabine als Zeichen der Ungeduld deutete. Sie erzählte daher rasch weiter.

„Der Onkel hatte Mutti den ‚Platz' vermacht und den Schrank und die Uhr mit allem, was darin ist. Die

Wirtschafterin, die ihn so lange gepflegt und versorgt hatte, sollte alles andere bekommen und in der Wohnung bleiben."

„Und wo ist nun die Uhr?" beharrte Casper.

„Die Uhr ist weg", Sabine seufzte, „damals soll die alte Frau sehr geweint haben, als man die Uhr rausnehmen wollte. Aus dem Schrank hat sie sich nichts gemacht. Aber sie hat gesagt: ‚Wenn die Uhr hier nicht mehr schlägt, kann ich nicht in der Wohnung bleiben.' Und Mutti, na, du kannst es dir ja denken, konnte ihr einfach die Uhr nicht wegnehmen. Sie hat gesagt, sie könnte das verstehen und hat ihr die Uhr gelassen."

„Davon kann sie doch nicht verschwinden", wandte Casper nüchtern ein.

„Mutti hat sich dann nicht mehr getraut, nach der Uhr zu fragen. Sie hatte doch gesagt: ‚Behalten Sie sie.' Dann kann man doch nicht später hingehen und sagen: ‚Geben Sie sie wieder her'!"

„Das ist klar", Casper nickte. Sabine war über sein Verständnis erleichtert. Doch er forschte weiter:

„Und wo ist nun die alte Frau und die alte Uhr?"

„Mutti hatte eines Tages gehört, daß die alte Frau gestorben war und fast alle Möbel an Waisenhäuser und Altersheime verschenkt haben soll. Was dann noch in der Wohnung war, soll versteigert worden sein."

„Und Tante Magda hat ihre Uhr nie gekriegt!" Ärgerlich stellte Casper das fest.

„Stimmt, sie ist eben weg", gab Sabine zu und schaute so traurig wie vorher.

„So etwas Dummes!" sagte Casper heftig und laut.

„Was denn?" erkundigte sich Uwe, sofort bereit, Streit zu schlichten.

„Ach, das mit der alten Standuhr, die hier zu diesem

Schrank gehört." Nun war es heraus. Sabine schaute beunruhigt von einem zum anderen.

„Ich glaube, Tante Magda hat den Verlust der Uhr bereits verschmerzt", sagte er mit Nachdruck, um das Thema abzuschieben.

„Das glaube ich aber ganz und gar nicht", warf Susanne energisch ein. Sabine warf der Schwester dafür einen dankbaren Blick zu. Selbst Bernd verzichtete auf seine üblichen Witze und sagte:

„Onkel Alfred hat schon ein paarmal gesagt, er würde eine alte Standuhr kaufen, aber Tante Magda will keine andere."

„Das ist doch klar", antwortete Casper, „eine andere Uhr würde sie nur immerfort an die richtige Uhr und an Onkel Emmerich erinnern."

Bernds Ernst war schnell verflogen, er wollte die Unterhaltung beenden.

„Es gibt eben nichts, was sie nicht an den alten Onkel erinnert." Dann verdrehte er die Augen und versuchte Susanne auf eine ausgezeichnete Möglichkeit für ihren Läufer aufmerksam zu machen. Susanne aber starrte, aus der Fassung gebracht, das karierte Brett an, ohne ihre Chance zu sehen. Hätte doch Casper nicht von der alten Uhr angefangen, jetzt konnte sie sich nicht mehr konzentrieren. Bernds Eifer war größer als seine Geduld.

„Hier mußt du den Läufer hinsetzen, sieh doch, was dann mit Uwes Dame passiert!"

Uwe lobte Bernds geschickte Kombination. Er war ein aufgeweckter Schüler des schwierigen Spiels. Dadurch wurde Susannes Ausdauer vollends zum Erlahmen gebracht. Sie bot Bernd ihren Platz an und stichelte:

„Bitte schön, wenn du so überschlau bist, dann kannst du ja für mich weiterspielen. Ich habe jetzt genug."

Das ließ sich Bernd nicht zweimal sagen. Die patzigen Worte störten ihn nicht, er rutschte auf ihren Platz und spielte weiter. Uwe gratulierte ihm:

„Das war toll, Bernd. Tadellos. Dein Papa wird ja staunen, wenn du ihn beim nächsten Besuch als Schachspieler überraschst."

Susanne hatte sich einen Polsterhocker zu dem alten Schrank gezogen und saß nun bei Sabine und Casper.

„Von der alten Uhr hat hier aber lange keiner gesprochen." Mit diesen Worten nahm sie die Sache wieder auf, um herauszubekommen, wieviel Sabine schon erzählt hatte.

„Weißt du, daß sie in Onkel Emmerichs Wohnung geblieben ist?" fragte sie.

„Ja, Bine hat mir das schon erklärt. Wie lange hat denn die alte Frau noch in der Wohnung gelebt?"

„Drei Jahre länger als Onkel Emmerich", antwortete diesmal Susanne. Aber Sabine wußte die Einzelheiten besser:

„Also, vor zehn Jahren starb der Onkel und vor ungefähr sieben Jahren seine Wirtschafterin." Casper hatte gut zugehört und wollte nun wissen, warum Tante Magda damals nicht sofort in die Wohnung gegangen war, um sich ihre alte Uhr zu holen. Die Mädchen sahen sich an. Erst wollte Sabine weiterberichten, doch dann sagte sie leise zu ihrer Schwester:

„Sag du es ihm."

„Zu der Zeit war gerade das Unglück mit unseren Eltern passiert. Wir kamen hierher und . . ." Sie hörte, daß die Haustür aufgeschlossen wurde und verstummte. Sabine sprang von der Bank und lief in die Diele.

„Vati, Mutti", rief sie froh über ihre Heimkunft, die die traurige Unterhaltung unterbrochen hatte. Auch

Casper freute sich, daß sie kamen, doch hätten sie ruhig einige Minuten später eintreffen können, fand er. Lärm entstand. Bernd zupfte Onkel Alfreds Mantelärmel.

„Ich kann Schach spielen, ich kann Schach spielen! Uwe hat richtig mit mir gespielt!"

Uwe reckte seine langen Arme, er gähnte und schmunzelte, als er bestätigte:

„Stimmt, der Kleine kann Schach spielen. Leicht habe ich es ihm auch nicht gemacht."

Frau Schott nahm ihre Kappe von dem leicht ergrauten kurzen Haar.

„Ich dachte, Susanne will das köngliche Spiel lernen."

„Ach, so besonders ist das gar nicht", antwortete diese bevor die anderen etwas entgegnen konnten, was ihr vielleicht nicht gepaßt hätte. Frau Schott war derartige Launensprünge längst gewöhnt und brachte deshalb keines der Kinder in Verlegenheit. Schließlich durfte jeder seine Meinung ändern. Herr Schott begutachtete inzwischen anerkennend Bernds ausgezeichnete Position auf dem Brett. Danach wandte er sich an Casper:

„Du scheinst ja prima in der Klasse mitzukommen. Die Lehrer sind richtig begeistert über deinen Lerneifer, Casper. Das werde ich mit Vergnügen deinen Eltern mitteilen. Die werden sich freuen, glaubst du nicht?"

Casper nickte leicht abwesend und zeigte kaum eine Regung über diese lobenden Worte. Es fiel ihm schwer, sich so plötzlich wieder im Alltag und in der Gegenwart zu finden, nachdem er sich so intensiv mit der Vergangenheit befaßt hatte. Tante Magda bemerkte sein Schweigen. In der Küche vertraute sie ihrem Mann ihre Gedanken an:

„Entweder hat es Zank gegeben, oder Casper hat auf einmal Heimweh..." Sie bemühte sich um Humor und setzte hinzu:

„Oder Fernweh, ich weiß gar nicht, wie ich das bei dem Kind nennen soll."

Sie hatte sein Schweigen jedoch falsch gedeutet. Er lag nämlich später im Bett und grübelte über die Geheimnisse nach, die er stückweise erfahren hatte.

„Uwe", wisperte er im Dunkeln zu dem Großen hinüber.

„Hmmm", brummte der.

„Sag mal, warum hat sich denn Tante Magda die alte Uhr nicht geholt, als die Wirtschafterin gestorben war?" Uwe wälzte sich seufzend noch einmal auf die andere Seite und gab Auskunft. Er hoffte dabei, daß Caspers Interesse an all diesen Dingen nachlassen würde, wenn auch er alles erfahren hätte.

„Im gleichen Jahr in dem die Wirtschafterin starb, war auch das Unglück mit Onkel Alfreds Vetter passiert. Sanne und Bine waren fünf und drei Jahre alt und hatten keine Eltern mehr. Schotts nahmen sie zu sich, es war sonst niemand da. Du kannst dir denken, wie aufregend das alles war. Tante Magda und Onkel Alfred adoptierten die Mädchen. Sie dachten an nichts anderes mehr. Tante Magda kam in der Zeit wirklich nicht dazu, sich um die Uhr zu kümmern."

„Das sehe ich ein", stimmte Casper zu. Doch dann hatte er noch eine Frage:

„Warst du denn damals auch schon hier im Kindernest?" Casper hörte, wie Uwe sein Kissen aufschüttelt und wohlig in seinem warmen Bett grunzte.

„Ja, ich war der erste. Ich war drei, als meine Mutter mich zu Schotts bringen mußte, weil sie zuviel Arbeit hatte. Meinen Vater hab ich nie gesehen. Meine Mutter und Tante Magda waren Schulfreundinnnen gewesen."

Obwohl Casper nichts mehr fragte, sagte Uwe noch:

„Gerade als ich ins Haus kam, war der Onkel Emmerich gestorben. Du siehst, immer wenn etwas um den Onkel passierte, hatte Tante Magda auch genug mit Kindern zu tun. Und nun schlaf gut!"

„Danke, du auch, Uwe" wünschte Casper.

Es kam sogar ein Gute-Nacht-Gruß von oben von Bernd.

Gutgelaunt, freundlich und kein bißchen frech. Er war so stolz und froh über seinen Erfolg beim Schachspiel, daß er momentan allen wohlgesinnt war, sogar älteren Brüdern.

Ken und sein Hobby

Als sich das erste warme Wochenende mit klarem Himmel und Sonnenstrahlen ankündigte, schlug Vater Schott vor, auf den ‚Platz' zu gehen. Alle stimmten begeistert zu. Die Mädchen probierten sofort ihre Jeans an und freuten sich, daß sie noch gut paßten. Bernd rannte in den Keller, um seinen Fußball zu holen.

Auch Casper spürte das freudige Gefühl der Erwartung, das die Familie erfaßt hatte.

„Wir werden auf unserem ‚Platz' essen", erklärte Tante Magda, als sie einen großen Topf mit Kartoffeln auf den Herd setzte.

„Das wird ja ein richtiges Picknick werden", sagte Casper, nun auch schon übermütig vor Freude. Bald stand die Schüssel mit Kartoffelsalat bereit.

„Die Brote bestreichen wir erst morgen früh", riet Frau Schott, „die Würstchen packen wir auch erst morgen ein. Ken wird sie uns heiß machen."

„Wer ist Ken?" erkundigte sich Casper. Susanne, die eben in die Küche getreten war, fragte, statt eine Antwort zu geben.

„Glaubst du denn, daß er noch da ist?"

„Er ist bestimmt noch da!"

„Wer denn, Sanne?" drängte Casper nun.

„Ken ist ein lustiger Bursche, du wirst schon sehen."

„Ken ist kein Bursche, er ist Student, also ein junger Mann", verbesserte Tante Magda, „aber lustig ist er wirklich." „Ken heißt er?" wollte Casper wissen. Tante Magda erklärte:

„Er wird so genannt, weil er aus Kentucky in Amerika

kommt. In Wirklichkeit heißt er anders." Sie überlegte, aber der richtige Name fiel ihr nicht ein. Susanne berichtete weiter:

„Er kann ganz toll Ball spielen und prima Gitarre spielen und singen."

Die ganze Familie marschierte am nächsten Morgen auf dem Pfad am Kanal entlang. Warmer Wind streichelte die frohen Gesichter. Auf dem stillen Wasser schwammen paarweise die Enten. Keine Möwe war mehr zu sehen.

„Sie kommen nur im Winter zu uns", antwortete Uwe auf Caspers Frage. Plötzlich gellte ein scharfer Pfiff durch die Frühlingsluft.

„Ken!" schrien Susanne und Sabine gleichzeitig. In der Mitte der dritten Brücke stand eine Figur, die wild mit zwei langen Armen winkte. Sie sah seltsam dunkel gegen den fahlblauen Himmel aus.

„Prima, er ist da!" stellte Uwe zufrieden fest und beschleunigte sein Tempo.

„Ich hab es doch gewußt", sagte Tante Magda. Sie schnaufte ein wenig, hielt aber wacker mit. Ken rief laut:

„Ich wußte ganz genau, daß ihr heute kommt!" Casper sah, daß Ken Neger war. Das vergnügte Gesicht und die langen Arme waren dunkelbraun, das schwarze Haar kraus und üppig, im neuen afrikanischen Schnitt. Eifrig erklomm Casper die steile Treppe, um auch diesen Freund der Familie kennenzulernen. Er ließ sich beide Hände schütteln. Nun waren auch Schotts oben angelangt.

„Guten Tag Ken, schönen Sonntag!" grüßte Onkel Alfred. Ken strahlte besonders die kleine Tante Magda an.

„Wie gut, dich zu sehen, Tante Magda!" Sie ließ sich herzlich drücken, brummelte aber gleich ein paar Vorwürfe:

„Warum hast du dich denn monatelang nicht blicken lassen? Hättest du nicht wenigstens einmal ..." Onkel Alfred unterbach sie aber:
„Laß ihn doch in Ruhe, du weißt doch, wie er ist."
Auch Uwe entschuldigte Ken:
„Er hat uns doch eine Neujahrskarte aus Paris geschickt."
Sie war schnell versöhnt, und der kleine Trupp setzte sich wieder in Bewegung.
„Seht mal, der Nußbaum hat ja schon kleine Knospen", rief Vater Schott aus. Nun liefen Susanne und Sabine voraus. Casper sah, wie sie sich unter dem Baum mit seinen weitausladenden Ästen auf eine grob gezimmerte Bank warfen. Auch Bernd begann zu rennen. Er warf seinen Fußball hoch und versetzte ihm den ersten harten Kick des Frühjahrs. Casper bemühte sich indessen mit Kens großen Schritten mitzuhalten.
Endlich konnte sich Tante Magda erschöpft auf der Bank niederlassen.
„So, jetzt sind wir da!" stellte sie glücklich fest. Die Mädchen schauten erwartungsvoll auf Casper, der unschlüssig neben dem dicken Walnußbaumstamm stand.
„Komm, ich führe dich herum", schlug Sabine vor und stand auf.
„Herumführen ist gut", machte Bernd ihr nach, „was es zu sehen gibt, das sieht er doch auch von hier."
„Ach halt doch deinen Mund", erwiderte Sabine so barsch sie konnte. Aber eigentlich hatte er recht. Es war ein großer freier Platz mit grobem Sand und einigen zotteligen Grasbüscheln. An einer Seite war der Platz von hohen, mageren Kiefern eingesäumt, dahinter glitzerte der Kanal. An zwei Seiten begrenzten ihn Kleingärten mit bunt bemalten Sommerlauben darin. Und die vierte Seite

nahm eine gepflasterte Straße ein. Ein gelber Briefkasten leuchtete von dort herüber. Auch einige Reklameschilder zeigten an, daß es dort Geschäfte gab. Sabine wollte Casper jedoch genauer einweihen, dieser einfache Rundblick genügte ihr nicht. Casper fand das ganz in Ordnung und war wie immer ein guter Zuhörer, denn ihm reichten keine oberflächlichen Erklärungen. Bei dem Rundgang sah er nun auch die Blumen- und Gemüsebeete, die aus mühsam herbeigeschaffter guter Erde angelegt worden waren.

Casper bückte sich und fingerte in einem Grasbüschel. Er hob eine große, glänzende Murmel auf. Sabine lachte:

„Die muß den ganzen Winter hier unter Schnee und Eis gelegen sein. Es ist eine von Cordulas Murmeln. Wir spielen alles Mögliche hier. Murmeln, Federball und im Herbst kann man hier prima Drachen steigen lassen."

„Wenn man dem Nußbaum und den Kiefern aus dem Weg geht", meinte Casper fachmännisch. Verwundert setzte er hinzu:

„Wie merkwürdig, daß man einen Platz erben kann."

Sabine hatte sich an den Gedanken bereits gewöhnt.

„Onkel Emmerich soll geplant haben, hier für sich und Elise ein Haus aufzubauen." Die beiden waren an den Zaun getreten.

„Das ist Kens Bude", erklärte Sabine belustigt. Casper staunte über das bunte Häuschen.

„Lebt er da drin?" fragte er. Sabine nickte.

„Immer?"

„Na klar, immer, im Frühling, im Sommer, im Herbst und auch im Winter. Dann verklebt er die Fenster mit Dichtungsstreifen und heizt mit einem ulkigen Ofen."

Jetzt waren die Fenster jedoch weit offen. Casper war begeistert, und Sabine erklärte:

„Sieh mal, Ken ist Student. Er hat kein Geld. Die Laube gehörte einem Professor. Er mag sie nicht mehr, der Garten macht ihm zuviel Mühe. Er läßt jetzt Ken drin wohnen, solange er studiert."

„Phantastisch, da hat er Glück!" Er freute sich, wieder soviel erfahren zu haben. Der Rundgang mit Sabine hatte sich gelohnt. Vom Nußbaum aus hätte sich das nicht erklären lassen. Von dort winkten jetzt aber die anderen.

„Oh schau einmal, sie packen schon aus", rief Sabine und setzte sich in Trab. Casper, der auch Hunger verspürte, überholte sie, zog sie mit und langte Hand in Hand mit ihr an.

Ken zog gerade mit dem Plastikbeutel voller Würstchen los. Susanne ging mit, um ihm behilflich zu sein.

„Willst du die Bude von innen sehen?" fragte Sabine, noch außer Atem.

„Klar!" rief Casper. Lachend drehten sie beide um, rannten hinter Ken und Sabine her, um dabei zu sein. Ken stieg mit seinen langen Beinen einfach über den Zaun.

„Wo sind denn die Kisten?" erkundigte sich Susanne ungeduldig. Sie sahen Ken hinter der Laube verschwinden. Von dort rief er tröstend:

„Die Treppe kommt sofort!"

Dann erschien er wieder, in jeder Hand eine hölzerne Obstkiste. Eine stellte er in seinem Gärtchen dicht an den Zaun, die andere auf der Platzseite genau daneben. Das war also die Treppe. Susanne stieg als erste hinüber und sagte sachlich:

„So erspart man sich den Umweg über die Straße."

Sabine und Casper folgten flink. Kurz darauf befanden sie sich in der seltsamsten Behausung, die Casper jemals gesehen hatte. Zwei tiefe Sessel auf dem Boden konnte er bei näherem Hinsehen als ausgediente Autositze erkennen. Darüber lagen zwei leicht ergraute Schaffelle. Auf Casper wirkte diese Sitzgelegenheit so einladend, daß er sich in einen der Sessel plumpsen ließ. Der Tisch vor ihm bestand aus der dicken Platte eines Baumstammes. Darüber schwebte eine alte Schiffslaterne.

„Oh, Ken, ist der neu?" hörte er Sabine fragen. Er sah sie auf einen ovalen Spiegel deuten, der eher alt als neu aussah.

Ein massiger, vergoldeter Rahmen umgab das Spiegelglas, das an einigen Stellen blind und fleckig war.

„Ja, der ist neu", bekannte Ken voll Stolz, „ich habe ihn vor zwei Wochen entdeckt." Susanne trat vor das Prunkstück an der Wand und begann sich hoheitsvoll zu drehen und zu wenden. Dann nickte sie lächelnd ihrem Ebenbild zu und sprach:

„So haben sie es damals gemacht."

„So machen sie es heute auch noch", sagte Ken augenzwinkernd zu Casper. Dann schob er Susanne sanft vor sich her auf eine kleine Tür zu.

Casper blieb noch sitzen und schaute sich um. Ein breites altes Eisenbett nahm eine Wand völlig ein. Es trug einen lila Farbanstrich und große goldene Kugeln am Kopf und am Fußende. Als sich sein Blick von dem verrückten Bett getrennt hatte, blieb er an einer Sitzbadewanne haften, in der ein glasäugiger, recht vergammelt aussehender Teddybär lehnte. An allen Wänden waren leuchtende Plakate, Zeitungsausschnitte und Notizen geheftet.

„Eine lustige Höhle, nicht wahr?" erkundigte sich Sabine, die Caspers schweigende Betrachtung amüsiert verfolgt hatte.

„Das kann man wohl sagen", gab er zu. Dicht vor ihm

auf der Baumstammplatte entdeckte er eine zierliche Tischklingel aus Metall. Mit dem Zeigefinger drückte er auf ihren kleinen abgenutzten Klöppel. Ein scharfer, aber silberheller Klang ertönte beim Zurückschnellen.

„Ja, ja, gleich! Die Kochplatte schafft es nicht so schnell", antwortete Susanne aus einer Nische nebenan. Sie hatte das Klingeln mißdeutet und auf das Würstchenwärmen bezogen.

Gleich darauf erschien sie aber und sie transportierten zusammen die Würstchen zu den anderen. Unter dem alten Nußbaum ließen sie sich nieder und aßen vergnügt.

Nach dem Essen trat für kurze Zeit Ruhe ein. Dann wurde Ball gespielt, und Casper staunte, wie beweglich Onkel Alfred war. Es war ihm anzusehen, wie er die Bewegung an frischer Luft genoß, weil er sonst die meiste Zeit seines Lebens gebeugt auf einem Schusterschemel zubrachte.

„Sanne, du glühst ja schon", rief Frau Schott, „macht doch eine Pause."

„Ach, ich habe solchen Durst!" klagte Susanne. Im Korb waren aber keine Getränke mehr.

„Anstellen zum Wassertrinken", forderte Ken auf, der dieses Problem vom letzten Sommer noch gut in Erinnerung hatte.

Diesmal liefen auch Uwe und Bernd mit und Casper freute sich, noch einmal in die Laube zu kommen. Nachdem Sabine Wasser getrunken hatte erklärte sie ihm:

„Diese Sammlerei ist so ein Hobby von Ken. Es fing an, als er sich die Laube einrichtete. Er kaufte alles nur von Altwarenhändlern und in Geschäften, wo ‚Gelegenheiten' dransteht. Er kennt nun schon alle Trödler in der Stadt und kann sogar unterscheiden, was wertvoll und was nur alter Kram ist."

Bernd kam und ließ sich in einen Autosessel fallen.

„Bewundert ihr schon wieder all den alten Krempel? Was schleppt der Ken bloß für Gerümpel zusammen, der kann ja bald einen Quantitätenladen aufmachen!"

Uwe verbarg sein Gesicht hinter der Hand, mit der er sich gerade noch Wassertropfen vom Mund gewischt hatte. Als er nicht mehr lachen mußte, sagte er sanft:

„Kleiner, Fremdwörter sind Glückssache, es heißt Antiquitätenladen."

Bernd zog sich die Lammfelldecke über den Kopf, damit keiner sehen sollte, daß er rot geworden war. Darunter hörte man ihn murmeln:

„Anti-Quanti, ist doch ganz egal. Alles Gerümpel und alter Krempel." Offenbar wurde dieses vernichtende Urteil von den Geschwistern nicht geteilt. Susanne erzählte:

„Aus manchem häßlichen und kaputten Stück hat Ken sogar noch etwas Brauchbares gemacht." Caspers Bewunderung wuchs. Er bastelte selbst gern.

„Hast du wieder etwas in Arbeit?" fragte Susanne, denn sie wollte ihre Angaben bestätigt sehen.

„Vieles auf einmal", gab Ken zu, „kommt, ich zeige es euch." Sie folgten ihm in eine kleine Kammer, in der ein langer Arbeitstisch stand. In der heillosen Unordnung entdeckten sie Farbtöpfe, Schmirgelpapier, Handwerkszeug und allerlei Ersatzteile. Trocknende Bürsten und weichende Pinsel ruhten in alten Büchsen. Durchtränkte Lappen und büschelweise Drahtwolle lagen überall umher. Ken deutete zufrieden auf sein letztes Werk, ein spiegelblankes Tischchen mit stilvoll geschwungenen Beinen.

„Ihr hättet es sehen sollen, als ich es herbrachte. Die Platte war total zerkratzt, und es hatte ein angebrochenes Bein." Das sah man ihm nicht mehr an. „Und was machst du nun damit?" forschte Casper, denn er hielt es für ausgeschlossen, daß auch nur ein einziges kleines Möbelstück nebenan im Wohn- und Schlafraum unterzubringen war.

„Ich bringe es zurück in das Geschäft, dort wird es verkauft." Der junge Mann sah bei diesen Worten etwas bekümmert aus. Zart strich er mit der großen, braunen Hand über die Politur des wiederhergestellten Gegenstandes.

„Bekommst du dafür Geld?" fragte Casper.

„Ja, ich verdiene ein bißchen dabei. Außerdem macht es mir ungeheuren Spaß, und ich lerne was dabei."

Bernd erinnerte energisch daran, daß sie nur in die Laube gekommen waren, um Wasser zu trinken und daß er jetzt gehen wolle.

Als letzter drehte Casper sich noch einmal an der Tür um.

„Sagenhaft!" sprach er zu sich selbst. Neben der Tür stand Kens Fahrrad. Es hatte einen Dreiradanhänger in dem etwas sorgsam in Decken gewickelt lag. Ken beobachtete Caspers Interesse daran und ließ in hineinsehen.

„Eine neue Patientin", scherzte er. Eine mittelgroße Wanduhr lag auf der Decke.

„Komm schon!" rief Sabine. Als Casper sich nicht rührte, sprang sie hinüber und lief voraus.

„Was fehlt ihr denn?" fragte Casper und deutete auf die Uhr.

„Ihr fehlt ein Zeiger und hier oben an der Gehäusespitze irgendein Ornament."

„Irgendeins?"

„Das richtige Schmuckstück ist abgebrochen und verlorengegangen. Nun muß ich es ersetzen." Ken lachte unbekümmert.

„Ich finde schon etwas. Nach dem Zeiger brauche ich nicht zu suchen. Da ist ein passender in meiner Kramkiste." Casper besann sich auf das Sammelsurium des Ersatzteillagers und freute sich für Ken. Er ließ aber nicht locker.
„Und woher kriegst du nun das fehlende Stück für das Dach?"
„Ich renne herum und schaue in alle Altwarenläden, frage bei den Antiquitätenhändlern nach Bruchstücken oder kaufe ein altes Kästchen oder Schränkchen, an dem etwas Passendes dran ist."
Casper begeisterte die Schilderung. Er musterte die liegende Uhr und sagte:
„Das Dachstück müßte zu diesen kleinen, gewundenen Säulen hier passen, so eine Art Türmchen müßte es sein, nicht wahr?"
„Ganz richtig" rief Ken, angeregt von Caspers Gefühl und Geschmack, „du wirst mein Lehrling und Gehilfe!" Es klang mehr wie ein Scherz, doch Casper sah ernsthaft zu dem langen Studenten auf.
„Das wäre herrlich, Ken, wenn du mich helfen läßt. Nimmst du mich auch mal auf die Jagd durch die Trödelgeschäfte mit?"
Ken sagte bereitwillig:
„Aber natürlich du kannst gern mitkommen. Du darfst dich nur nicht wie ein Elefant im Porzellanladen aufführen."
„Das verspreche ich!"
„Was macht ihr denn hier so lange?" Tante Magda stand am Zaun.
Casper besann sich rechtzeitig, ihr nicht zu sagen, daß er sich eine alte Wanduhr angesehen habe und stotterte etwas von Fahrrad und Anhängern.

Die Kinder tobten noch ein bißchen herum, aber bald machten sie sich auf den Heimweg. Onkel Alfred trug den mit Abfall gefüllten Topf. Uwe und Casper schwangen den leeren Picknickkorb zwischen sich. Es war ein herrlicher Tag gewesen. Alle dachten es, aber keiner sprach es aus. Jeder einzelne fühlte, daß es dem anderen genauso ging.

An der Treppe bei der Brücke verabschiedete sich Ken. Casper gelang es, ihm zuzuflüstern:

„Du vergißt nicht, daß ich einmal mitkommen will?"

Ken schüttelte den Kopf.

„Das ist abgemacht!" versicherte er.

Dann gingen sie die vielen Stufen hinunter. Als sie unten waren, winkte Ken, wie am Morgen.

Kaum waren sie bei der zweiten Brücke angelangt, hörten sie alle gleichzeitig das Tuckern eines herannahenden Motors. Bernd hüpfte aufgeregt hin und her und auf und ab. Am liebsten wäre er die Böschung hinuntergerutscht.

Das schnittige Fahrzeug kam in Sicht. Es fuhr genau in der Kanalmitte und trieb eine kleine Bugwelle vor sich. Ein Stadtfähnchen flatterte in der Abendbrise. Die sauberen Scheiben blinkten. Bernd winkte aus Leibeskräften mit beiden Armen. Triumphierend strahlte er, als ein scharfes Tut-Tut als Gruß erschall.

„Glaubst du, daß die Männer wissen, daß du der Junge bist, der sonst vom Fenster winkt?" erkundigte sich Casper.

„Na klar wissen die das", antwortete Bernd mit so unumstößlicher Überzeugung, daß auch Casper zufrieden war. Beide blieben stehen und sahen dem Boot nach. Dann gingen sie den anderen nach, die recht langsam ihren Weg fortgesetzt hatten. Müde stiegen alle die

Steintreppe hinauf. Oben angelangt, sagte Herr Schott, noch ein wenig außer Atem:

„Schaut euch nur den Neubau dort drüben an. Meine Güte, wie er wächst. Fast über Nacht scheint er hochzuschießen."

Die Kinder schenkten dem neu entstehenden Gebäude wenig Beachtung, und Frau Schott stellte eine Frage, die ihr niemand beantworten konnte:

„Was mögen dort unten wohl für Geschäfte einziehen? Dort ist ja Platz für zwei oder drei große Läden."

Sie dachte aber nicht länger darüber nach, denn nun kam die Arbeitseinteilung für den Abend auf sie zu und sie ahnte, daß ihre matte Gesellschaft nicht sehr willig und anstellig sein würde. Zum Glück waren alle satt, das war ein Vorteil. Das dringlichste war das Sortieren der vielen schmutzig gewordenen Kleidungsstücke. Zu Hause angekommen, erhielt jeder sanfte Weisungen.

„Bernd! Du zu allererst ins Bad. Hose, Hemd und Socken in den Waschkorb! Dann husch ins Bett. Und vergiß nicht, die Geschichte noch einmal zu lesen, über die morgen das Diktat geschrieben wird."

Susanne und Sabine halfen beim Auspacken.

„Uwe und Casper, seid so gut und putzt die Schuhe für morgen, während die Mädchen im Bad sind. Dann wascht ihr euch heute als letzte, recht so?"

„Was wird denn aus mir?" wollte Onkel Alfred, der belustigt zugehört hatte, wissen.

„Du bekommst erst mal deinen Tee und die Zeitung." Er ging jedoch auf ihr rücksichtsvolles Angebot nicht ein, sondern half beim Wegräumen.

Am längsten waren die Jungen mit den staubigen Schuhen beschäftigt. Einträchtig saßen sie auf der Treppenstufe zur Hintertür und putzten. Uwe hielt ein paar weiße Riemchenschuhe hoch und fragte:

„Nein, was denkt sie sich nur? Es ist noch nicht warm und trocken genug. Hier!" damit warf Tante Magda ihm Susannes feste, braune Halbschuhe, die sie aus dem Schuhschrank genommen hatte, zu.

„Paß mal auf", sagte Uwe zu Casper, „jetzt sagt sie gleich: Eine Schwalbe macht noch keinen Sommer." Casper hielt beim Polieren inne und wartete ab. Er hörte, wie Frau Schott an die Badezimmertür klopfte und den Mädchen laut zurief:

„Ihr zieht morgen Kniestrümpfe und Halbschuhe an, nicht wahr? Eine Schwalbe macht noch keinen Sommer!" Die Jungen sahen sich an und grinsten.

„Siehst du", bestätigte Uwe und sie putzten weiter. Casper war mit seinen Gedanken bei den alten Gegenständen, und er war keineswegs zu müde, um zu reden.

„Der Ken hat ja tolle Sachen in seiner Bude", begann er.

„Hm", machte Uwe.

„Woher er das wohl alles zusammengetragen hat?" fuhr Casper zielstrebig fort.

„Du hast doch gehört, aus Trödelläden."

„Die würde ich mir auch gern mal ansehen. Du nicht auch?"

„Ich? Niemals! Lauter alte, vermottete Gegenstände. Kitschige Bilderschinken und kaputte Instrumente. Das ist alles gestorbenes Zeug, unbrauchbar geworden und muffig riechend." Uwes Ablehnung war heftig und bereitete Casper Enttäuschung. Eine Frage wollte er noch beantwortet haben:

„Du bastelst wohl auch nicht gern, was?"

„Nein", gab Uwe zu, „weil ich es nicht kann. Mit

Werkzeug gehe ich nicht gut um. Ich habe immer das Gefühl, ich mache gleich noch mehr kaputt."

Das klang ehrlich, aber nicht bekümmert. Uwes Hände waren lang und schmal, seine Finger blaß und fast mager. Casper fielen die Zeichnungen ein und das Flötenspiel. Nein, mit Stahlwolle und Schraubenziehern konnte er sich diese Hände nicht vorstellen.

Als er sich die beschmierten Hände wusch, dachte er noch immer an Ken. Es ärgerte ihn, daß er heute Abend mit keinem mehr über ihn sprechen konnte. Im Bett beschloß er dann, bei der nächsten Gelegenheit ausführlich mit Sabine über Kens Sammlung und Hobby zu reden. Das beruhigte ihn etwas. Und doch grübelte er weiter über Antiquitäten. Eine eigenartige Vorfreude erfüllte ihn. Auf was nur?

Ihm war, als hätte er einen großartigen Einfall gehabt. Aber immer, wenn er nach ihm forschte, mußte er feststellen, daß es keinen großartigen Einfall gab. Es war wie eine Vorahnung auf eine Idee. So sehr er sich auch bemühte, diese Idee an die Oberfläche seines Bewußtseins zu bringen, sie ließ sich nicht zwingen und nicht nennen.

Der gute Einfall

Am nächsten Tag regnete es, und weder Susanne noch Sabine hatten etwas gegen ihre derben Halbschuhe einzuwenden. In ihren bunten Regenmänteln gingen sie zur Schule und erzählten dort den Freundinnen von dem schönen Wochenende auf dem ‚Platz'.
Das trübe, nasse Wetter hielt die ganze Woche über an. Die Stimmung im Haus Schott fiel ebenso wie der Zeiger am Barometer. Es war für keinen einfach, geduldig und liebenswürdig zu bleiben, wenn es jeden von ihnen außer Haus drängte. Der lange Winter hatte sie der engen Gemeinsamkeit ein wenig überdrüssig werden lassen.
Aber der Frühling ließ sich auf die Dauer nicht mehr verdrängen und die Sonne kam wieder hervor.
Casper kam an diesen Tag aus der Schule, und alle Kinder waren weg. So beschloß er, zu Ken zu wandern. Der große Einfall, der irgendwie mit Ken zusammenhing, war ihm immer noch nicht gekommen!
Casper lief am Kanal entlang. Zu schade, daß man hier nicht baden durfte, dachte er und schaute auf das verschmutzte Wasser. Dort schwamm nur eine Entenmutter mit ihren fünf Küken. Er blieb entzückt stehen und sah ihnen eine Weile zu. Doch dann wanderten seine Gedanken wieder zu Ken. Hoffentlich war er überhaupt zu Hause!
,,Casper!" laut kam der Ruf von einer Bank her. Dort sah er drei helle Gestalten, in denen er gleich darauf Susanne, Sabine und Cordula erkannte. Sabine kam ihm entgegengelaufen. Sie hatte ein mißmutiges Gesicht. Er fragte:

„Was macht ihr denn hier?"

„Sanne und Cordel suchen Löwenzahn für Cordels Meerschweinchen. Mich lassen sie nicht mitmachen."

„Warum denn nicht?"

„Erst haben sie gesagt, ich kann mitgehen und nun werfen sie die Blätter, die ich gefunden habe, einfach wieder weg, um mich zu ärgern." Casper schüttelte verständnislos den Kopf. Auf welch komische Art sich doch Mädchen zankten, dachte er. Dann kam die Frage, die Casper erwartete:

„Wo gehst du denn hin?"

Gern hätte er sein Vorhaben geheimgehalten, er wäre gerne einmal allein mit Ken und all den eigenartigen Gegenständen seiner Sammlung gewesen. Doch dann besann er sich und sagte einladend:

„Ich will mal Ken in seiner Bude besuchen. Hast du Lust, mitzukommen?"

„Aber ja, furchtbar gern!" Sie lief sofort los, um den beiden Mädchen, die sie geärgert hatten, diese Neuigkeit triumphierend mitzuteilen. Er rief sie schnell zurück und bat sie, den beiden nichts zu verraten.

„Wir gehen einfach vorbei. Sie wollten dich doch lossein, nun laß sie raten, wohin wir gehen." Das gefiel Sabine. Sie genoß die verblüfften Blicke, die ihnen folgten. Casper grüßte freundlich:

„Hallo, hoffentlich habt ihr gute Ernte!" Er winkte, ohne seine Schritte zu verlangsamen. Die beiden winkten auch und vertieften sich dann wieder in ihre Unterhaltung, bei der Sabine wohl gestört hatte.

Auf der Steintreppe fragte Casper:

„Wie findest du denn Kens ganzes Sammelsurium?"

„Ich finde es ganz toll. Immer hat er etwas Lustiges." Casper freute sich. Sabine teilte also seine Ansicht.

Sie hatten den Weg nicht umsonst gemacht. Ken begrüßte sie fröhlich. In der Laube sah es wüst aus. Auf dem Baumstammtisch stand eine klapprige alte Schreibmaschine, die allerdings noch gute Dienste leistete, denn neben ihr lag ein Stapel engbeschriebener Blätter. Auf dem Boden häuften sich ebenfalls beschriebene, aber zerknüllte Bogen.

„Was studierst du denn eigentlich?" fragte Casper.

„Deutsch. Ich will zu Hause Deutschlehrer werden! Meine Daddy hat Baumwolle gepflückt und noch geglaubt, Deutschland, Dänemark, Holland und Schweden, das wäre alles ein und dasselbe. Bei mir ist das anders." Ken hatte das mit ungewohntem Ernst geantwortet. Vielleicht wirkte es auch nur deshalb so ernst, weil er eine kleine Nickelbrille auf der Nase hatte. Inzwischen räumte Ken, der sich diesen Studienaufenthalt mit zähem Fleiß errungen hatte und mit Recht darauf stolz war, seine Schreibarbeiten fort. Die Nickelbrille behielt er auf, und doch schien der Ernst zu verfliegen.

„Schaut einmal her, ich habe ein altes Spinnrad mitgebracht." Sabine quiekte vor Vergnügen. Sie setzte sich vor das altertümliche Ding und tat, als hätte sie sich in den Finger gestochen. Dann warf sie sich wie leblos in den nächsten Lammfellsessel. Die Wirkung blieb aus. Enttäuscht blinzelte sie mit einem Auge und fragte:

„Ja, versteht ihr denn nicht? Dornröschen, ich bin Dornröschen!" Ken lachte und Casper ging gutwillig zur Tür. Von dort bahnte er sich mit einem unsichtbaren Degen einen Weg durch die vermeintliche Dornenhecke. Staunend blieb Prinz Casper dann vor dem schlafenden Dornröschen stehen. Sabine blinzelte nicht mehr. Casper ging einmal um sie herum, beugte sich nieder und küßte sie sacht auf den Mund. Mit flatternden Augenlidern erwachte Dornröschen und ließ sich aus dem Sessel helfen. Ken klatschte laut Beifall. Nun widmete Casper aber wieder dem Spinnrad mehr Aufmerksamkeit als der erweckten Prinzessin.

„Was fehlt denn dran?" erkundigte er sich.

„Nichts. Gar nichts fehlt dran. Es ist nur völlig vergammelt. Es muß wohl in einem Feuer gewesen sein." Casper entdeckte nun auch die angesengten Stellen. Noch nicht ganz in die Wirklichkeit zurückgekehrt, meinte Sabine:

„Es wird wohl eins von den Spinnrädern sein, die der König hat verbrennen lassen."

„Kannst du es wieder in Ordnung bringen?" fragte Casper.

„Klar", versicherte Ken, es wird alles abgekratzt und gesäubert. Kleine Löcher werden gefüllt und geglättet. Dann wird alles schön aufpoliert, aber nicht auf Hochglanz, nur matt und schlicht." Ken·sah das Stück schon fertig vor sich. Dabei schimmerten seine Augen nicht nur matt, sondern wirklich auf Hochglanz.

„Ich würde dir ja so gern helfen", bot Casper an und war froh, als Ken, ohne zu zögern, zustimmte.

„Gern. Wenn du willst, fangen wir gleich damit an. Das Rad soll bald fertig sein, eine Kundin wartet darauf." Er trug es in die Werkstatt. Sabine war traurig. Nun wußte sie wieder nichts mit sich anzufangen. Es war genau wie draußen am Kanal, sie fühlte sich überflüssig und ärgerte sich. Sie ging in den Garten und schlenderte dann ein paarmal um die Laube herum. Plötzlich ging das kleine Fenster der Werkstatt auf und Ken sah heraus. Sie stellte sich ans Fenster, um zu sehen, wie weit die beiden mit ihrer Schmirgelarbeit waren.

„Sag mal Ken, was ist denn eigentlich aus der kleinen

Wanduhr geworden, die du neulich in dem Karren liegen hattest?"

„Längst erledigt", berichtete er, „der Zeiger ist dran und oben auf dem Dach trohnt eine Holzkugel, sie paßt sehr gut zu dem Gehäuse. Ich glaube, sie ist schon verkauft."

„So schnell geht das?" Casper staunte.

„Ja so schnell", bestätigte Ken", in einem Antiquitätenladen gehen die Stücke rein und raus.

Casper schmirgelte hart und schnell. Sabine lehnte sich von außen an das Fensterbrett und schaute zu. Ken erzählte weiter:

„Manchmal tauchen die Stücke bei einem anderen Trödler wieder auf. Sie erscheinen sogar manchmal nach Jahren wieder bei dem gleichen. Für mehr Geld oder für weniger, je nachdem, wie sie aussehen."

Knall, bumm, trara trara!!! Casper hielt die Luft an. Die Idee! Da war sie. Der Einfall war gekommen!

„Auch eine alte Standuhr, die seit sieben Jahren verschwunden ist, könnte die auch wieder auftauchen?"

Ken war so beschäftigt, daß er die besondere Betonung mit der Casper diese Frage gestellt hatte, gar nicht bemerkte. Leichthin antwortete er in seiner üblichen zuversichtlichen Art:

„Aber ja, warum denn nicht?"

Sabine war nichts entgangen. Sie machte ein Gesicht, als liefen in ihrem Kopf viele kleine Rädchen auf Hochtouren. Gerade hatte sie sich noch so gelangweilt, und nun war auf einmal alles anders und sehr aufregend. Was für ein Einfall! Sie starrte den neuen Pflegebruder an und wartete.

„Braucht ihr denn eine alte Uhr?" wollte Ken wissen, als sei das nichts Ungewöhnliches.

„Ja, die brauchen wir", und „Ja dringend", antworteten seine jungen Freund gleichzeitig.

„Dann werden wir sie suchen", bestimmte Ken und Jagdfieber klang in seiner Stimme.

Nun gerieten Sabine und Casper in mächtigen Eifer und erzählten ihm, warum sie die Uhr suchten. Ken hörte sich alles an.

„Ach ja, der komische alte Schrank mit der Sitzbank davor!" unterbrach er einmal. Sabine sprach hastig, beflügelt von den Möglichkeiten, die sich durch Caspers Idee aufgetan hatten. Caspers Gedanken überstürzten sich inzwischen ebenfalls. Er nagte aufgeregt an seiner Lippe.

Plötzlich unterbrach lautes Gerassel ihre Unterhaltung. Ken ließ ein Ungetüm von Wecker seelenruhig zu Ende klingeln, warf seine Stahlwolle in einen leeren Waschpulvereimer und verkündete:

„Jetzt müssen wir leider Schluß machen. Ich muß zu einer Vorlesung. In einer halben Stunde fängt sie an." Er war bereits beim Händewaschen, als seine beiden Helfer recht schockiert begriffen, daß die wichtige Besprechung abgebrochen werden mußte.

Auch Casper ließ alles stehen und liegen. Er spürte, daß bei Ken alles plötzlich und sprunghaft zuging und paßte sich bereitwillig seinen Gewohnheiten an. Schon hörten sie ihn rufen:

„Los, los, Kinder, raus, raus, ich muß gehen." Draußen montierte er den Anhänger von seinem Fahrrad ab und stand bereits an der Gartentür, als Sabine und Casper völlig verdutzt aus der Laube kamen. Casper warf die Tür hinter sich ins Schloß, und dann winkten sie dem davonradelnden Freund nach.

Auf dem Heimweg waren beide noch von der Idee gefesselt, die alte Uhr aufzustöbern. Keiner wußte, was er im Augenblick dazu sagen sollte. Sie mußten erst ihre Gedanken ordnen. Nur eines wußten beide: Sie wollten ihr Vorhaben vorläufig geheimhalten. Casper aus anderen Gründen als Sabine. Beiden war klar, daß die Tante Magda zunächst überhaupt nichts davon erfahren sollte. Und die Geschwister? Sabine hatte sich sowieso mit Susanne gezankt. Es bereitete ihr Genugtuung, einen großartigen Einfall für sich allein zu haben. Außerdem fürchtete sie, ausgelacht zu werden, wenn sie erklärte, die alte Standuhr suchen zu wollen.

Casper wiederum hatte noch nicht vergessen, daß Bernd und Uwe über Kens alten Trödelkram die Nasen rümpften. Sie waren bestimmt nicht gewillt, ein altes Möbelstück aufzuspüren.

Der Pfad auf der Kanalböschung war nun schon so ausgetreten, daß sie nebeneinander gehen konnten. Casper schaute Sabines verträumtes Gesicht von der Seite an und sagte:

„Wir sagen es keinem weiter."

„Versteht sich!" versicherte Sabine sofort, dann sah sie Casper voll an und lächelte. Die Freude, mit ihm ein so interessantes Geheimnis teilen zu können, leuchtete aus ihren Augen.

Einträchtig, aber einsilbig schlenderten sie weiter. Casper murmelte einmal:

„Eine tolle Sache wird das!"

Nach einer Weile sagte Sabine bedauernd:

„Wie schade, daß Ken weg mußte."

„Ärger' dich nicht, Bine, der Anfang ist jedenfalls gemacht!"

Sie kamen an der Straße an und ließen den Strom der Autos vorbei. Casper blinzelte gegen die schrägen Sonnenstrahlen hinüber zum Neubau und ein großes, knallbuntes

Schild an der riesigen Fensterscheibe. Das Glas war noch mit dicken Pinselstrichen beschmiert, damit jeder wußte, daß es Glas war. Aber in der Mitte hing eine leuchtende Reklametafel. Sie gingen näher heran und konnten die Buchstaben erkennen: „Hier wird am Montag eine Schnellbesohlanstalt eröffnet. Modernste Maschinen und geschulte Kräfte garantieren sauberste Arbeit." Darunter stand: „Schuhe bringen, warten, mitnehmen. Ganz groß! Ganz neu!" Casper pfiff leise durch die Zähne und schaute Sabine betroffen an. Sie aber hatte den Gedankensprung vom Spinnrad und der alten Uhr zu Schnellbesohlmaschinen noch nicht bewältigt und fragte ungerührt: „Na und?"

„Na und", machte sie Casper nach, „du hast Nerven. Überlege einmal, was das für Onkel Alfred bedeutet. Wenn seine Kunden nun zu der neuen Schnellbesohlanstalt gehen, was glaubst du, wie es dann in Onkel Alfreds Werkstatt aussieht?"

Sabine verstand jetzt und schaute das Geschäft mit den drei großen Fenstern feindselig an. Dann zupfte sie Caspers Ärmel und bat:

„Laß uns heimgehen."

„Warte bitte, ich muß erst wissen, wann die großartige Eröffnung stattfindet. Da gehe ich hin, das schaue ich mir an."

„Da steht: Montag", sagte Sabine ungeduldig, „und warum willst du da hingehen?"

„Man muß sich informieren", erklärte Casper. Sabine fand, daß das recht großspurig klang und zog wieder an seinem Ärmel.

„Je besser man eine Gefahr kennt, desto leichter kann man sie bewältigen." Das klang nun bereits nach Afrika und Abenteuern. Ob er nicht anfing, zu übertreiben?

In der Diele wurden sie von Susanne empfangen. Sie konnte sich nicht verkneifen zu fragen:
„Wo kommt ihr denn her?"
„Von Ken", antwortete Sabine kurz. Caspers mahnender Puff in die Seite war überflüssig. Sie hatte von selbst daran gedacht, den Plan, die alte Uhr zu suchen, nicht hervorzusprudeln. Casper hatte sich in der Gewalt. Er fragte Susanne freundlich:
„Na, habt ihr genug Futter für Cordels Meerschweinchen gefunden?"
„Es reicht", erwiderte Susanne ebenso knapp wie Bine. Bevor das Geplänkel weitergehen konnte, trat Uwe zu ihnen und fragte leise und eindringlich:
„Wißt ihr schon, was drüben im Neubau für ein Laden einzieht?"
„Jawohl, das haben wir eben festgestellt." Uwe versperrte ihnen den Weg, weil er noch etwas dazu sagen wollte.

„Ist euch klar, daß das schlimm für Onkel Alfred werden kann?" „Wirklich?" fragte Sabine ganz verzagt. Ihre Augen weiteten sich vor Sorge, nun da Uwe, der Älteste, auch damit anfing.
Casper warf Uwe einen bedeutungsvollen Blick zu.
„Komm, laß das jetzt, wir reden später davon." Uwe gab darauf den Weg frei. Er ging voraus in die Küche, in der sich alle zur gemeinsamen Mahlzeit versammelten. Onkel Alfred, der gewöhnlich die Kinder ermahnte, gerade zu sitzen, saß heut selbst mit gebeugten Rücken am Tisch. Das gut gemeinte Angebot seiner Frau:
„Hier, trink einen Pfefferminztee, das beruhigt den Magen", lehnte er brummig ab:
„An so einem warmen Abend doch nicht."

Allen war unbehaglich zumute, keiner mochte sprechen. Tante Magda rührte den Quark in der roten Schüssel so heftig, daß er ein wenig überspritzte. Susanne, die den Schnittlauch zerkleinerte, machte ihren Gedanken Luft.

„Es werden uns doch nicht gleich alle Kunden davonlaufen."

„Ganz sicher nicht", sagte Frau Schott und hielt die Schüssel mit Quark an den Tischrand, damit Susanne den Schnittlauch hineinstreichen konnte.

Schweigend bestrichen die Kinder ihre Brote und warteten darauf, daß einer das Gespräch fortsetzen würde. Nach einer ganzen Weile sagte Tante Magda:

„Der Haushalt läuft zur Zeit wie am Schnürchen, zu nähen gibt es auch nichts, erst wieder im Herbst. Ich werde Frau Faber und Frau Doktor Kern sagen, daß ich wieder zur Verfügung stehe." Onkel Alfred teilte langsam und bedächtig sein Brot. Erst schüttelte er den Kopf, dann nickte er und erwiderte ironisch:

„Ja, ja, bürde du dir nur noch mehr Arbeit auf."

„Von aufbürden ist keine Rede, Alfred, ich habe Zeit und ich tu es gern."

Casper schaute fragend drein und Sabine erklärte:

„Frau Doktor Kern ist unsere Ärztin im Nebenhaus und Fabers oben im dritten Stock, das sind Cordulas Eltern. Mutti hilft ihnen manchmal beim Saubermachen."

„Weil die Frau Faber jeden Nachmittag bummeln geht und stundenlang in der Konditorei sitzt und Apfelkuchen mit Schlagsahne ißt", sagte Bernd wichtigtuerisch.

„Wen geht denn das etwas an", fragte Frau Schott empört, „von wem hat er denn das gehört?"

„Von mir", verkündete Onkel Alfred mit vollem Mund, „weil es stimmt!"

„Und wen stört das, bitte schön?" fragte Tante Magda.

„Auf jeden Fall ihr einziges Kind Cordula!" Onkel Alfred hielt mit seiner Meinung nicht zurück. Immerhin war es gelungen, vom Thema abzukommen. Trotzdem tat es nach dem unerfreulichen Abendessen keinem leid, aufzustehen und sich zurückzuziehen. Uwe und Caspar gingen noch ein wenig vor die Tür, wie sie es nannten. Beide hatten die Hände in den Hosentaschen vergraben und gingen ziellos bis zur Ecke. Ein kurzes Tut-tut vom Kanal ließ sie auf das Wasser blicken.

„Berndchens Schiff", sagte Uwe und lächelte. Er schaute zum Haus, dort sah er den Kleinen wild am Fenster winken.

„Wie wichtig ihm das ist", bemerkte Casper.

Sie gingen über die Straße zum Neubau. Bald standen sie vor den langen, weiß beschmierten Scheiben. Sie schauten hindurch.

„Hier kommt sicher so eine Art Wartezimmer hin", stellte Casper fest, nachdem er kleine blaue Klappsessel entdeckt hatte. Sie standen ringsum an den Wänden. Darüber hingen rahmenlose Bilder mit Stadtansichten.

„Die ziehen das ganz groß auf, sag ich dir. Da ist sogar ein Lautsprecher für Musik." Uwe war recht beeindruckt, setzte aber spöttisch hinzu:

„Womöglich gibts hier auch Pediküre!"

„Was ist denn das?" erkundigte sich Casper verdutzt.

„Na, Fußnägel schneiden und so was."

„Du übertreibst!" protestierte Casper wenig getröstet.

Sie schritten zum nächsten Fenster. Ein großer Raum mit mehreren bequemen Arbeitsplätzen war zu sehen. Sie sahen blinkende Tische aus Stahl, moderne Maschinen mit starken Kabeln, die zu großen neuen Steckdosen führten. Uwe mußte an Vater Schotts Werkstatt denken. An den blankgesessenen Holzschemel, der doch so urbequem war, wenn man sich erst einmal richtig hineingewackelt hatte. Er dachte an die Werkzeuge, von denen zwar keines mehr blinkte, aber jedes noch zweckmäßig und dienstbar war. Er dachte an die Nägel und Leimsorten um Onkel Alfreds Arbeitsplatz. Zwirnrollen und Riemchen, gerade und gebogene Nadeln in Kästchen, alles etwas eng und alt. Für die Schuhe hatte Onkel Alfred zwei Regale bis zur Decke, mit einer Leiter davor, die er viele Male am Tag erkletterte. Eines war für die fertigen Schuhe das andere für die kaputten Schuhe bestimmt. Uwe hielt sein Gesicht dicht an die Scheibe. Hier waren keine Regale zu sehen. Hier würden keine Schuhe stehen und warten. Es würde im Nu hinein und hinaus gehen, während die Kunden draußen auf schicken Kinostühlchen sitzen, Musik hören und in Illustrierten blättern konnten. Es war schlimm, wie sollte Schotts Schusterei gegen diese Annehmlichkeiten auftrumpfen? Was hatten sie zu bieten, im Vergleich zu dieser Eleganz und diesen modernen Attraktionen?

Uwe knirschte mit den Zähnen. Man mußte abwarten und sehen, wie viele Aufträge für Vater Schott ausfallen würden. Uwe wagte nicht, weiterzudenken. Selbst Tante Magdas Putzengehen würde nicht helfen, den Ausfall an Einnahmen auszugleichen.

„Du hast wohl große Angst?" fragte Casper neben ihm. Er hatte beobachtet, wie sich Uwes Miene zusehends verdüsterte.

„Ach, man muß abwarten", erwiderte Uwe ausweichend. Er wollte seine Überlegungen und Befürchtungen nicht preisgeben, wollte Casper nicht belasten, da er ja nur zeitbegrenzt mit dem Schicksal der Familie verbunden sein würde. Doch er unterschätzte Caspers Anteilnahme. Auch er begann, sich ernsthafte Sorgen zu machen. Onkel Alfreds vergrämtes Gesicht hatte auch ihn verstört. Besonders deshalb, weil er in Onkel Alfred die gleiche schlichte und arbeitsame Art entdeckte, die er von seinem Vater kannte. Die Besinnung auf den Vater, ließ Casper aber daran denken, daß er ihn stets Hoffnung und Zuversicht gelehrt hatte. Plötzlich fühlte er Mut in sich wachsen. Er wollte nicht glauben, daß einem Mann, der für sich selbst nie mehr verlangt hatte, als er brauchte, die bescheidene Existenz vernichtet werden konnte.

„So schlimm wird es nicht werden", sagte er dann.

„Hast du eine Ahnung, wie schlimm etwas werden kann!" war Uwes Antwort.

„Es kann so schlimm werden, daß ein Mann, der es nicht schafft, viel zu verdienen, seine Frau und sein Kind verläßt. Es kann so schlimm werden, daß eine Mutter ihr Kind weggeben muß, weil sie sonst nicht arbeiten gehen kann. Aber davon verstehst du nichts." So scharf und bitter hatte Casper Uwe noch nie reden hören. Außerdem fühlte er sich beleidigt und fauchte zurück:

„Davon verstehe ich nichts? Warum glaubst du, sind meine Eltern in Afrika, um da den Ärmsten zu helfen? So schlimm, wie es da ist, hast du es noch nie gesehen, mein Lieber!"

Zufrieden sah Casper, daß diese Worte auf Uwe Eindruck gemacht hatten.

Kaum hatten sie das Jungenzimmer betreten, da raschelte auch schon die Rohrpost. Casper bückte sich und nahm das durchgespulte Briefchen in Empfang. Oben drauf stand: „Bitte nur an Casper." Das war noch einmal gut gegangen. Uwe nahm keine Notiz, er kramte im Schrank, und Bernd war draußen. Casper las: „Ich bin schon ins Bett gegangen, ich habe Halsschmerzen. Ich muß dir nur sagen, daß ich es zum Heulen finde, das mit der blöden Besohlanstalt. Gerade jetzt, da wir den Plan mit der Uhr haben, kommt so was dazwischen, und du denkst auch an nichts anderes mehr. Versprich mir, daß wir die Uhr suchen!"

Gleich darauf kam Bernd herein, und Uwe wollte, daß sie ihre Betten machten.

Damit war Caspers Möglichkeit, an Sabine flink einen geheimen Antwortzettel zu schreiben, verflogen. Es ergab sich auch keine andere Gelegenheit mehr. Uwe löschte das Licht, und alle drei hingen im Dunkeln noch ihren Gedanken nach.

Sabine hatte eine Antwort erwartet, und weil keine gekommen war, lag sie im Bett und heulte. Der Plan, mit Ken und Casper in geheimnisvollen Trödelläden nach der alten Standuhr zu forschen, hatte sie so begeistert, daß sie sich mit nichts anderem befassen wollte. Es paßte ihr einfach nicht, daß etwas Unangenehmes dazwischen gekommen war. Etwas über das alle bekümmert die Köpfe schüttelten und das Casper von seinem Vorhaben abbringen könnte. Trotzig zog sie ihre Knie an und machte einen Katzenbuckel. Susanne hielt den Atem an, um sich zu vergewissern, daß sie richtig gehört hatte. Jawohl, Sabine heulte.

„Was ist denn los?" erkundigte sie sich.

Sabine gab keine Antwort.

„Du brauchst dir keine Sorgen zu machen wegen der modernen Konkurrenz da drüben. Alle Kunden laufen uns bestimmt nicht weg", tröstete sie. Ihre Stimme klang aber nicht sehr zuversichtlich.

Sabine schwieg beharrlich und bemühte sich, weniger zu weinen.

„Vielleicht könnten wir, wenn es doch ganz schlimm werden sollte, von hier fortziehen, damit wir nicht so in der Nähe des neuen Geschäftes sind." Die Lösung erschreckte Sanne aber selbst so sehr, daß sie sich ganz verstört auf die Lippen biß.

Aus dem anderen Bett kamen nun wieder heftige Tränenausbrüche, denn jetzt hatte Susanne der armen Sabine erst richtige Angst eingejagt. Ihre Gedanken beschäftigten sich nicht mehr mit der Uhr sondern mit Susannes unüberlegt ausgesprochenen Befürchtungen. Von hier fortziehen? Damit Vater irgendwo einen neuen Laden mieten konnte? Sabine schauderte bei dem Gedanken. Wie oft hatte sie Mutti sagen hören, was für ein Glück es sei, diese verhältnismäßig geräumige Wohnung zu haben. Wie oft hatte sie auch gehört, daß der nette, alte Hausbesitzer eine große und einmalige Seltenheit sei, weil er Kinder mochte. Daraus schloß sie, daß kein anderer die große Familie aufnehmen würde. Nur gut, daß Susanne, die ihren Fehler wieder gutmachen wollte, schnell sagte:

„Du Bine, ich glaube, wir sehen Gespenster!"

Sabine, antwortete stotternd und verschnupft:

„Ja, ich glaube auch. Es wird schon alles gut ausgehen." Obwohl auch Susanne noch nicht alle Furcht verscheucht hatte, sagte auch sie:

„Ja, es wird schon alles werden." Sabines Tränen versiegten. Sie hörte, wie Susanne sich zur Wand umdrehte und dann noch flüsterte:

„Wir sind ja richtig adoptiert, das ist gut!"

Sabine lag auf dem Rücken und überlegte nun, wie Susanne das wohl gemeint haben mochte. Wo würde man denn anfangen, einen Haushalt zu verkleinern, wenn das Geld nicht mehr reichte? Die Gespenster schlichen sich wieder an und schienen um Sabines Bett zu stehen. Ihre Muskeln waren angespannt, und ihre Augen brannten im

Dunkeln. Ob Bernd und Casper nicht mehr bei ihnen bleiben konnten, wenn das Geschäft nicht mehr genug einbrachte? Wenn man keinen Platz für ein Kindernest hatte, gab es auch kein Kindernest. Schon gar nicht bei einem bösen Hauswirt.

Was war das für eine schreckliche Nacht. Wie schnell doch schlechte Überraschungen alles verändern konnten. Vielleicht machte sich Casper auch so viele Sorgen, daß er nicht mehr an die Uhr denken wollte. Sabine dachte an Ken und seine Bereitwilligkeit, die Uhr aufzustöbern. Er ging an jedes Problem mit viel Mut und Selbstvertrauen heran. Sie versuchte sich vorzustellen, was Ken wohl dazu sagen würde, daß sich diese Superschuhmacherei hier vor Vaters Nase setzte. Er würde sicher sagen: „Schön weiterhämmern, Onkel Alfred, schön weiterkleben, steppen und auf Leisten spannen. Nur nicht verdrießen lassen, Onkel Alfred!"

Ja, so ungefähr würde Ken reagieren. Das gefiel Sabine so sehr, daß sie sich vornahm, diese anspornenden Worte, die sie Ken in ihrer Phantasie hatte sprechen lassen, morgen dem Vater selbst zu sagen.

Wie immer war Sabine auch heute leichter ums Herz, als sie sich den ersten Schritt überlegt hatte, mit dem sie der neuen Situation begegnen wollte. Außerdem faßte sie aber noch einen Entschluß. Bei der ersten Gelegenheit wollte sie Casper herzlich bitten, den Plan mit der Uhrensuche auf keinen Fall zu verwerfen. Komme, was da wolle. Und dann war sie mit einem tiefen Seufzer eingeschlafen, während Susanne bereits am Träumen war.

Zwei gehen auf die Suche

Über das Wochenende wurde das Thema Schnellbesohlanstalt nicht mehr berührt. Man sprach absichtlich über andere Dinge. Besonders Tante Magda war bemüht, die Familienstimmung wieder einzupendeln, und gab sich besondere Mühe mit dem Sonntagsessen.

Am Nachmittag fanden Sabine und Casper Gelegenheit für ein ungestörtes Gespräch. Er konnte sie davon überzeugen, daß ihn nichts davon abhalten konnte, die Uhr zu suchen.

„Was, heute am Sonntag wollt ihr trödeln gehen?" So nannte er seine Stöbergänge durch die Trödlerläden. Es schien Sabine und Casper, als sei Ken nicht gerade begeistert. Doch er sprang aus dem Schaffellsessel, knöpfte sein Hemd zu und sagte:

„Okay, let's go!"

Er stubbste seine beiden Ruhestörer sanft zur Tür hinaus und verkündete:

„Zu Opa Uhl kann man auch sonntags gehen. Er wohnt ziemlich weit von hier, wir müssen mit dem Bus fahren. Habt ihr Fahrgeld?"

Sabine schaute Casper betroffen an, sie hatte keins. E₁

aber klimperte in seiner Hosentasche mit Münzen und nickte. Ken war beruhigt.

Der Bus war voll. Es war Kaffeezeit, und viele Damen waren mit Blumen in den Händen unterwegs. Sie betrachtete die vielen bunten Schuhe der Kaffeetanten. Das glänzte und blinkte farbenfroh. Schon fiel ihr die Schnellbesohlanstalt wieder ein. Sie stieß Casper an und fragte leise:

„Wollen wir es ihm nicht erzählen?"

„Was denn?" Er hatte die bunte Schuhparade nicht beachtet.

„Das mit dem Geschäft gegenüber."

Casper überlegte. Ken sah abwesend aus dem Fenster. Das hatte er sich wohl so angewöhnt, um die unverwandt starrenden Blicke einiger Menschen nicht als unangenehm empfinden zu müssen.

„He Ken", rief ihn Casper an, „es gibt etwas ganz Gemeines." Der große Freund sah herüber und verstand natürlich kein Wort. Casper erklärte:

„Morgen eröffnet eine ganz raffiniert ausgestattete Besohlanstalt nicht weit von uns."

Ken zischte durch die Zähne und murmelte etwas, was die beiden nicht verstehen konnten.

„Das ist ja eine dumme Sache", gab er zu, „was sagt denn Onkel Alfred dazu?"

„Nicht viel", erwiderte Sabine, „aber ich glaube er denkt viel darüber nach."

„Ich muß auch erst mal darüber nachdenken", war Kens Antwort. Er schaute wieder aus dem Fenster. Ein Herr im hellen Anzug war von Ken abgerückt und rieb nun an seinem Ärmel, als hätte Kens braune Hand, an die er versehentlich gestoßen war, abgefärbt. Casper und Sabine hatten es beobachtet und rückten deshalb aus-

drücklich näher an Ken heran. Sie schauten nun auch hinaus auf die Straßen, durch die der Bus mit ihnen fuhr.
Der große Bahnhof kam in Sicht. Die Straßen waren eng und baumlos.
„Gleich sind wir da", verkündete Ken erleichtert. Noch zwei Haltestellen, und sie sprangen aus dem Bus. Sie gingen eine schnurgerade Straße entlang. Sabine und Casper hielten mit Kens langen Schritten gut mit, denn sie gingen vor Neugier und Erwartungsfreude so schnell sie konnten.
„Da sitzt er schon!" rief Ken aus und lachte froh. Er machte nun noch längere Schritte, worauf die Freunde in Trab fielen.
Hinten am Ende des Straßenblocks war etwas Buntes in dem grauen Einerlei zu sehen. Es war jemand in einem Liegestuhl.
„Opa Uhl", brüllte Ken jetzt laut, als wäre er ein Junge wie Casper, „Helloh, Opa Uhl!"
Er erhob sich aus dem gestreiften Liegestuhl, der mitten auf dem Gehweg stand. Er war so hoch wie breit und hatte einen kahlen Kopf.
„Helloh Kennyboy and little friends!" rief er, mit der Pfeife im Mundwinkel.
„Hallo!" riefen Sabine und Casper zurück. Sie musterten den kugelrunden Mann, der sich Opa Uhl nennen ließ. Das Muster seiner Hose, die ganz weite Beine hatte, war schwarz mit feinen, weißen Streifen. Dazu trug er ein knallgelbes Hemd und bunte Hosenträger.
„Gut, daß du dich mal wieder sehen läßt, my boy!" Herr Uhl freute sich ganz offensichtlich.
„Und Freunde hat er auch mitgebracht, das ist fein, dann kommt mal rein."
Damit lud er seine Kundschaft, die ihn aus seinem

Sonntagsschläfchen in der Frühsommersonne geweckt hatte, ein, ihm zu folgen. Es ging in einen kühlen, aber trockenen Keller hinunter. Zunächst war es stockfinster, doch dann flammten Neonröhren auf. Sabine und Casper wußten nicht, wohin sie zuerst schauen sollten, so vollgestopft mit Kram waren die drei Räume. Sie konnten nur vorwärtskommen, wenn sie einen Fuß genau vor den anderen setzten, so schmal waren die verbliebenen Durchgänge.

Am leichtestens kamen die Kinder voran, indem sie seitwärts gingen und hier und da über ein kleines Möbelstück hinwegstiegen. Auch die Wände waren dicht bestückt. Geweihe, Kaffeemühlen, Maskenleuchter und Wandteppiche hingen herum.

„Sagenhaft", wisperte Casper immer wieder. Seine Blicke wanderten über alles, was sich ihnen bot. Er staunte und bewunderte, blieb auch ab und zu stehen. Mit dem Finger schnipste er gegen den Klöppel einer schweren, alten Kuhglocke, die an einem rissigen Lederriemen hing. Es machte Bong-Bong, und Casper freute sich. Dabei war er seine Spannung losgeworden und konnte Sabine anlächeln, als sie sich verwundert zu ihm umdrehte.

Sie hatte auch etwas entdeckt, eine kleine Nähmaschine aus längst vergangenen Zeiten. Auf dem Grunde des noch immer glänzenden, schwarzen Metalls blühten kleine, goldene Blümchen.

„Kennyboy, suchst du heute etwas Bestimmtes oder kommst du nur look-look machen?" hörte sie Opa Uhl fragen. Da war das Nähmaschinchen vergessen, und Sabine beeilte sich, um zu den anderen zu gelangen. Am liebsten hätte sie laut gerufen: „Ja, wir suchen eine Uhr, eine große, alte Standuhr, eine ganz bestimmte." Sie

besann sich aber rechtzeitig, um Ken die Erklärung zu überlassen.
Der antwortete unbestimmt:
„Nun ja, wie man es nimmt, wir wollen erst einmal herumschauen." Casper, der sich auch als Kens Gast fühlte, wollte Ken die Verhandlung überlassen, da er ja den Inhaber dieser Fundgrube von einem Trödelladen am besten kannte. Er amüsierte sich im Stillen, wie viel Spaß der alte Mann daran hatte, seine Rede mit einigen englischen Brocken zu mischen. Sicher glaubte er, damit Ken eine Freude zu machen.
Casper wich nicht von Kens Seite, um nichts zu versäumen. Ken betrachtete seelenruhig ein altes Bügeleisen und eine kupferne Kanne. Sabine wurde ungeduldig, denn nun begann Ken schon wieder über etwas ganz anderes zu reden.
„ Aber Opa Uhl, was hast du denn da für ein scheußliches Ding?" An der Wand hing eine Art Spieß.
„Das nennt man Saufeder. Ich glaube Jäger stoßen so etwas in Wildschweine", erklärte er, unwillig darüber diese Auskunft geben zu müssen. Ken aber ließ nicht locker:
„Du hast mir einmal gesagt, in deinem Geschäft findet man keine Gegenstände zum Töten." Der kleine, dicke Mann wurde fast wütend.
„Allright, Kennyboy, allright. Das Ding wird rausgeschmissen. Ich hab's ja nur einem abgekauft, der dringend Geld brauchte." Ken sagte nichts mehr und wandte sich nun anderen Dingen zu. Auf einem großen Tablett standen zahllose Eierbecher. Aus Glas, Porzellan, Holz, Metall und Ton. Glatte, bemalte und durchsichtige. Mehr als drei von der gleichen Sorte konnte Sabine, die den Anblick lustig fand, nicht entdecken.

„Wer kauft denn so etwas?" wollte sie wissen.

„Du wirst lachen, Kleine, ich habe zwei Kunden, von denen jeder eine Eierbechersammlung hat. Sie kommen regelmäßig vorbei und fragen, ob ich neue habe und ob vielleicht einer dabei ist, den sie noch nicht haben. Beide Herren sind arge Rivalen und wollen jedesmal wissen, wann der andere das letztemal hier war und was er gekauft hat."

„Sie sind ja richtig auf der Jagd danach, nicht wahr?" fragte Sabine. Casper, der sich gerade von dem Anblick des Mordspießes erholt hatte, meinte:

„Eine nette, harmlose Jagd."

„Fast wie eine Briefmarkensammlung", stellte Sabine fest. Und Opa Uhl, der sich an der Lebhaftigkeit der Kinder freute, scherzte:

„Ja, fast wie eine Briefmarkensammlung. Nur fliegen die Becherchen nicht fort, wenn die Tür aufgeht und ein Luftzug entsteht."

Auch Ken alberte mit und setzte hinzu:

„Das wäre besonders schlimm, wenn Eier drin wären!" Sabine lachte ein wenig und schwieg mühsam. Sie konnte es kaum erwarten, daß das Gespräch endlich auf die Uhr kam. Aber statt dessen erkundigte sich Ken nun, ob es Gegenstände zum Ausbessern gäbe.

„Ja, da steht ein schöner, alter Ohrensessel, very good, very good", lobte Herr Uhl, „aber beide Armlehnen wackeln."

„Gut, den hole ich mit dem Rad in der nächsten Woche ab", versprach Ken, der sich über die neue Verdienstmöglichkeit freute. Er fragte hoffnungsvoll:

„Gibt es sonst etwas Kleines, das ich gleich mitnehmen könnte?" Herr Uhl öffnete einen Schrank und entnahm ihm ein Kästchen. Es war aus dunklem Holz, hatte winzige Metallbeschläge und sah aus, wie einer kleiner alter Überseekoffer.

Sabine sagte anständigkeitshalber:

„Wie süß!" Mit den Gedanken war sie nicht dabei. Ihre Stimme klang fast verzweifelt. Sie begann zu denken, Ken hätte ganz vergessen, warum sie eigentlich mitgekommen waren. Ken öffnete das Kästchen das innen mit blauem Samt ausgeschlagen war und sah den Händler fragend an.

„Ihm fehlt das Schlüsselchen, Kennyboy. Sieh zu, ob du eins findest. Das Schloß scheint in Ordnung zu sein."

„Okay, Opa Uhl, ich werde schon einen Schlüssel auftreiben. Ich werde auf die Suche gehen. Übrigens Suche, wir suchen auch eine Kleinigkeit." Sabine die gerade gedacht hatte: „Jetzt kommt's", war bei dem Wort Kleinigkeit enttäuscht. Aber es kam doch, denn Ken fuhr leichthin fort:

„Wir suchen eine alte Standuhr."

Herr Uhl war darüber nicht weiter erstaunt. Er sagte nur:

„Die werden langsam rar." Dann zog er einen Vorhang, der wie ein verblichener Teppich aussah, beiseite. Sabine hielt die Luft an. Drei große Standuhren standen an der Wand.

„Alle very good, exzellent, Ken. Viele gibt es nicht mehr davon. Aber groß ist die Nachfrage auch nicht, denn die Biester passen in keine Neubauwohnung."

Nun konnte Sabine endlich hervorsprudeln:

„Wir suchen eine ganz bestimmte Uhr. Wie sie aussieht, wissen wir aber nicht."

„Tja, mein Mädchen, man muß schon wissen, wie das aussieht, was man sucht", sagte Herr Uhl mit der Bestimmtheit seiner Erfahrung. Casper schämte sich fast ein wenig und gab unumwunden zu:

„Da haben Sie natürlich völlig recht." Er hatte plötzlich das Gefühl, das Ganze falsch angepackt zu haben. Was sollten sie nun tun?

„Diese Uhren kommen und gehen, oft bleibt auch eine einmal längere Zeit stehen", erzählte Opa Uhl, um den Kindern über ihre Verlegenheit hinwegzuhelfen. Ken war keineswegs betrübt, er scherzte schon wieder:

„Die Uhren gehen wohl auch, wenn sie nicht gehen?" Sabine und Casper lachten nicht mit. Staunend schauten sie die hohen dunklen Kästen an. Die Pendel standen still, sie glänzten nur im Licht. In der einen Uhrtür fehlte das Glas, bei der in der Mitte fehlte ein Gewicht. Sie hatte römische Ziffern, die anderen beiden Zifferblätter hingegen hatten die üblichen arabischen Zahlzeichen. Herr Uhl nahm ein Pappschild, malte ‚verkauft' darauf und klemmte es in die Tür ohne Glas.

„Ein junges Paar hat sie gestern gekauft. Sie wollen sie weiß anstreichen und eine Bar daraus machen. Das ist zur Zeit große Mode."

Sabine schauderte bei dem Gedanken, daß Tante Magdas Uhr etwas ähnliches geschehen könnte. Casper blieb sachlich. Er ärgerte sich, daß sie bis jetzt nicht einen einzigen Schritt weitergekommen waren. Warum hatte er nicht daran gedacht, sich wenigstens das Muster des alten Schrankes zu Hause, zu dem die Uhr passen sollte, genau aufzumalen? Aber der Ärger half nun auch nicht. Er entmutigte nur. Und das durfte nicht sein.

Herr Uhl, der einen sehnsüchtigen Blick durch das Kellerfenster zur schwindenden Sonne nach draußen warf, sagte als Fachmann:

„Wenn man einen bestimmten Gegenstand sucht, dann hilft es immer, wenn man eine Fotografie von ihm bei sich hat."

„Ich glaube nicht, daß es ein Bild von der alten Uhr gibt", antwortete Casper nachdenklich, „vielleicht könnten wir aber den alten Schrank fotografieren!"

Jetzt wurde Opa Uhl aber ungemütlich. Er brummte: „Also um was geht es denn hier, zum Donnerwetter nochmal, um eine Standuhr oder um einen alten Schrank?"

Ein Blick auf die verzagte Sabine genügte, um ihn wieder friedlich zu stimmen. Er setzte sich auf ein Plüschsofa und klopfte mit beiden Händen auf die schmalen Plätze neben sich, wobei es ein bißchen staubte.

Sabine und Casper nahmen schnell Platz und warteten. Der dicke Mann zwischen ihnen rief:

„Kenny, da drüben steht mein Coffeepot, hol ihn her und Tassen auch." Ken, der wußte, daß Opa Uhl einen superschwarzen Kaffee trank, fragte vorsichtshalber auch nach Milch. Sie allein reichte aber nicht, und so mußten sich die Besucher heißes Wasser in ihre Tassen gießen, um das Gebräu für sich genießbar zu machen.

„Nun mal heraus mit der Story, bitte schön, und immer eins nach dem anderen", forderte Herr Uhl sie auf. Er war durch seinen Kaffee wieder heiter gestimmt und setzte auch die Pfeife wieder in Gang. Casper fühlte sich eingeweiht genug, um zu erzählen. Sabine bezähmte ihren Drang zu unterbrechen, denn sie mußte zugeben, daß er knapper berichten konnte und daß es besser war, ihren Gastgeber nicht mehr allzu lange aufzuhalten.

„Demnach wurde also vor sieben Jahren der Haushalt des Onkels aufgelöst, nachdem seine Wirtschafterin gestorben war", wiederholte Herr Uhl bedächtig, „der Schrank war zu dem Zeitpunkt schon fast drei Jahre bei der Familie Schott." Sabine und Casper nickten und nahmen kleine Schlucke von dem verdünnten Kaffee, obwohl er ihnen noch immer nicht besser schmeckte. Sie wollten höflich sein und alles tun, um den netten Herrn Uhl bei guter Laune zu halten. Sabine saß steif mit angelegten Ellenbogen und hielt mühsam ihre Beine still.

„Wißt ihr denn, wer den Nachlaß abgeholt hat?" Sie blickten ratlos drein.

„Die alten Sachen", erläuterte Opa Uhl, „den ganzen Kram in der verlassenen Wohnung, wer hat denn den aufgekauft? Welcher Altwarenhändler hat ihn abgeholt?"

„Keine Ahnung", erwiderte Sabine, „ich hörte Mutti nur mal sagen, daß eine Krankenschwester dabei geholfen hat."

„Das wäre doch schon ein Tip", sagte Ken. Er hatte es plötzlich eilig. Seine Tasse war leer. Er ging unruhig auf und ab.

„Ja, Kinder die Krankenschwester, die bei der Haushaltsauflösung geholfen hat, die werdet ihr finden müssen. Und Kennyboy wird ein Schlüsselchen zu der Box finden!" Für heute schien auch seine Geduld am Ende zu sein. Was er noch zu sagen hatte, war nicht ermutigend:

„Viele dieser Standuhren wurden in den letzten Jahren an Kunden verkauft, die sie mit nach Amerika nahmen." Sabine sah schon alle Hoffnung schwinden. Amerika! Sie sah zu Ken auf, der bedenklich nickte. Vielleicht stand sie wirklich dort drüben, Tante Magdas liebe alte Uhr. Oder vielleicht war sie weiß angestrichen worden und diente schon lange jemand als Barschank. Vielleicht sogar irgendwo hier in der Stadt? Du meine Güte, dachte Sabine und schüttelte bei dieser Vorstellung mit betrübtem Gesicht den Kopf.

„Na, na", tröstete Opa Uhl, „wer ein richtiger Antiquitätenjäger sein will, der läßt sich nicht so leicht entmutigen." Er klopfte Casper auf die Schulter, obwohl er nicht größer war als er.

„Im Gegenteil, wenn es schwierig wird und schier unmöglich scheint, ans Ziel zu kommen, dann macht es doch erst richtig Spaß." Er war aufgestanden. Sein Gesicht glühte von dem heißen Kaffee. Nachdenklich stocherte er in seiner Pfeife und überlegte noch einmal, wie er wohl den kleinen Kunden weiterhelfen könnte.

„Zuerst müßt ihr die Krankenschwester finden. Stellt fest, wer den Nachlaß erworben hat, dann habt ihr eine Spur. Bleibt auf dieser Spur!"

Die drei folgten ihm zur Tür.

Ken drehte den Lichtschalter aus und der Keller voller Schätze lag, als sie ihn verließen, wie vorher im Dunkel.

Draußen vor der Tür mußte Herr Uhl seinen Liegestuhl ein ganzes Stück weiterrücken, um die letzten Sonnenstrahlen auszunutzen.

„Also dann, auf Wiedersehen, und vielen, vielen Dank!" Casper verabschiedete sich als erster.

„Ich komme nächste Woche und hole den Sessel im Karren ab", versprach Ken.

„Okay, Ken! Good bye, good bye." Opa Uhl lag schon wieder im Liegestuhl. Als sich seine Kundschaft zum letztenmal umdrehte, winkte er noch einmal und rief:

„Bye, bye!"

Die Rückfahrt im Bus war angenehmer als die Hinfahrt. Es war nicht so voll, und alle drei saßen auf einer Bank beieinander. Ken betrachtete das Kästchen, zu dem der Schlüssel fehlte.

„Wir haben ja eine Menge Probleme", sagte er. Alle drei grübelten über Lösungen nach. Sabine sprach zuerst:

„Ich glaube doch, daß es von der Standuhr ein Foto

gibt. Mir ist so, als hätte ich in einem Album eins gesehen."

„Das wäre gut." Caspers Miene hellte sich aber nicht auf. Seit dem Wort Probleme hatte sie sich verdüstert. Onkel Alfred und seine Sorgen waren ihm wieder eingefallen. Und er fragte sich, ob es richtig war, soviel Mühe anzuwenden, um Tante Magda eine Freude zu machen, wenn Onkel Alfred viel nötiger Hilfe brauchte.

Er seufzte hörbar, worauf ihn Ken tröstete:

„Aber, Casper, so schlimm ist es doch auch wieder nicht."

„Doch, die Besohlanstalt, die morgen aufmacht, ist schon schlimm."

Erschreckt schaute Sabine auf, und auch Kens Gesicht wurde ernst. Anscheinend hatte er inzwischen darüber nachgedacht, denn jetzt hatte er etwas dazu zu sagen:

„Onkel Alfred muß auch etwas Neues zu bieten haben. So ist das eben. Wenn etwas Neues passiert, muß man sich etwas Neues einfallen lassen. Etwas, was den Kunden gefällt und sie bei euch bleiben läßt." Kens Vorschlag klang vernünftig. Und doch fragte Casper mißtrauisch: „Was soll er sich zum Beispiel einfallen lassen?"

„Zum Beispiel", wiederholte Ken geduldig, „könntet ihr anfangen, Schuhe abzuholen und wieder zuzustellen. Wie wäre das? Genug Leute seid ihr ja, Kinder. Nur Ideen muß man haben!"

Casper war auf einmal wie verändert. Er richtete sich auf, seine Augen leuchteten.

„Du findest immer eine Lösung, Ken, toll ist das!"

„Und Schlüssel", scherzte er. Er lachte zuversichtlich und klappte das antike Kästchen zu. Dann ließ er es in den Tiefen seiner Tasche verschwinden.

Sabine ärgerte sich ein bißchen, daß die beiden schon

wieder von der Uhrengeschichte abgekommen waren. Sie blieb aber still, versuchte nur angestrengt, daraufzukommen, ob sie wirklich ein Foto von der Uhr im Album gesehen hatte oder nicht. Sie nahm sich vor, zu Hause sofort nachzuschauen.

Dort wurde sie bereits von Susanne, die schon vor einer Stunde aus dem Kino heimgekehrt war, erwartet. Es hatte Ärger gegeben. Susanne hatte ganz allein das Zimmer aufräumen müssen. Außerdem war Sabine diese Woche zum Blumengießen dran, und sie hatte ihren schönen Stock vertrocknen lassen. Als es endlich klingelte, öffnete Susanne und empfing die Schwester mit Vorwürfen.

Sabine biß sich auf die Lippen und sagte kein Wort. Schnell holte sie den Blumentopf und trug ihn ins Badezimmer. Die Erde war so hart geworden, daß sie kein Wasser aufnehmen konnte, alles floß über den Rand. Sabine wischte das Wasser vom Boden auf und begrub dabei jede Hoffnung, heute noch das Foto der alten Standuhr zu finden. Es gelang ihr nicht, mit Casper allein zu reden. Dabei wäre das so wichtig gewesen. Denn sie hatten nicht abgesprochen, was sie sagen wollten, wenn einer fragte, wo sie am Nachmittag gewesen waren.

Sabine wusch dann ganz allein ab. Das fand Susanne in Ordnung und gerecht. Sie ließ sich dadurch auch versöhnen und war bereits wieder recht vergnügt, als Sabine müde ins Schlafzimmer kam. Begeistert berichtete sie über den Film, den sie mit Cordula gesehen hatte. Bine hörte nicht richtig zu, sie überlegte die ganze Zeit, was wohl Casper den Jungen drüben berichtete? Das hätte sie zu gern gewußt.

Da raschelte es plötzlich im Rohrpostkanal. Sabine griff zu, entfaltete das Zettelchen, das Caspers Schriftzüge trug und überflog den Inhalt. Nachdem sie sich davon überzeugt hate, daß die Nachricht nicht geheim war, las sie laut vor:

„Wir haben soeben einen Plan ausgearbeitet, um Onkel Alfred zu helfen. Wir wollen ihm morgen gemeinsam am Frühstückstisch unsere Hilfsaktion anbieten. Sie soll darin bestehen, daß wir bei der Kundschaft die Schuhe abholen und die reparierten Schuhe wieder abliefern. Wenn Ihr einverstanden seid und Euch beteiligen wollt, dann unterschreibt bitte hier."

Dort waren zweimal zwei Kreise zu sehen. Über einem stand Ja, über dem anderen Nein. Darunter waren Pünktchen für die Unterschrift. Sabine verstand und nickte. Also hatte Casper den guten Vorschlag von Ken schon an Uwe und Bernd weitergegeben. Da er Ken mit keinem Wort erwähnte, hatte er wohl nicht erzählt, daß sie heute zusammen gewesen waren. Gut, dann blieb die Sache mit der Uhr weiterhin unter ihnen beiden. Darüber freute sie sich sehr.

„Was meinen sie bloß?" fragte Susanne verwirrt, „was haben sie sich denn da bloß ausgedacht?"

Sabine wollte nicht zugeben, daß sie den Plan schon konnte und stotterte mühsam:

„Nun ja, ich stelle mir das so vor, wie Blumen austragen. Oder morgens das Gebäck ins Haus bringen. So ähnlich. Warum könnte man das nicht auch mit Schuhen machen?" Sehr angetan war Susanne von dieser Idee nicht.

„Man kann doch nicht einfach irgendwo klingeln und fragen: Haben Sie kaputte Schuhe? Oder sollen wir Leute auf der Straße nachlaufen und sagen: He, Sie haben ganz schiefe Absätze, geben Sie mal Ihre Stiefel her!" Sabine mußte lachen, ließ sich aber nicht beirren.

„Man kann aber reparierte Schuhe ins Haus bringen und dabei vielleicht gleich wieder welche mitnehmen."
Jetzt mußte auch Susanne zugeben, daß das gar nicht so schlecht ausgedacht war.
„So etwas nennt man Service!" sagte sie. Dann ergriff sie den Bleistift und machte ein dickes Kreuz in den Ja-Kreis. Darunter setzte sie schwungvoll ihre Unterschrift. Sabine freute sich, daß Sanne so schnell gewonnen worden war und kreuzte nun ebenfalls das Ja an. Unter ihren Namenszug schrieb sie aber noch mit verschmitztem Lächeln: „Woher bekommt ihr nur diese phantastischen Einfälle?"und schickte den Zettel zurück. Die prompte Antwort wurde drüben mit Hallo empfangen. Uwe saß im Bett und war von dem prächtigen Plan so begeistert, daß er am liebsten zu seinem Pflegevater gelaufen wäre, um ihm gleich zu erzählen, was sie vorhatten. Lange genug hatte er vergeblich gegrübelt. Nun gab es einen Plan, den sie in die Tat umsetzen konnten. Er schlug vor, ein Schild zu malen, welches die neue Dienstleistung der Schuhmacherei anzeigte. Bernd kam sofort aus seinem Bett herunter und Casper, der ebenso begeistert war, flüsterte:
„Sehr gute Idee, das wird gemacht, und zwar sofort!"
Uwe hatte den größten Zeichenblock und holte ihn.
„Was soll den darauf stehen?" „Schuhe frei Haus?"
„Das hört sich nicht gut an", meinte Bernd. Casper fand das auch, obwohl er zugeben mußte, daß es eine gebräuchliche Redensart war, die jeder kannte. Aber auch Uwe fand den Satz trocken und witzlos. Er murmelte:
„Schuhe von Schott, sauber und flott..." weiter kam er nicht.
„Prima, prima", feuerte Casper ihn an, „mach ein Gedicht!"

„Schuhe von Schott, sauber und flott und nicht mehr kapott!" Das war Bernds Beitrag. Die großen Brüder lachten mit.

„Schuhe von Schott, sauber und flott, geholt und gebracht bis abends um acht!" steuerte Casper bei. Sie lachten wieder und boxten sich vor Vergnügen.

„Blödsinn — laß mich mal nachdenken", rief Uwe und biß vor Besorgnis, daß das richtige Wort wieder entwischen könnte, fast den Radiergummi vom Bleistiftende ab. Bernd und Casper waren sofort ruhig und Uwe sagte:

„Schuhe von Schott, sauber und flott, gebracht und geholt ..." hier brach er ab, setzte aber hinzu: ,, da muß jetzt das Wort besohlt kommen." Alle drei strengten sich mächtig an. Dann fiel es Uwe ein:

„Gesteppt und besohlt!"

„Das nehmen wir!" rief Casper, so leise es bei der Freude ging und Berndchen hauchte ein jubelndes:

„Hurrah!"

Uwe blätterte in einem Heft mit Buchstaben und verschiedenen Beispielen für Kunstschriften. Er wollte die passende Schriftform für das Plakat wählen.

„Nichts Altmodisches", sagte Casper bestimmt, „wenn man moderne Maschinen schlagen will, muß man auch modern werben!"

„Gib doch nicht so an", warf Bernd ein, wurde aber überhört.

Uwe nahm ein Lineal und zog Linien schräg über die linke Ecke des weißen Bogens. Er wußte genau, was er wollte und war sehr konzentriert. Die entstandenen Balken füllte er mit Filzstift farbig aus. Für die Schrift, die er gewählt hatte, suchte er die passende Feder aus einem Kästchen. Dann malte er unter den aufmerksamen Blicken der Brüder ein F und ein R. Groß und klar.

„Was schreibt er denn?" fragte Casper leise. In dem Moment raschelte die Rohrpost. Auf dem Briefchen stand: „Um Himmels Willen, was macht ihr denn bloß?"
Bernd, erhielt den Auftrag, die Antwort zu schreiben und war nun beschäftigt. Um so schneller ging Uwes Arbeit voran. Auf dem mittleren Balken prangte bereits in leuchtendem Blau das Wort Frei und dahinter vorgezeichnet das Wort Haus. Uwe strichelte dann in die Mitte als Block den Vers. Er füllte die Buchstaben rot aus und umrandete sie blau. Von weitem betrachtet, ergab das ein hübschen lila Ton, der bestimmt ins Auge stach.

„Ein Knüller ist das, Uwe, ganz toll!" Casper war restlos zufrieden. Uwe mußte selbst zugeben, daß ihm das Schild gut gelungen war. Er gähnte und reckte sich und besah sich sein Werk. Es war nicht einfach gewesen es so spät und bei Schummerlicht anzufertigen und noch dazu leise zu sein.

Sie räumten die Malsachen wieder weg und gingen ins Bett. Neben der Müdigkeit empfanden sie aber ein angenehmes Gefühl. Sie hatten begonnen einen guten Gedanken in die Tat umzusetzen. Der erste Schritt war getan. Dem mußten nun viele kleine Schritte und Taten folgen, damit die Sache ein Erfolg werden würde. Das wußten sie alle drei. Es war nur der Anfang, was danach kam, würde schwerer sein.

Von Uwe der immer schnell einschlief, waren bereits tiefe Atemzüge zu hören, als Casper noch grübelte. Wenn sie wüßten daß ich außer der Sache mit den Schuhen, auch noch die Sorgen mit der Standuhr habe, dachte er. Geheim sollte die Suche nach der Uhr bleiben. Da hatte er seine Meinung nicht geändert. Ob Sabine und er es schaffen würden? Es wäre eigentlich einfach gewesen, wenn nur dieser dumme Laden dort drüben nicht entstanden wäre. Wie sollten sie das alles bewältigen? Am Nachmittag Schularbeiten, die reparierten Schuhe ausliefern und dann noch heimlich mit Ken durch die Trödelladen ziehen? Dabei noch schweigen und Erklärungen finden für ihre Abwesenheit. Einfach würde das alles nicht werden, darüber war sich Casper klar. Er mußte an Ken denken. Wie zuversichtlich er gelacht hatte und ganz sicher gewesen war, daß er ein passendes Schlüsselchen für die Box auftreiben würde. Ken würde bestimmt längst seinen Schlüssel haben, bevor sie überhaupt wußten, wo sie nach dem Möbelhändler suchen sollten, der die Sachen aus Onkel Emmerichs Wohnung geholt hatte. Eine Krankenschwester sollten sie suchen. Es gab so viele.

Casper nahm sich vor, die einzelnen Probleme zu sortieren und eins nach dem anderen in Angriff zu nehmen. Opa Uhl hatte ja auch gesagt, wenn es schwierig wird und schier unmöglich scheint, dann macht es richtigen Antiquitätenjägern erst Spaß.

Fünf gehen an die Arbeit

Schotts waren beide leicht erstaunt, als die fünf Kinder, hellwach und früher als gewöhnlich in der Küche erschienen. Besonderer Schuleifer bei dem einen oder anderen war nichts Ungewöhnliches, auch nicht ein Frühaufstehen, aus einer Laune heraus. Aber daß alle zugleich fertig angezogen und wie verabredet plötzlich dastanden, das war geradezu unheimlich.

„Gibt es etwas?" fragte Herr Schott. Uwe hielt das Schild hinter seinem Rücken versteckt. Die Mädchen stießen sich an und wisperten nur miteinander, ohne zu antworten. Jetzt wurden auch Tante Magdas Blicke forschender.

„Lieber Vater", begann Uwe, „wir haben uns gedacht, daß wir etwas tun müßten, um es mit der Konkurrenz aufzunehmen."

„Welcher Konkurrenz?" wollte Herr Schott wissen, aber niemand erwiderte etwas, denn gleich nach seiner Frage, nickte er selbst verstehend mit dem Kopf.

„Ach so", brummt er, „nun setzt euch doch erst einmal." Uwe zog das Plakat vor und lehnte es gegen die Kaffekanne. Magda kam sofort, um es zu lesen. Ihr Mann stand genau davor. Beide murmelten die Worte der nächtlichen Geheimpinselei vor sich hin, als sie lasen.

„Nein ihr Fratzen", sagte Tante Magda gerührt, „wann habt ihr denn das ausgeheckt?"

„Wie stellt ihr euch denn das vor?" fragte Onkel Alfred beinahe barsch. Er war auch gerührt, mochte es aber nicht zeigen. „So etwas hat es hier noch nie gegeben!"

„Das bedeutet nichts", beruhigte ihn Bernd, „eine Schnellbesohlanstalt hat es hier auch noch nie gegeben." Besser hätten es die Großen auch nicht sagen können.

Casper wollte nun erklären, wie sie sich den Dienst vorgestellt hatten. Er nahm den Blick nicht von seinem Marmeladenbrot, das er gerade bestrich, denn ein bißchen unsicher fühlte er sich schon.

„Wir werden an Nachmittagen die fertigen Schuhe in die Wohnung der Kundschaft tragen und dabei höflich fragen, ob wir eine neue Reparatur mitnehmen dürfen." Er atmete auf. Es hatte sich ganz vernünftig angehört.

„Bloß nicht aufdringlich sein!" sagte Tante Magda. Das brachte ihr dankbare Blicke von Sanne und Bine ein, denn sie hatte mit diesem Einwand ja bewiesen, daß sie für den Plan an sich schon gewonnen war. Caspers Mut wuchs, er sprach weiter:

„Wir werden sagen: „Sind die Kinderschuhe noch heil? Wie steht es mit den Sandalen? Natürlich muß man wissen, ob es Familien oder Einzelpersonen sind", unterbrach er sich eifrig selbst.

Onkel Alfred hatte noch immer nichts erwidert. Er trank mehrere Schluck Kaffee.

„Ich weiß nicht, ob das geht", sagte er schließlich. Bernd war enttäuscht und rief:

„Meinst du, wir ziehen den Leuten gleich die Latschen

von den Füßen?" Dafür erhielt er von Uwe einen Tritt unter dem Tisch, denn naseweise Redensarten waren im Moment ganz fehl am Platz. Flink schaltete Casper sich ein und versicherte:

„Onkel Alfred, es ist uns vollkommen ernst. Wir haben es uns in aller Ruhe überlegt. Es gibt doch auch in anderen Branchen solchen Service, warum sollen wir es nicht auch versuchen?"

„Wir wechseln uns ab, Vater, du wirst sehen, wir werden es richtig nett machen und es wird den Kunden gut gefallen." Susanne sagte das sehr lieb und sah Herrn Schotts Miene weicher werden. Sabine meinte, daß sie nicht zu allen Kunden laufen würden, denn viele Haufrauen holten ihre Schuhe während des Einkaufs ab. Besonders aber ältere Menschen scheuten oft den Umweg. Bernd erinnerte Onkel Alfred daran, daß selbst der Kaufmann im Nebenhaus telefonische Bestellungen aufnahm und dann einen Botenjungen mit den Waren losschickte.

„Das macht der Kaufmann, um neben dem Supermarkt bestehen zu können", antwortete Onkel Alfred. Diese Erkärung ließ seine Schützlinge laut triumphieren.

„Das ist doch auch unser Grund für einen Kundendienst!"

Wenn Herr Schott ganz und gar gegen ihr Angebot gewesen wäre, hätte er es schon laut und energisch abgelehnt. Das wußten die Kinder.

Onkel Alfred las noch einmal den Reklamevers. Diesmal war er schon vertrauter mit dem Rythmus und der Betonung. Er lächelte sogar dabei und seine Augen leuchteten voll stolzer Freude, als er einen nach dem anderen ansah. So wollten sie also für sein Handwerk werben, um ihm über die Krise hinwegzuhelfen. Eine feine, kleine Schar war das, die so entschlossen zu ihm hielt. Ob man mit dieser herzlichen Hilfsbereitschaft und mit diesem jugendlichen Schwung gegen die Wunder der Technik in dem großen Neubau etwas ausrichten konnte? Versuchen sollte man es, dachte Onkel Alfred.

„Also gut, ihr Mitarbeiter, dann werden wir unser Schild mal aufhängen." Die große Familie zog gemeinsam in die Werkstatt. Dort befestigte Herr Schott die Tafel, die den Kundendienst ankündigte, an der Wand.

„Ausgezeichnet", stellte Uwe fest. Casper las alles noch einmal. Dann wollte Susanne ausprobieren, wie es wirkte.

„Ich bin jetzt Kundschaft!" erklärte sie, schloß die Ladentür auf und machte sie hinter sich wieder zu. Dann betrat sie das Geschäft.

„Guten Morgen, Meister Schott, hatten sie ein schönes Wochenende?" mimte sie zum Vergnügen aller mit verstellter Stimme.

„Kann nicht klagen", antwortete Onkel Alfred, der sofort mitspielte.

„Oh, was sehe ich denn da? Ein neues Schild? Was steht denn darauf?" Aus einer nicht vorhandenen Tasche kramte Sanne eine unsichtbare Brille hervor, sah hindurch, wobei sie den kleinen Finger abspreizte und sprach: „So-so-so, das ist aber wunderbar, das ist aber fein! Wann werden denn meine Lackschuhe fertig sein, Meister?"

„Am Donnerstag, Verehrteste, wenn's recht ist!" erwiderte der Schuster.

„Gut-gut-gut, dann lassen Sie mir die Schuhe am Donnerstag ins Haus liefern, aber nicht zwischen zwei und vier Uhr, da halte ich nämlich mein Mittagsschläfchen. Auf Wiederschauen."

Ihr Publikum klatschte und lachte. Das hatte sie wirklich sehr gut dargestellt. Im Nu war aber Susanne wieder Susanne und rief:

„Los, los Kinder, es ist schon zehn nach halb!" Sie stürmten zurück in die Wohnung.

Herr Schott legte den Arm um seine Frau und folgte ihnen langsam.

„Kein Tag ohne Überraschungen mit der Bande", stellte er zufrieden brummend fest.

„Kein Tag ohne Freude", ergänzte Tante Magda, „auch keiner ohne Ärger", setzte sie wahrheitsgemäß hinzu. Aber Onkel Alfred empfand an diesem Morgen nur Freude über die angebotene Hilfe seiner Schar.

Für den ersten Ärger sorgte dagegen Frau Fürst. Sie brachte einen Gürtel zum Steppen, stand vor dem Ladentisch und studierte mit hochgezogenen Brauen den Anschlag.

„Hm", machte sie und pausierte. Sie wollte ihre Gedanken ordnen, um sie dann möglichst wirkungsvoll auszusprechen.

„Zu dieser Arbeit werden Sie wohl die Kinder anstellen? Das ist vernünftig, man kann sie gar nicht früh genug zum Fleiß erziehen. Schließlich haben Sie die Last mit der Aufzucht, dafür sollen sie sich nützlich machen." Der Gedanke, daß jemand den Kundendienst so auffassen würde, war Onkel Alfred nicht gekommen.

Eisig war seine Stimme, als er antwortete:

„Wir stellen unsere Kinder nicht zur Arbeit an und Nutzen wollen wir von ihnen auch nicht haben."

„Ich verstehe schon, Herr Schott, das müssen Sie ja sagen, sonst denken die Leute in der Nachbarschaft, sie lassen ihre Pflegekinder für sich arbeiten. Ich finde es aber goldrichtig so!" Das sollte ein Kompliment sein. Sie hatte es mit halb zugekniffenen Augen gesagt, was ihrem Gesicht einen boshaften, harten Ausdruck verlieh.

Schuster Schotts breite Brust wölbte sich gewaltig, so sehr hielt er den Atem an, um des aufsteigenden Zornes Herr zu werden. Er hatte sich jahrelang darin geübt, stets ruhig, höflich und gelassen zu bleiben, wenn er unangenehme oder sogar unverschämte Kunden dulden mußte.

„Die Nachbarschaft wird unseren Kundendienst, den die Kinder freiwillig und freudig eingerichtet haben, nicht mißverstehen!" Das war deutlich.

Als die Frau das Geschäft verlassen hatte, gab er sich Mühe, ihre niederträchtigen Worte zu vergessen. Er pfiff ein Liedchen aus seiner Lieblingsoperette und rief sich die Szene am Frühstückstisch in Erinnerung. Der Eifer und die spontane Herzlichkeit mit der die Kinder ihm ihren Einfall unterbreitet hatten, fiel ihm wieder ein. Nachdenklich betrachtete er den schmalen, schwarzen Gürtel von Frau Fürst.

Was mochte sie wohl so bitter gemacht haben, daß sie Kinder als Last betrachtete?

Er hängte den Gürtel fort und begann erneut zu pfeifen. Sein Lied wurde jedoch bald darauf von lauter Blasmusik übertönt. Herr Schott schaute durch das kleine Fenster seiner Werkstatt. Genau konnte er so weit nicht sehen, aber es schien ihm, als stünde eine Gruppe Musikanten vor dem neuen Geschäft. Auf jeden Fall kam die Musik von dort. Schon konnte man die ersten Kinder mit orangefarbenen Luftballons die Straße entlanglaufen sehen. Weiße Druckschrift zierte sie. Die Werbetrommel wurde also mächtig gerührt. Gegen das Schmettern der Musik und die knalligen Ballons nahm sich der Anschlag an seiner Wand erbärmlich aus. Aber immerhin, sie hatten etwas unternommen.

Als die Kinder daheim eintrafen, fragte Casper als erster:

„Tante Magda, wie war die Kundschaft heute?"

„Eigentlich wie an jedem anderen Morgen, mein Junge." Bernd erschien mit einem orangenen Ballon. Es stand darauf: „Neu, sensationell, schnell!" Nachdem es alle gelesen hatten, nahm Bernd eine Küchengabel und stach damit in den prallen Ballon. Peng, machte es, und der Rest des Ballons hing schlapp am Draht.

„Das war doch nun wirklich nicht nötig", schalt Frau Schott.

„Doch, weil ich eine Wut habe", beharrte Bernd. Seine Offenheit war stets entwaffnend und Tante Magda sagte nichts mehr dazu.

„Ihr kennt doch Frau Loose", berichtete sie, „sie war heute hier und brachte zwei paar Schuhe, Gesundheitsschuhe mit Einlagen. Sie meinte, der neue Laden wäre etwas für jüngere Leute, die es eilig hätten. Sie sagte sogar, sie würde sich zwischen den modisch gekleideten Menschen nicht wohl fühlen. Sie bleibt uns jedenfalls treu!"

„Der liefere ich morgen gleich ihre Schuhe, auch wenn sie noch so klobig sind", versprach Bernd, froh über die erste gute Mitteilung.

Susanne machte ein unwilliges Gesicht und beschwerte sich:

„Die Buben machen ja alles. Sie hatten die Idee, sie haben das Schild gemalt, und nun geht Bernd auch noch als erster liefern."

Frau Schott spürte, daß Susanne nicht ganz Unrecht hatte. Sie ging deshalb mit den Mädchen in die Werkstatt und nahm dort eine große braune Tasche vom Regal.

„Frau Bayer wollte sie in der letzten Woche abholen.

Ich hörte, daß ihr Bein wieder schlimmer geworden ist. Sicher ist sie deshalb nicht gekommen. Wollt ihr die Tasche hinbringen?" Das wollten sie gerne tun. Frau Bayers Wohnung lag im ersten Stock. Die Mädchen klingelten und mußten lange warten, bis geöffnet wurde.

„Ja, bitte?" fragte die ältere Frau, die sich auf einen Gehstock stützte. Sie sah die beiden freundlich an, konnte sich aber nicht denken, warum sie zu ihr kamen.

„Guten Tag, Frau Bayer, wir kommen von der Schuhmacherei Schott und bringen Ihre Tasche."

„Aach, wie reizend von euch. Nun erkenne ich euch auch. Kommt doch herein, wie nett, wie nett." Schwerfällig ging sie vor ihnen den Korridor entlang in ein helles Zimmer. Susanne stellte die Tasche auf den Tisch.

„Ihr kommt extra zu mir, weil es mir nicht gutgeht?" Die Schwestern schauten sich fragend an. Sollten sie die nette Frau in dem Glauben lassen? Sabine antwortete recht geschickt:

„Wir sind zuerst zu Ihnen gekommen, weil unsere Mutter hörte, daß Sie zur Zeit schlecht gehen können. Aber wir haben auch einen Kundendienst eingerichtet. Wir bringen jetzt Reparaturen frei ins Haus. Wenn es erwünscht ist, dann nehmen wir auch neue Aufträge mit." Susanne nickte anerkennend. Das hatte Bine fein gesagt. Frau Bayer lobte nun auch:

„Das ist aber angenehm, darüber werden sich viele Kunden freuen." Sie öffnete eine Dose, in der Konfekt lag.

„Nehmt euch bitte etwas davon. Ich gehe nur meine schwarzen Schuhe holen, daran sind die Spitzen ganz abgestoßen. Ihr könnt sie gleich mitnehmen." Als sie zurück war, sagte Sabine höflich: „Es macht vier Mark und dreißig, Frau Bayer." Die Kundin gab ihr ein blankes

Fünfmarkstück. Susanne durchfuhr ein Schreck. Sie hätten natürlich an Wechselgeld denken müssen. Wie dumm sah es jetzt aus, daß sie kein Kleingeld zum Herausgeben hatten. Bevor sie aber eine Entschuldigung stottern konnte, sagte Frau Bayer:

„Der Rest ist für euch, kauft euch Eiswaffeln oder tut es in die Sparbüchse." Das war nun wieder etwas Neues. Daran hatte keines der Kinder gedacht. Für Botendienste gab es Trinkgeld!

„Oh, vielen Dank", Sabine strahlte. „Ende der Woche bekommen Sie Ihre Schuhe zurück."

„Das ist fein."

Da klingelte es und Frau Bayer sagte:

„Oh, das wird schon Schwester Senta sein. Sie wird mit mir ein Stückchen durch den Park gehen, damit ich an die frische Luft komme."

Sabine lief voraus und öffnete die Tür. Als sie draußen eine Krankenschwester in Tracht stehen sah, starrte sie sie an und rührte sich nicht von der Stelle. Onkel Emmerich, die Wirtschafterin, die Krankenschwester, das Transportunternehmen, der Trödler, die Uhr — so überstürtzten sich ihre Gedanken.

Nachdem sie sich verabschiedet hatten, fragte Susanne: „Sag mal, spinnst du? Du hast die Krankenschwester angestarrt, als wäre sie ein Gespenst. Was fällt dir denn ein?" Was sollte Sabine darauf antworten? Alles was ihr eingefallen war, sollte doch geheim bleiben.

„Das hatte nichts mit der Schwester zu tun", schwindelte sie sich heraus, „mir war nur plötzlich eingefallen, daß uns vielleicht alle Kunden Trinkgeld geben werden." Susanne ließ sich ablenken und dachte darüber nach.

„Irgendwie ist das aber nicht richtig. Es soll doch nicht teurer für die Kunden werden."

„Ach, laß nur, Sanne, sie runden nur den Preis ein bißchen auf. Das machen bestimmt nur die, denen das kleine bißchen Geld nicht fehlt. Sie machen es ja von sich aus und die, die knapp sind, tun das nicht."

Zu Hause wurden die ersten Auslieferer voller Spannung erwartet.

„Los, erzählt, wie es war", drängten die Brüder.

„Frau Bayer war riesig nett. Sie hat sich wirklich gefreut und sie hat uns siebzig Pfennig geschenkt."

Aber Uwe schaltete sich ein und erklärte:

„Die Sache mit dem Trinkgeld soll aber nicht zum Hauptzweck werden. Wir haben doch damit gar nicht gerechnet, als wir unseren Plan machten." Das dämpfte den Eifer des Jüngsten ein bißchen.

Sabine, die schon Erfahrung hatte, erinnerte alle, daß sie immer Wechselgeld bei sich haben sollten. Casper fügte noch hinzu:

„Wir dürfen auch nicht erst lange nach dem Kleingeld suchen und kramen, wir müssen es in der Hand bereit halten." Alle nickten, sahen aber doch Bernd noch einmal fragend an, ob er es auch verstanden hatte. Er sah es zwar ein, konnte sich aber nicht verkneifen zu brummeln:

„Ihr tut ja geradezu, als wäre es unanständig, ein paar Groschen anzunehmen."

„Jetzt rede keinen Unsinn", erwiderte Susanne, „und tu nicht so, als ob du nicht wüßtest, wie wir das meinen. Die Kunden sollen bloß nicht denken, wir machen die Sache, um Taschengeld zu kriegen."

„So ist es", bestätigte Uwe, „sie sollen sehen, daß wir etwas zu bieten haben." Die Unterhaltung war beendet. Alle spürten aber, daß es über diesen Punkt noch einiges zu besprechen geben würde.

Sabine mußte bis zum Abend warten, dann erst konnte

sie Casper allein sprechen. Als Casper in ihr Zimmer kam, klatschte sie hocherfreut in die Hände und rief:

„Wie gut, daß du kommst. Stell dir vor, ich habe bei Frau Bayer eine Krankenschwester gesehen!"

Casper, der bestimmt nicht träge war, sagte nur:

„Na und?"

„Na und? Eine Krankenschwester! Wir suchen doch eine."

„Und was war weiter?"

„Es gibt weiter nichts, leider."

„Wo war es denn?" forschte er, bemüht sich kein Krümchen Information entgehen zu lassen.

„In der Rüsternallee. Das ist in der Gegend in der alle Straßen Baumnamen haben. Und in der Buchenallee, da war Onkel Emmerichs Wohnung."

„Hm, das könnte vielleicht etwas werden", sagte Casper. Dann setzte er jedoch hinzu: „Krankenschwestern gibt es jede Menge!"

„Aber die Menge, die in der Gegend mit den Baumstraßen arbeitet, kann doch nicht so groß sein."

„Das stimmt allerdings. Das wäre also unser allererster Tip für eine Spur."

Sie saßen eine Weile schweigend da und überlegten, was man mit diesem Tip anfangen könnte.

„Komisch ist das", sagte Sabine, „erst hatte ich eine Wut, daß wir nun Schuhe austragen sollten, weil ich nicht wollte, daß uns irgend etwas bei der Uhrensuche stört. Und nun erhalten wir die erste Spur ausgerechnet bei unserem ersten Auftrag."

Casper nahm den Faden wieder auf und fragte:

„Wann bekommt denn Frau Bayer ihre Schuhe zurück?"

„Ende der Woche."

„Wir müssen es so einrichten, daß wir beide zusammen zu ihr gehen können."

Susanne kam wieder herein.

„Was flüstert ihr denn?" wollte sie wissen.

„Was Leises", neckte Casper. Susanne aber schnappte ein und empörte sich.

„Das finde ich gemein!" Sabine versuchte, sie zu beruhigen, aber Susanne war ärgerlich:

„Man könnte denken, ihr hättet Geheimnisse. Das wäre wirklich gemein, gerade nachdem wir die Sache mit dem Trinkgeld besprochen haben."

Casper erkannte, daß es auf keinen Fall dazu kommen durfte, daß die Geschwister mißtrauisch wurden und sich in ihrem Argwohn womöglich völlig falsche Erklärungen zurechtlegten. Er wollte das harmlose Geheimnis mit Sabine noch eine Weile für sich behalten. Zunächst gab es auch nichts zu berichten. Vielleicht später, wenn sie etwas erreicht hatten, was zu Hoffnungen berechtigte, würden sie die anderen einweihen. Ob es jemals dazu kommen würde? Jedenfalls mußte vorläufig geschwiegen werden. Das war nicht so einfach. Aber die Furcht, wegen ihres Planes vielleicht sogar ausgelacht zu werden, ließ sie beide fest bleiben.

„Glaub mir Sanne, wir haben kein Wort mehr über das Trinkgeld gesprochen", sagte er wahrheitsgetreu.

„Ach, geh jetzt hinaus", herrschte sie ihn an, „du hast mein ganzes Bett verdrückt. Außerdem ist es mir ganz egal, über was ihr beide redet."

Sabine folgte ihm und wisperte an der Tür:

„Punkt eins, die Krankenschwester. Punkt zwei das Foto der Uhr!"

Sabine hatte bisher vergeblich versucht, einmal ungestört in dem Album blättern zu können. Am nächsten

Abend aber ergab sich eine ausgezeichnete Gelegenheit. Onkel Alfred saß nach dem Abendessen gemütlich in seinem Sessel und sah sich ein Album an. Sabine stellte sich hinter ihn und schaute mit.

„Sieh mal, Bine, was wir im vorigen Jahr für schöne Tomaten hatten." Die Bilder, die Herr Schott so eingehend betrachtete, zeigten Pflanzen auf der Sonnenseite des „Platzes". Dann blätterte er weiter.

Das Gemüse interessierte Sabine wenig.

„Ich möchte mir auch ein Album ansehen, aber irgendein anderes."

„Dann nimm dir doch eines", antwortete er, ohne aufzusehen. Vati und sie saßen und schauten alte Fotos an. Sabine wollte sich gerade eines der beiden abgegriffenen Alben, die Tante Magdas Jugendbilder enthielten, nehmen, da sah sie, daß bei dem anderen eine Ecke Schutzpapier zwischen den Seiten herausragte; Es hatte sich wohl verschoben und war monatelang so verklemmt dort gestanden.

Sie schlug das Album genau zwischen diesen Seiten auf, um das zerknitterte Schutzpapier zu glätten. Ihre Finger drückten auf die scharf gewordenen Kniffe, die sich nicht vollständig entfernen ließen. Dann wendete sie das Blatt und stieß vor Staunen einen kleinen Schrei aus. Genau auf der Albumseite, die aufgeschlagen vor ihr lag, war ein altes Bild von Onkel Emmerich zu sehen. Er stand an einem Fenster, hielt die Gardine beiseite, um hinauszuschauen.

Ein breiter Sonnenstrahl fiel in das sonst dunkle Zimmer und beleuchtete eine alte Standuhr, die hinter dem Mann stand.

Sabine saß stumm und schaute auf die Fotografie. Sie glaubte zu träumen, denn einen so glücklichen Zufall hatte sie nicht erwartet. Es war, als wäre ihr damit ein kleines Glückszeichen in die Hände gefallen.

Casper mußte sofort erfahren, was sie gefunden hatte. Sie stand auf und ging mit dem Album in der Hand zur Tür. Da sagte Herr Schott plötzlich:

„Die Dahlien standen im letzten Sommer viel zu dicht." Sie blieb stehen, warf einen kurzen Blick auf die Bilder, die er vor sich hatte, und wußte beim besten Willen nichts Passendes zu erwidern. Da sie annahm, daß der Vater sowieso mehr zu sich selbst gesprochen hatte, ging sie auf Zehenspitzen hinaus.

Sie klopfte an die Tür des Jungenzimmers. Uwe übte Flöte. Bernd stand vor ihr und kündigte an:

„Hier kommt Bine mit einem alten Fotoalbum."

Casper saß vor einer ausgebreiteten Landkarte auf dem Boden und ließ sich nicht stören. Endlich sah er auf. Sabine hatte den den Finger zwischen den Buchseiten und suchte nach einer Ausrede, denn sie wollte das Bild nur Casper zeigen. Sie sah ihn bedeutungsvoll an, und er verstand sofort.

„Du wolltest doch mal das Bild sehen, auf dem Susanne und ich ganz kurze Haare haben", sagte sie so laut und unnatürlich, daß Casper sich das Lachen kaum verbeißen konnte. Uwe kümmerte sich nicht darum, aber Bernd ließ hören.

„Sorgen haben diese Mädchen!"

Das war gut, keiner von beiden machte Anstalten, hinzuschauen. Sabine hockte sich nieder und legte das Album mitten auf Finnland.

„Was sagst du nun?" fragte sie, fast ohne Stimme. Flink nahm er das Foto aus den vier Klebeecken heraus und ließ es zwischen den Seiten seines Schulheftes verschwinden. Sabine sah ihn ganz entsetzt an.

„Geht denn das?" Casper wisperte:

„Aber sicher!" In seinem Gesicht war keine Spur von schlechtem Gewissen zu sehen. Er war sich seiner Sache so sicher, daß sich Sabine trösten ließ. Sie klappte das Album zu und trug es zurück ins Wohnzimmer, wo sie es auf seinen Platz stellte. Sie hatte Casper nicht erzählen können, wie schnell sie zu dem Bild gekommen war, und das ärgerte sie. Er hätte sicher gestaunt, wenn er gehört hätte, daß es ihr ohne Suchen gerade in die Hände gefallen war.

Am nächsten Tag hatte Uwe seinen ersten Botengang auszuführen. Die Geschwister warteten gespannt auf seine Rückkehr.

„Was haben die Kunden gesagt?" erkundigte sich Herr Schott.

„Herr Becher hat gleich verstanden, warum wir das machen", berichtete Uwe, „und ich soll dir ausrichten, daß er deine Besohlungen immer gut fand. So eilig hätte er es nicht, daß er sich dort drüben auf Strümpfen hinsetzt und Zeitung liest, hat er gesagt!"

„Hm, und Frau Hornberg?" Auf die Frage zögerte Uwe zunächst, dann erzählte er:

„Sie hat ganz offen gesagt, daß sie von nun an, ihre Schuhe in dem Schnelldienst reparieren lassen wird." Frau Schott fügte hinzu:

„Ich habe ihre Tochter auch dort hingehen sehen. Mit roten Schuhen im Netz."

„Na schön, wird werden sehen, wie es weitergeht", sagte Herr Schott in barschem Ton. Seine Frau und der Älteste gingen leise aus der Werkstatt.

Als Bernd von seinem nächsten Austragen nach Hause kam, da schimpfte er:

„Ganze zwanzig Pfennige habe ich gekriegt. Dabei war

es ganz schön weit von hier." Ihm fiel es am schwersten, im Sinn zu behalten, daß die Aktion nicht veranstaltet wurde, um Taschengeld anzuhäufen.

Casper tröstete ihn:

„Paß mal auf, Bernd, wenn ich das erstemal gehe, bekomme ich vielleicht gar nichts." Worauf Susanne schnippisch daran erinnerte, daß es wirklich Zeit wäre, daß Casper überhaupt einmal ginge. Casper schaute zu Sabine hinüber, aber Uwe schien sich über etwas anderes Gedanken zu machen und lenkte durch seine Worte von Casper ab.

„Wie soll das denn in Zukunft überhaupt mit dem Trinkgeld werden? Die Sache ist doch eine Gemeinschaftsarbeit. Ich bin dafür, daß alles Trinkgeld in eine gemeinsame Kassa kommt. Die Brüder sagten zu diesem Vorschlag sofort ja. Sabine schwieg und schaute ein wenig verdutzt drein, sie hatte noch nicht darüber nachgedacht. Susanne aber drehte verlegen eine dicke Haarsträhne und seufzte. Ihre Wünsche waren etwas anspruchsvoller, als die der Geschwister. Nun sah sie lauter kleine Träume wie Seifenblasen platzen.

„Warum kann denn nicht jeder sein Trinkgeld für sich behalten und ausgeben wie er will?" Uwe machte ihr klar, daß es in kurzer Zeit Zank und Unstimmigkeiten geben würde, wenn man erst wüßte, wer die großzügigen und wer die kleinlichen Kunden waren.

„Stell dir mal vor, was das für Schwierigkeiten gibt. Jeder will dann die Schuhe zu dem tragen, der großzügig Trinkgeld gibt, und die anderen, die es nicht können oder nicht wollen, die werden schlecht beliefert, weil keiner hingehen will."

Bernd, der zunächst spontan für die gemeinsame Kasse gestimmt hatte, zweifelte nun doch und fragte:

„Könnte man die Kunden nicht verlosen?"

„Unsinn, das wird viel zu kompliziert." Uwe wollte der Debatte ein Ende bereiten. Susanne sah sich auf verlorenem Posten. Mißmutig erkundigte sie sich, wer denn entscheiden würde, was mit der Trinkgeldkasse geschehen sollte. Casper erklärte kurz:

„Das Problem haben wir erst, wenn in der Kasse wirklich eine größere Summe drin ist." Er schaute dabei wieder Sabine an und versuchte, ihr seine Gedanken zu schicken. Aber sie sah noch immer ratlos von einem zum anderen und fing nicht auf, daß Casper sendete: „Vielleicht brauchen wir das Geld für die Uhr!"

„Wir müssen aber Buch führen, wie viele Austragungen jeder macht", sagte Susanne energisch. Uwe fand den Vorschlag gut und holte ein kleines Heft aus einem Schubfach.

„Hier tragen wir jetzt alle Auslieferungen ein. Da steht dann schwarz auf weiß, wer am fleißigsten ist." Und augenzwinkernd fuhr er fort.

„Wir werden natürlich alle aufpassen, daß wir unterwegs keine Groschen verlieren, nicht wahr?" Zuerst verstand keiner, was er damit meinte. Dann wurde ihnen klar, daß er an die Ehrlichkeit eines jeden Einzelnen appelierte, ihre Beträge auch wirklich in der Gemeinschaftskasse abzuliefern.

„Das versteht sich doch von selbst!" sagte Bernd ernst. Susanne war fast gekränkt.

„Das ist doch selbstverständlich, Uwe!"

Uwe klappte das Heft zu und er erinnerte Casper:

„Du mußt auch bald eine Lieferung machen, damit dein Name nicht so blank da steht."

Casper ging gleich zum Pflegevater in die Werkstatt

und forschte nach fertigen Schuhen, denn ihm war es selbst unangenehm, der letzte zu sein.

„Heute ist eine Menge selbst abgeholt worden, Casper, aber dort stehen braune Spangenschuhe, die könntest du fortbringen."

„Wird erledigt, Meister, was soll die Arbeit kosten?" Tante Magda suchte den Zettel mit dem Preis heraus und schrieb die Adresse dazu.

Es war ziemlich weit.

Als er zurückkam, machten die Brüder gerade ihre Aufgaben.

„Ihr werdet lachen, meine lieben Kollegen, meine Voraussage ist leider eingetroffen: ich habe nicht einen Pfennig Trinkgeld bekommen."

Bernd murmelte darauf: „Die Sache mit der gemeinsamen Kasse ist doch in Ordnung", und rechnete angestrengt weiter.

Casper überlegte, ob er Sabine zutrauen könnte, allein den Namen von Frau Bayers Krankenschwester zu ermitteln. Am Tage der Auslieferung half er ihr, die schwarzen Schuhe einzuwickeln, zwinkerte ihr zu und rief: „Machs gut!"

Herr Schott schaute ihr schmunzelnd durch das Werkstattfenster nach. Der Kundendienst lief ausgezeichnet an.

Sabines Weg führte an der Schnellbesohlanstalt vorbei. Die Tür stand offen, Musik tönte heraus. In dem modernen Geschäft saßen zwei junge Mädchen auf Klappstühlen und wippten mit bestrumpften Füßen. Jede hielt in der Hand eine kleine Nummerntafel. In die Musik mischte sich das Surren und Dröhnen der Maschinen. Die beiden Mädchen hatte sie in Onkel Alfreds Geschäft noch nie gesehen. Andere vertraute Gesichter hatte sie auch nicht entdeckt. Das mußte sie daheim berichten.

Nun aber konzentrierte sie sich ganz auf die Aufgabe, die vor ihr lag. Diesmal brauchte sie an Frau Bayers Tür nicht so lange zu warten. Anscheinend war ihr krankes Bein viel besser.

„Fein, daß du kommst. Ich habe nämlich eine Verabredung und möchte gerade die schwarzen Schuhe dazu anziehen." Frau Bayer bezahlte, und Sabine bedankte sich nett. Sie versuchte, trotz ihrer Ratlosigkeit, ein fröhliches Gesicht zu machen. Es fiel ihr schwer, denn sie wußte nicht, wie sie nun nach der Krankenschwester fragen sollte. Wie angewurzelt blieb sie stehen und wurde noch verlegener, als Frau Bayer sagte:

„Nun? Ich habe heute keine kaputten Schuhe, Kleine."

„Nein, das ist es auch nicht", brachte Sabine mühsam hervor und hoffte auf einen rettenden Einfall. Sie holte tief Luft und sagte:

„Mutti wollte noch hören, wie es ihrem Bein geht?" Das war eine kleine weise Lüge, sie würde niemand weh tun, nur Sabine selbst aus ihrer ungeschickten Lage befreien.

„Es geht mit jedem Tage besser, dankeschön!" Für Sabines Zwecke genügte diese gute Nachricht nicht, darum ließ sie nicht locker und erkundigte sich:

„Können Sie schon ohne die Krankenschwester auf die Straße gehen?"

„Kleine Wege unternehme ich schon ohne Schwester Senta, aber sie kommt noch zweimal in der Woche, um mich auf längeren Spaziergängen zu begleiten. Das ist montags und freitags, aber nur mehr für zwei Wochen."

Sabines Augen leuchteten auf einmal auf. Sie verabschiedete sich schnell und sprang vergnügt die Stufen hinab. Was Casper wohl sagen würde? Es war nicht viel, was sie erfahren hatte, aber doch wieder ein kleiner Schritt weiter.

Sabine ging langsam, es war warm und sonnig. Als sie die Brücke überquerte, entdeckte sie am Kanalufer Casper und Bernd mit anderen Jungen. Sie ließen kleine Segelboote schwimmen. Casper saß auf der Böschung und hielt das Ende einer langen Schnur in den Händen. Bernd sprang hinter ihm im hohen Gras auf und ab und schien mir irgend etwas gar nicht einverstanden zu sein. Sabine wartete eine Pause im Verkehrslärm ab. Als die Ampel an der Kreuzung rot zeigte und das letzte Auto über die Brücke gesaust war, ließ sie einen Pfiff ertönen. Casper schaute auf und winkte. Sofort ergriff Bernd die Gelegenheit und riß die Bootschnur an sich. Casper schlenderte ihr entgegen. Das war gut.

„Viel kam nicht heraus", begann sie, „alles was ich erfahren habe, ist, daß sie Schwester Senta heißt und für die nächsten zwei Wochen jeden Montag und jeden Freitag zu Frau Bayer kommt." Casper schien die Neuigkeit durchaus wertvoll zu finden.

„Um wieviel Uhr kommt sie denn?"

„Keine Ahnung", mußte Sabine zugeben. Dann rief sie:

„Halt, das kriege ich selbst heraus. Als ich mit Sanne dort war, klingelte die Schwester gerade, als wir fortgingen." Sie rechnete nach und kam auf vier Uhr.

„Es ist natürlich nicht gesagt, daß sie montags und freitags auch immer um vier kommt", sagte Casper einschränkend.

„Wir müssen eben versuchen, sie zu erwischen", meinte Sabine.

„Gut, am Montag starten wir." Casper sprang wieder zum Wasser hinunter. Bernd hatte schon zweimal kläglich nach ihm gerufen, damit er ihm helfe, die heillos verwirrte Schnur zu entknoten.

Sabine lief unterdessen schnell heim, um sich erst einmal von ihrem Gang zu Frau Bayer zurückzumelden und ihr Trinkgeld in die Kasse zu geben.

Telefon 80 80 80

Susanne kam triumphierend aus der Schule und erzählte: „Stellt euch vor, wir haben gesagt, wir wollen heute keine Aufgaben machen, weil das Wetter so schön ist, und da haben wir keine gekriegt!"

„Hast du für den Nachmittag schon etwas geplant?" fragte Tante Magda.

„Ja, ich treffe mich mit Cordula, wir wollen einen Brief an einen Fanclub schreiben, um Mitglieder zu werden."

„So etwas Idiotisches", entfuhr es Sabine, die eine Wut hatte, weil sie Mathematikaufgaben auf hatte und außerdem kein Verständnis für Sannes Starschwärmerei aufbringen konnte.

Aber Frau Schott mischte sich ein:

„Laßt doch Sanne in Ruhe, wir wollen doch die Interessen jedes einzelnen hier respektierten."

Casper und Sabine sahen sich an und fanden diesen Hinweis sehr vernünftig. Tante Magda spürte die Einigkeit zwischen den beiden und fragte:

„Ihr habt doch sicher auch schon Pläne? Wie würdet ihr es finden, wenn man die idiotisch nennen würde?"

Beide mußten denken: wenn du wüßtest. Casper antwortete:

„Ja, wir beide wollten eigentlich mal zu Ken gehen."
Sabine fügte hinzu:

„Dabei haben auch wir etwas von dem schönen Wetter."

„Das ist eine gute Idee. Seid doch so lieb und nehmt die Brauseflaschen mit. Ken soll sie bitte für Sonntag unterstellen, dann müssen wir nicht so viel tragen."

Casper griff bereitwillig nach dem Netz und packte die Flaschen ein.

Tante Magda rief ihnen noch nach.

„Gießt auch bitte die Tomatenpflanzen. Vater freut sich, wenn sie am Sonntag schön frisch aussehen!"

„Komm bloß schnell", spornte Casper an, „wer weiß, was ihr noch alles einfällt." Sabine lachte und eilte mit ihm davon. Unterwegs sagte Casper:

„Schau mal!" und zog aus seiner Hemdtasche das Foto von Onkel Emmerich und der Standuhr. „Ken muß es unbedingt sehen. Dann planen wir weiter."

Sabine freute sich, der Nachmittag versprach interessant zu werden. Hoffentlich würde er auch erfolgreich sein. Schon als sie das Gärtchen durchquerten, hörten sie das Tippen einer Schreibmaschine. Ken arbeitete also. Hoffentlich störten sie nicht. Casper blickte bedenklich drein. Sie klopften und hörten die Stimme des großen Freundes:

„Come in!"

Auf den ersten Blick sahen sie, daß er gutgelaunt war. Seine Nickelbrillen saß vorn auf der Nase, und rund herum grinste er fröhlich. Er reckte und streckte sich, gähnte und verkündete:

„Ihr kommt gerade im richtigen Moment. Wenn es

nicht weitergeht, soll man aufhören!" Mit einem Bums setzte er den riesigen Deckel auf die klapperige Maschine und streckte beiden seine Hände entgegen.

„Was gibts Neues?"

„Neues von der alten Uhr!" erzählte Casper eifrig.

„Was Neues von was Altem finde ich immer toll, schieß los, Casper!"

Ken ging mit dem Foto in der Hand zu dem kleinen Fenster, um es ganz genau sehen zu können.

„Das wird genügen", meinte er, „der alte Kasten ist gut zu erkennen." Ken als erfahrener Anitquitätenjäger mußte es wissen. Er wollte das Bildchen haben. Aber Casper erhob Einspruch:

„Das müssen wir behalten. Wir suchen doch die Uhr. Du sollst uns ja nur helfen."

„Behalten?" fragte Sabine besorgt, „das geht doch nicht. Wenn inzwischen jemand zu Hause in das Album schaut und entdeckt, daß das Foto fehlt, was dann?" Ken schlug vor, das Bild abfotografieren zu lassen.

„Das geht sehr schnell, ich kenne da einen netten Mann, der macht das billig."

Sabine freute sich. Ken wußte immer einen Rat und das Bild kam so schnell wie möglich wieder an seinen Platz zurück. Ken nahm das Foto und versprach die Sache zu erledigen. Casper freute sich. Jeder würde eine Kopie erhalten, und das Original würde nicht mehr im Album fehlen.

Nun aber erzählte Sabine von ihrem Besuch bei Bayer.

„Und darum wollen wir dich auch heute nicht zu lange aufhalten, Ken, denn wir müssen zur Rüsternallee, um Schwester Senta zu treffen."

Ken mußte sich die Zusammenhänge erst wieder in sein Gedächtnis rufen. Als er hörte, daß Onkel Emmerichs Wohnung im gleichen Bezirk gewesen war, in dem die Straßen Baumnamen haben, da erkannte er Caspers und Sabines Absicht.

„Ihr wollt also versuchen, die Krankenschwester zu finden, die damals nach dem Tod der Wirtschafterin bei der Haushaltsauflösung geholfen hat?"

„Genau! Und wo fängt man da am besten an?" fragte Casper spaßhaft.

„Bei Kranken oder Krankenschwester", sagte Ken wie erwartet. „Dann wünsche ich euch viel Erfolg beim Auskundschaften."

„Danke, danke, den können wir brauchen." Dann fiel ihnen ein, daß Ken ja auch etwas gesucht hatte:

„Hast du denn Glück gehabt und deinen Schlüssel gefunden?"

„Hab ich, hab ich!" rief er stolz. Aus einem bemalten Milchkännchen schüttete er sich etwas in die Hand. Es war ein Schlüssel, der aussah, als würde es zu einer Kindersparbüchse gehören.

„Den habe ich ein wenig zurechtgefeilt. Man muß ihn etwas schräg halten, dann paßt er." Die beiden staunten und waren einmal wieder von Kens Erfindungsreichtum überrascht. Schnell packten sie die Getränkeflaschen aus und bauten sie in einer Ecke auf.

„Los gehts!" schrie Casper, aber Sabine fiel das Versprechen mit den Tomatenpflanzen ein. Casper holte die große Gießkanne und schöpfte aus einer neuen Regentonne Wasser. Mit einem vollen Eimer kletterte Sabine hinterdrein. Sie mußten dreimal laufen und gießen, denn der Boden nahm viel Wasser auf. Als sie endlich fertig waren, machten sie sich auf den heimlichen Erkundungsgang zu Frau Bayers Haus.

Über den Park herüber tönte ein Schlag der Kirchturmuhr. Es war halb vier. Nach Sabines Berechnung müßte die Schwester in einer halben Stunde eintreffen. Sie gingen die Rüsternallee auf der Parkseite entlang. Ein Eichhörnchen huschte an einem Baumstamm herab und einige Schritte vor ihnen in das Gebüsch.

„Wie süß!" sagte Sabine. Casper nickte abwesend, dann fragte er:

„Sag mal, wie wollen wir denn die Krankenschwester ansprechen?" Es war höchste Zeit, sich das zu überlegen. Sabine zog die Schultern hoch und guckte ratlos. Beide überlegten, ohne zu einem guten Vorschlag zu kommen. Plötzlich sagte Casper:

„Verdammt noch mal!" Auf Sabines fragenden Blick erklärte er:

„Ich hab vergessen, daß wir heute Schwimmtraining haben."

„Mußt du denn unbedingt hin?"

„Findest du es nicht gemein, wenn man sein Team im Stich läßt? Aus Nachlässigkeit noch dazu." Sie konnte sich nicht entschließen ob sie darauf mit ja oder mit nein antworten sollte und fragte statt dessen:

„Würdest du es noch schaffen?"

„Nur, wenn ich jetzt sofort losrenne", brummte Casper. Er ging aber mit ihr weiter. Sabine konnte seinen Kummer verstehen. Er tat ihr leid. So etwas durfte nicht wieder vorkommen. Zaghaft fragte sie sich, ob sich das alles lohnen würde, was sie unternahmen. Sie seufzte und Casper sagte, noch immer knurrig:

„Hoffentlich finden wir jetzt diese blöde Schwester überhaupt."

Stumm überqueren sie die Fahrbahn. Aus ihren Gedanken schreckte sie das helle Geräusch einer Fahrradklingel. Beide sprangen beiseite und sahen voller Schreck.

wie eine Frau im langen, dunklen Kleid vom Rad absteigen mußte. Sie hatte so scharf nach rechts wenden müssen, daß sie aus dem Tritt gekommen war. Casper sprang hilfreich hinzu und griff nach ihrem Arm, um sie zu stützen. Fast fiel das Rad um, die Frau hielt es nur noch an einem Griff.

„Bitte verzeihen Sie vielmals", stotterte Casper mit knallrotem Kopf. Auch Sabine war beschämt und flüsterte:

„Es tut uns leid, entschuldigen Sie bitte." Sie half, das Rad aufzurichten. Erst dann erkannten sie die Krankenschwester. Sie trug ein Häubchen und starke Gläser. An das Gesicht konnte sich Sabine genau erinnern. Auch Casper hatte nun begriffen, daß es die Gesuchte war.

„Es ist uns wirklich sehr unangenehm, Schwester Senta", hörte er Sabine sagen. Er staunte, wie schnell sie sich gefaßt hatte. Die freundliche Frau schien sich nicht zu wundern, daß sie mit ihrem Namen angesprochen worden war. Sicher war sie in der Gegend seit Jahren bekannt.

„Ihr träumt so in den Tag hinein, Kinder. Ihr müßt doch besser aufpassen, wenn ihr über die Straße geht. Wenn nun ein Auto gekommen wäre und nicht nur eine alte Radfahrerin?" In ihrer Art, zuletzt an sich selbst zu denken, machte sie den beiden diese Vorwürfe. Sabine aber hatte ganz weiche Knie bekommen, als ihr klar wurde, daß sie einen schweren Sturz der Schwester hätten verschuldet haben können.

Zu dritt gingen sie langsam auf das Haus zu, in dem Frau Bayer wohnte. Jetzt ging es um Minuten.

„Wir würden Sie gern etwas fragen, Schwester Senta", begann Casper zögernd.

„Dann fragt nur", ermunterte sie ihn. Sie musterte der

netten rothaarigen Jungen, der ihr flink half, das Rad abzusperren.

„Es ist nämlich so", versuchte Sabine, die schwierige Geschichte zu erläutern, „wir suchen etwas."

„Ja, so sah mir das auch aus, als ihr da über die Fahrbahn geschlendert kamt."

„Nein, nein, wir suchen es nicht hier", Sabines Worte überstürzten sich und brachten doch keine Erklärung. Hilfebittend schaute sie Casper an, in der Hoffnung, daß er die richtigen Worte fände.

„Haben Sie schon einmal jemand in der Buchenallee gepflegt?" fragte er gezielt und ohne Umschweife.

„Nein, die Buchenallee gehört nicht mehr zu meinem Bereich", antwortete die Krankenschwester. Sie überlegte und sagte dann:

„Die Fälle in der Buchenallee werden von Fräulein Rabe betreut. Schon seit Jahren." Sabine und Casper nickten erfreut. Nun hatten sie etwas erfahren. Schwester Senta bemerkte:

„Was ihr sucht, ist also in der Buchenallee?" „Nein, nicht mehr", erwiderte Sabine betrübt. Nun ergriff die Schwester mit fester Hand ihre Tasche, strich den Rock der dunklen Tracht glatt und sagte spitz:

„Wenn man etwas sucht, so sucht man es gewöhnlich dort, wo es sein müßte, meine Lieben. Und nun auf Wiedersehen. Frau Bayer wird schon warten."

„Ach, bitte, nur noch einen Augenblick", sagte Casper eindringlich, „könnten Sie uns vielleicht sagen, wo man Schwester Rabe einmal sprechen könnte? Es ist nämlich möglich, daß sie das, was wir suchen zuletzt gesehen hat. Und zwar in der Buchenallee."

Schwester Senta seufzte. Sie war sich nicht klar darüber, ob diese Kinder ein phantasievolles Spiel trieben oder ob es hier um einen Ernstfall ging. Aus ihrer Tasche kramte sie ein abgeschabtes kleines Notizbuch hervor. Nach kurzem Blättern sagte sie:

„Hier: Fräulein Rita Rabe, Fontaneplatz." Casper schrieb es in seinem Taschenkalender und Sabine fragte:

„Wo ist denn der?" Casper, der die Schwester nun wirklich nicht länger aufhalten wollte, meinte zuversichtlich:

„Das kriegen wir schon heraus. Vielen, vielen Dank!" Schwester Senta klappte ihr altes Büchlein zu, steckte es wieder ein und rief den beiden zu:

„Der Fontaneplatz ist am Ende des Parks, eine gute Viertelstunde zu Fuß von hier." Dann ging sie ins Haus und war nun doch überzeugt, daß es kein Spiel war, was die beiden trieben. Ihre Hilfsbereitschaft hatte Sabine und Casper ermutigt. „Also los", spornte Casper an, „es muß in dieser Richtung sein, denn von dort sind wir gekommen." Casper schritt kräftig voran und lächelte Sabine vergnügt zu. Anscheinend waren seine Zweifel, ob sich das alles lohnen würde, zur Zeit zerstreut.

Als der Parkweg zu Ende war, und keine neuen Bäume und Büsche mehr vor ihnen auftauchten, standen sie bald mitten auf einem runden Platz. Er war reihum mit Blumen bepflanzt und mit Steinfiguren geziert.

„Fontaneplatz", las Casper, „er ist es. Nun müssen wir die Nummer suchen."

„Dort ist vier und das Haus mit den gestreiften Balkonen das müßte fünf sein." Sie fielen in Laufschritt und überquerten diesmal vorsichtig den Fahrdamm.

An der Haustür war eine Namentafel mit Klingelknöpfen. Der Name Rita Rabe stand auf dem dritten Schild. Ein Schnarren ertönte, nachdem Casper forsch auf den Knopf gedrückt hatte. Sie lehnten sich gegen die Tür, die

sich langsam auftat und eilten dann die Treppen hinauf.
„Was gibt es denn?" fragte von oben eine Stimme. Fräulein Rabe blinzelte durch das Treppengeländer und konnte sich offensichtlich diesen stürmischen Besuch nicht erklären.
„Wir brauchen dringend eine Auskunft", ließ sich Casper atemlos vernehmen. Sabine linderte den ungestümen Eindruck und sagte freundlich:
„Guten Tag." Auch Casper besann sich nun darauf, daß es vernünftiger war, die Schwester nicht gleich zu erschrecken. Sie schaute ihnen jedoch freundlich entgegen. Fast entschuldigend klang es, als sie sagte:
„Oft klingeln Kinder unter nur so zum Spaß und rennen dann einfach wieder in den Park." Casper schüttelte den Kopf und erklärte:
„Wir haben Ihre Anschrift von Schwester Senta bekommen. Wir brauchen dringend Ihre Hilfe in einer sehr wichtigen Angelegenheit."
„Dann kommt bitte herein", wurden sie aufgefordert. Beide putzten sich ihre staubigen Schuhe auf der Matte ab und betraten die kleine Wohnung. Fräulein Rabe bot ihnen Platz an und forderte sie auf, zu berichten. Dann unterbrach sie sich:
„Ihr seid ja völlig erschöpft und erhitzt, wollt ihr etwas trinken?"
„Nein, nein!" protestierten beide, sie warteten schon gespannt auf das Gespräch mit Schwester Rita. Außerdem hatten Sabine und Casper ein unbestimmtes, unangenehmes Gefühl. Es war ihnen klar geworden, daß sie begannen, eine Reihe von unvorbereiteten Erwachsenen in ihre Probleme einzubeziehen, sie in ihrem Alltag aufzustöbern und ihre Zeit in Anspruch zu nehmen. Erleichtert konnten sie jedoch feststellen, daß auch

Fräulein Rabe zu jenen Menschen gehörte, die ein wenig Zeit und Interesse aufbringen konnten, um den Sorgen anderer Menschen Gehör zu schenken. Selbst wenn es ganz fremde und kleine Menschen waren. Sabine spürte das sofort und begann vertrauensvoll zu berichten. In der Buchenallee wohnte einmal ein Großonkel von mir. Er ist vor zehn Jahren gestorben. Unsere Mutti hatte damals ein paar Sachen von ihm geerbt. Einen Schrank mit allen möglichen Sachen drin und auch eine alte Standuhr." Sie machte eine Pause, ihr Mund war tatsächlich trocken.

Fräulein Rabe schob einen Teller mit Keksen näher zu Sabine. Sie nahm sich eines, biß aber nicht hinein, sondern behielt es in der Hand. Zuckerkrümel fielen auf den gelben Teppich. Die Schwester schaute nicht hin, sondern wartete aufmerksam, bis Sabine weitererzählte.

„Die Uhr blieb aber in der Wohnung in der Buchenallee, weil dort die Wirtschafterin vom Onkel Emmerich wohnen blieb. Sie wollte die Uhr nicht hergeben. Das Uhrschlagen fehlte ihr." Fräulein Rabe nickte, sie konnte das verstehen.

„Unsere Mutti ließ die Uhr deshalb dort." Jetzt biß Sabine zur Stärkung doch erst einmal in das Keks, und es krümelte noch viel mehr. Casper ergriff das Wort:

„Die alte Frau ist dann auch gestorben. Ich glaube, es ist bald sieben Jahre her. Jemand hat sie gepflegt, als sie krank war und wir wollten gern wissen, ob sie das gewesen sind?"

Schwester Rita antwortete:

„Ich habe in den letzten Jahren viele Patieneten betreut, auch einige in der Buchenallee. Die Sache mit dem Großonkel liegt wirklich schon viele Jahre zurück und doch erinnere ich mich ganz genau!" Sabine und

Casper reckten sich, wie von Wespen gestochen und riefen:

„Ja, wirklich?"

„Ja, man kann ihn nicht vergessen, diesen seltsamen alten Herrn. Ein Sonderling, war er, ein äußerst schwieriger Mensch." Das hatten Sabine und Casper schon zur Genüge von Tante Magda gehört. Sie wollten mehr über die Wirtschafterin wissen. Und ihre geduldige Gastgeberin erzählte weiter:

„Sie hatte es sehr schwer mit dem Großonkel gehabt. Er ließ niemanden mehr zu sich. Sie holte sich oft bei mir Rat. Dann ließ er die Ärmste fast gar nicht mehr unter Menschen gehen. Sie hat ihn geduldig versorgt. Aber als sie dann allein war, da war sie auch nicht mehr die kräftigste und hatte angegriffene Nerven. Sie war einsam und wohnte zum Schluß in einem Zimmer, alles andere war verhängt. Unheimlich war das."

Fräulein Rabe dachte nicht gerne daran. Sabine merkte ihr das an, ließ aber ihre Gedanken in dem einen Zimmer verweilen, in dem die Wirtschafterin gelebt hatte. Dort mußten die letzten Gegenstände von Onkel Emmerich gestanden sein.

„Wissen Sie vielleicht, wohin damals die Möbel gekommen sind?" erkundigte sie sich zielstrebig.

„Nein, das kann ich beim besten Willen nicht sagen. Es war wirklich nur noch Krimskrams und ganz einfache Möbel. Sie war recht bedürfnislos gewesen, ein Bett, ein Schrank . . . . "

„Und eine alte Uhr", unterbrach Sabine hastig.

„Ja, das stimmt, eine Standuhr war da. Ich mußte sie aufziehen, wenn die schweren Gewichte am Boden waren. Das Schlagen der Uhr war eines der wenigen Dinge, die der Frau unentbehrlich gewesen waren."

Schwester Rita erinnerte sich immer besser. Casper wurde ganz aufgeregt und mußte sich bemühen, ruhig und langsam zu sprechen. Denn nun kam die wichtigste Frage: „Wir vermuten, daß die Sachen von einem Altwarenhändler abgeholt worden sind. Können Sie uns sagen, von welchem?"
Die Krankenschwester schüttelte ohne nachzudenken, den Kopf.
„Es tut mir leid, Kinder, aber um die Sachen habe ich mich nicht mehr gekümmert. Einmal habe ich mehrere Herren zu einer Besichtigung und Verhandlung eingelassen, weil ich die Schlüssel hatte. Aber wer die Möbel hinausgetragen hat, ist mir völlig unbekannt." Sie brach ab und schaute auf ihre Armbanduhr. Sabine und Casper erhoben sich sofort. Sie waren enttäuscht und entmutigt und sahen sich nicht an, damit sich nicht auch noch einer über die Miene des anderen ärgern mußte.

Fräulein Rabe holte hinter einem Vorhang zwei Gläser hervor und goß in ihrer Kochnische aus einem Krug Saft hinein.
„Nehmt nur, erfrischt euch etwas." Sie tranken und sagten leise ihren Dank. Fräulein Rabe nahm die Gläser und sagte, als sie die ratlosen Gesicher sah:
„Es ist ja alles schon so lange her. Ich habe viele Pflegefälle und sehe so viele Menschen. Gewiß, an den drolligen alten Herrn und seine duldsame Haushälterin erinnere ich mich schon, aber leider nicht an Einzelheiten." Die beiden mußten das einsehen, so schwer es ihnen auch fiel. Casper sagte noch einmal, wie zu sich selbst:
„Wir müssen aber dringend wissen, wer den Nachlaß abgeholt hat. Welcher Händler, welche Firma?"
„Welcher Händler? Welche Firma?" wiederholte die

nette Krankenschwester. Mit einem Ruck stellte sie die leeren Saftgläser auf die kleine Herdplatte und rief:

„Achtzig, achtzig, achtzig! Ich weiß es genau, als wäre es gestern gewesen. Die Nummer auf dem Lieferwagen war achtzig, achtzig, achtzig! " Casper wiederholte die Nummer, die Fräulein Rabe so begeistert ausgerufen hatte. Gespannt lauschten beide ihrer Erklärung:

„Dieser kleine Lastwagen stand vor der Tür, die Sachen sollten abgeholt werden. Ich erinnere mich noch genau, weil ich über diese seltene Telefonnummer auf der Plane gestaunt habe. Acht ist nämlich meine Glückszahl."

Sabines Lebensgeister erwachten mit Macht. Die Neuigkeit und der Saft hatten das gemeinsam bewirkt.

„Das müßte dann die Telefonnummer von einem Altwarengeschäft sein", sagte sie hoffnungsvoll. Fräulein Rabe bestätigte es noch einmal:

„Ja, auf einer rostbraunen Plane standen die Nummern in weiß. Sie können einem Händler gehören, oder einer Spedition."

„Vielleicht fand aber noch ein anderer Umzug in dem Haus oder im Nebenhaus statt?" wandte Casper ein.

„Nein", sagte sie, „ich bin sicher, daß das der Wagen war, der die Sachen der verstorbenen Haushälterin abholte." Casper schob Sabine sanft zur Tür. Dort entschuldigten sie sich noch einmal für den unangemeldeten Besuch und bedankten sich dann bei Fräulein Rita Rabe herzlich für die bereitwillig gewährte Hilfe.

„Gern geschehen", beruhigte sie die beiden und rief ihnen nach: „Laßt mich auch wissen, wie alles ausgegangen ist!" Unten auf der Straße sagte Sabine: „Das würde ich auch gern wissen, wie alles ausgehen wird." Casper überlegte konzentriert und ernst, was nun zu tun sei. Unterwegs fiel ihm auf, wie viele Lastwagen, Lieferwagen und Möbeltransporter eine Telefonnummer im Werbezeichen trugen.

„Wir werden dort anrufen!" rief er. Sabine war sofort einverstanden und hielt diesen Einfall für ausgezeichnet. Sie gingen wieder am Park entlang zurück.

„Da ist eine!" schrie Casper.

„Eine was?" fragte Sabine, jäh aus ihren Gedanken gerissen, lief aber sofort hinter ihm her, denn er hatte sich in Trab gesetzt. Sie erkannte, daß er auf eine Telefonzelle zurannte, die leuchtend gelb an der nächsten Ecke stand. Die Zelle war frei. Unterwegs hatte Casper schon eine Münze in die Hand genommen. Er ließ sie in den Apparat fallen und begann abwechselnd Achten und Nullen zu wählen. Beide hörten ein Besetztzeichen und Casper hängte den Hörer wieder ein. Er nahm die Münze, die wieder zum Vorschein kam und zog eine Grimasse.

„Komm, wir sehen im Buch nach!" schlug Sabine vor. Sie schlug das Branchenverzeichnis auf.

„Wir müssen ja umgekehrt suchen", stellte Casper fest. „Die Nummer haben wir ja, wir suchen Namen und Adresse." Weil ihm das zu umständlich erschien, probierte er noch einmal, eine Verbindung herzustellen. Dann würde er hören, wer sich meldet. Aber die Leitung war noch immer nicht frei, und das Tutzeichen ertönte nach wie vor. Seufzend ließ er sich darauf ein, die zweitbeste Lösung zu versuchen. Sabine hatte die Seiten mit dem Anfangsbuchstaben A aufgeschlagen. Antiquitäten stand darüber.

„Klingt ja reichlich angeberisch", beschwerte sich Casper, „aber wir werden wohl gründlich sein müssen, also fangen wir mit Antiquitäten an."

Es war sehr mühselig. Ohne den Namen der Firma oder die Adresse des Geschäftsinhabers zu wissen, blieb ihnen nichts anderes übrig, als Nummer für Nummer durchzulesen. Sie taten es in der Hoffnung, in den langen Reihen plötzlich dreimal die Achtzig zu entdecken. Langsam zog Casper seinen Finger über das dicht bedruckte Papier. Er flüsterte die Zahlen beim Überfliegen. Sabine murmelte auch:

„Biedermeiermöbel, auch beschädigt, kauft achtzig, dreiundachtzig und irgendwas!" Casper war am Ende seiner Reihe angelangt. Sie wendeten das Blatt und diesmal las Casper:

„Wohnungsauflösungen, in vierundgzwanzig Stunden besenrein!" Er schaute Sabine verständnislos an. Sie zuckte mit den Schultern mußte aber kichern, weil sie das komisch fand. Casper las nicht mehr laut. Er zeigte nur mit der Fingerspitze auf bestimmte Angaben: Höchstpreise für Truhen, Uhren, Porzellane. In der dazugehörigen Nummer war nicht eine einzige acht. Casper seufzte und sagte:

„Nächste Reihe." Nun las Sabine beim Suchen:

„Kuriositäten, Nippsachen, Schmucklampen."

„Laß doch den Quatsch", schimpfte Casper", lies nur die Telefonnummern."

Ein Trommeln an der Zellentür schreckte sie aus ihrer Tätigkeit. Das zornige Gesicht einer Dame mit Hut erschien verzerrt durch das milchige Glas.

„Was macht ihr denn da drin für Dummheiten?" hörten die zwei von draußen. Sabine wurde unsicher. Sie dreht der Wartenden schnell ihren Rücken zu und versuchte das Branchenbuch zuzuklappen. Casper aber hielt seine Hand darauf und suchte unerschüttert weiter nach seiner Nummer. Die Frau klopfte wieder an die Scheibe.

„Hier!" brüllte Casper plötzlich so laut, daß die

Zellenwände dröhnten und Sabine vor Schreck beide Hände an die Ohren hob.

„Hier!" brüllte er noch einmal, nur nicht ganz so laut. Er hieb mit der Faust auf das Telefonbuch und sagte: „Achtzig, achtzig, achtzig!"

Die Tür der Telefonzelle wurde geöffnet. Zu der wartenden Dame hatte sich nun ein Herr gesellt. Mit drohender Miene stand er vor den Kindern, in der kleinen Zelle.

„Was geht denn hier eigentlich vor?" herrschte er sie an. Er hielt seinen Stockschirm fest umklammert und hatte die andere Hand in die Seite gestemmt.

„Unerhörtes Benehmen, so etwas!" donnerte er und griff nach Sabines Arm, „wollt ihr wohl machen, daß ihr hier herauskommt, damit die Dame endlich telefonieren kann?"

Nach dem anstrengenden Nachmittag genügte dieser häßliche Vorfall um Sabine die Tränen in die Augen zu treiben. Sie machte sich möglichst klein und entzog dem Fremden ihren Arm. Eingeschüchtert stand sie neben Casper, der sich inzwischen zu der ganzen sportlichen Größe seiner elf Jahre aufgerichtet hatte. Ein Blick auf die zitternde kleine Pflegeschwester ließ seinen Mut noch wachsen. Dieser Mann dort, der sich keine Erklärung geben lassen wollte und Anstalten machte, sie beide gewaltsam aus einer öffentlichen Telefonzelle zu zerren, würde ihn nicht Angst machen. Er holte tief Luft und sagte so ruhig wie möglich:

„Sie werden verzeihen, mein Herr, aber die Dame wird sich noch eine Weile gedulden müssen. Wir haben eine sehr wichtige Anschrift gesucht. Nun haben wir sie gefunden. Wir denken gar nicht dran, hier herauszukommen, ehe wir sie uns aufgeschrieben haben."

Der Herr ließ verdutzt die Tür los, die darauf langsam zuging. Sabine wandte sich um und blinzelte scheu durch das Glas. Dann sah sie Casper mit großer Bewunderung an. Leider nahm er das nicht wahr, denn er schrieb sich gerade Name und Adresse des Unternehmers mit der Nummer achtzig, achtzig, achtzig auf.

„Schau mal", forderte Casper sie auf, „wir haben so viele von den falschen Adressen gelesen, nun lies einmal die richtige laut vor."

Sabine las langsam und mit Genuß:

„Sofortabholung von Möbeln, Wertsachen und Gegenständen aller Art. Rumpelkammer, Berner Str. 103, Telefon 80 80 80." Die beiden Erwachsenen gingen inzwischen draußen auf und ab.

Casper klappte das Branchenbuch zu. Er legte den Arm um Sabines Schulter und sagte:

„Komm Binchen. Wir haben es geschafft. Das ist genug für heute!" Sie gingen an den beiden Großen vorbei, ohne ihre empörten Gesichter zu beachten. Sie kamen gerade zum Abendessen zurecht.

Bernd konnte vor Aufregung kaum essen. Er schlang die letzten Bissen hinunter und begann zu erzählen. Seine Klasse bereitete eine Schullandheimfahrt vor, und er hatte eine lange Liste mitgebracht. Von dieser Liste las er nun die Gegenstände vor, die er für seine Reise noch benötigte. Die Dinge, die er schon besaß, waren bereits dick durchgestrichen. Viele waren es nicht. Gemeinsam wurde diskutiert, wie die fehlenden Dinge angeschafft werden könnten.

Nach dem Essen sagte Onkel Alfred etwas, was er wohl lieber für sich behalten hätte nun aber doch preisgab:

„Frau Wonneberger habe ich heute auch zu der Schnellbesohlanstalt gehen sehen." Dagegen hatte aber

Tante Magda das Versprechen von Herrn Öhmisch zu setzen, er wolle nach wie vor bei Schotts arbeiten lassen.

Uwe fragte, dadurch an die Pflichten erinnert:

„Wer bringt den morgen Reparaturen weg?" Sabine und Casper schauten sich an und hielten wie abgesprochen beide den Mund. Sie hatten die feste Absicht, am nächsten Tag ihrer Uhrensuche weiterzutreiben. Bernd, der in so froher Stimmung war, hob seinen Arm und meldete sich:

„Ich! Ich gehe gern! Ich muß ja auch ein bißchen vorarbeiten, weil ich während meiner Reise ausfalle." Alle vier sahen das ein und für Casper und Sabine war der Fall erst einmal erledigt.

Frau Schott erinnerte Capser an einen fälligen Antwortbrief für die Eltern. Sie hatte aber auch ein zu gutes Gedächtnis. Gutmütig machte Uwe Platz auf dem gemeinsamen Schreibtisch, damit Casper sich sofort an die Arbeit machen konnte. Es fiel ihm schwer, den richtigen Ton zu finden. Das Geheimnis, das ihn mit Sabine verband, beschäftigte ihn noch zu sehr. Es war anstrengend, zu Hause immer auf der Hut zu sein und sich nicht zu versprechen. Auch den Eltern wollte er vorläufig darüber nichts mitteilen. Ihm fiel das versäumte Schwimmtraining ein. Das wollte er erst recht nicht berichten. Es wurde kein guter Brief. Er hatte hauptsächlich Fragen gestellt, was den Dienst der Eltern im Entwicklungsland Afrika betraf. Er wußte, daß sie sich wundern würden, warum er so wenig von sich selbst erzählte. Verdrossen faltete er den Bogen.

„Hast du auch Grüße an das Krokodil bestellt?" fragte Bernd, als er sah, daß Casper fertig war. Casper ging darauf ein und antwortete:

„Nein, hab ich glatt vergessen." Dann entfaltete er den

Brief wieder und kritzelte zu Bernds Verblüffung etwas in die Ecke. Der Kleine kam näher und las neugierig mit: „Unser Bernd läßt Euch grüßen". Beide lachten.

„Es raschelte in der Rohrpost. Bernd sprang hin und rief empört:

„Da steht ja ‚nur für Casper' drauf! Was soll denn das. Seit wann hat denn hier jemand Geheimnisse?" Die vergnügte Eintracht war verflogen.

Uwe renkte ein, um einen verzankten Abend zu verhindern:

„Laß doch, Bernd. Verdirb es dir mit Casper nicht. Wer weiß, ob er dir sonst für deine Reise seine Taschenlampe gibt." Das wirkte. Prompt und ohne Murren wurde das Briefchen abgeliefert. Casper machte es auf, las es und ließ es dann wie achtlos auf den Boden flattern. Da schnappte Bernd nach dem Zettel. Laut las er:

„Achtzig, achtzig, achtzig! So ein Mist. Ihr habt wohl schon eine Geheimschrift was?"

„Vielleicht ist das eine Art Scherzfrage aus der Schule. Wir werden morgen Sabine fragen. „Mit dieser kläglichen Ausrede hatte er Bernds Wissendrang zunächst gedämpft. Caspers Hoffnung, daß Bernd die mystische Zahl vergessen würde, erfüllte sich, denn er sprach beim Frühstück nur von seiner Fahrt ins Schullandheim. Er dachte keinen Moment mehr an die angebliche Scherzfrage und stürmte davon. Sein Schulbrot lag vergessen auf dem Tisch im Flur. Schweren Herzens mußten Casper und Sabine ihren Plan, sofort in das Geschäft namens ‚Rumpelkammer' zu gehen, aufschieben. Sabine hatte sich in der Schule bereit erklärt, einer kranken Mitschülerin, die in ihrer Nähe wohnte, beim Nacharbeiten des Unterrichtsstoffes zu helfen. Betrübt berichtete sie Casper davon und erklär

„Wenn ich es nicht täte, dann käme ich mir gem

vor." Casper nickte. Er hatte ähnliche Probleme. Beim Schwimmtraining hatten am Vortage mehrere Jungen gefehlt. Nun sollte heute ein Nachholtraining stattfinden. Casper, froh darüber, daß sein Fehlen nicht so aufgefallen war, packte sein Badezeug zusammen. Er sagte zuversichtlich:

„Ärgere dich nicht, Bine. Auf ein paar Tage kommt es nun auch nicht an." Er tröstete damit auch sich selbst, denn seine Ungeduld wuchs. Trotzdem sagte er sich selbst und Sabine, daß sie beide nicht einfach alles andere im Stich lassen durften. Beide hofften auf das Wochenende.

Am Vorabend wurden die Sachen eingepackt. Susanne hatte den Wetterbericht gehört und verkündet, daß es ein sehr heißer Tag werden würde. Sie war vergnügt und liebenswürdig. Sabine war darüber glücklich, denn es bereitete ihr Unbehagen, daß sie vor ihrer Schwester ein Geheimnis hatte.

„Wie gut, daß die Getränke schon draußen sind", sagte Tante Magda.

„Hoffentlich hat Ken nicht schon alles ausgetrunken", war Bernds drastische Befürchtung.

Der einzige der nicht recht glücklich war, war Uwe. Er stellte sich vor, wie sie Ball spielen würden, harken und Blumen gießen. Er würde Unkraut zupfen müssen. Ameisen würden kommen, Papier würde herumfliegen. Es würde heiß und staubig sein. Ken würde laut und kräftig mit den Geschwistern toben. Er graulte sich vor all dem. Viel lieber würde er zu Hause bleiben. Musizieren, malen und die Stille genießen. Das wäre schön! Trotzdem brachte er nicht den Willen auf, sich von der Gruppe auszuschließen. Er glaubte, der Familie damit den Spaß zu verderben. Frau Schott wußte das und wollte ihrem Großen helfen.

„Sag mal, Uwe, wie wäre es denn, wenn du dir etwas zum Malen mitnähmst?"

Der Vorschlag war nicht schlecht. Uwe rieb sich die Nase, wie er es immer tat, wenn er überlegte und seine geheimsten Gedanken erraten spürte.

Als die Familie mit Sack und Pack am Kanal entlang marschierte, hatte Uwe einen großen Zeichenblock und einen dicken Tuschkasten mit. Sabine und Casper freuten sich, es würde nicht auffallen, wenn sie bei Ken steckten.

Ken begrüßte sie alle. Er trug verblichene Jeans, die unterhalb der Knie abgeschnitten und ausgefranst waren. Er war barfuß und sah aus, wie ein Plantagenjunge aus den unseligen Zeiten seiner Großeltern. Was nicht zu dem Eindruck paßte, war sein vergnügtes Gesicht und die Stimme, die frisch und frei schmetterte:

„Einen herrlichen Sonntag wünsch ich euch!" Die Familie machte es sich unter dem Nußbaum bequem.

„Soll ich das Essen nicht lieber ins Häuschen bringen?" fragte Sabine.

„Ja, Bine trag es nur hinein, es ist zu warm hier draußen."

Ken war gerade auf dem Weg, die Gießkanne zu holen, und Sabine fragte ihn, während sie neben ihm ging:

„Sind die Fotos schon fertig?"

Ken bejahte und wollte sie sofort holen.

„Nicht jetzt, nicht jetzt", mahnte Sabine, „die anderen wissen doch von all dem nichts."

„Stimmt", erinnerte er sich, „wann wollt ihr es ihnen denn eigentlich sagen?"

Sabine zögerte und antwortete:

„Wenn wir die Uhr gefunden haben. Ich glaube, dann sagen wir es erst mal Sanne, Bernd und Uwe." Dann schaute sie Ken beschwörend an und setzte leise hinzu:

„Und wenn wir sie nicht finden, dann sagen wir es nie!"
„Ach, so ist das", entgegnete Ken trocken. Ihm sollte es recht sein. Sie gingen wieder hinaus. Mit der Gießkanne und ohne das Essen.

„Jetzt kommt der Ken erst einmal zu mir", hörte Sabine die Mutter sagen. Sie wußte, daß er vorläufig für sie verloren war. Enttäuscht legte sie sich zu Casper ins Gras. Beide beobachteten, wie gut Tante Magda und Ken sich unterhielten. Er mußte von seinem Studium berichten und beteuern, daß er auch bestimmt gut vorankam. Dann sprachen sie von der Schnellbesohlanstalt, aber leise, damit Herr Schott bei seinem Sonnenbad nicht auf unangenehme Gedanken gebracht wurde.

„Ja, es stimmt schon, einige Kunden sind uns weggelaufen und lassen nur noch drüben arbeiten", klagte Frau Schott, „es sind die jungen berufstätigen alleinstehenden Menschen. Aber es sind nicht so viele, wie wir anfangs befürchtet haten."

„Das ist gut", antwortete Ken, nicht ganz zufrieden. Er hatte Tante Magda gern und wollte nicht, daß sie sich Sorgen machte. Das hatte zur Folge, daß sie ihn nun trösten wollte und berichtete:

„Andrerseits haben wir auch ein paar neue Kunden. Eine große Familie ist nebenan eingezogen. Sie brachten uns gleich mehrere Aufträge. Die Frau sagte, sie würde alles bei uns reparieren lassen. Sie meinte, wer ihren Kindern die Schulmappen steppt, der sollte auch die Schuhe zum Besohlen kriegen."

„Du meinst, daß die Schnellbesohlanstalt sich nicht mit Kleinigkeiten aufhält?" fragte Ken.

„Genau das wurde mir von Kunden gesagt." Frau Schott war froh, daß sie darüber sprechen konnte. Die Kinder mochte sie nicht noch mehr belasten.

„Schwierige Arbeiten bringen sie nach wie vor zu uns", erklärte sie stolz.

„Onkel Alfred schafft so etwas spielend, stimmts?" Frau Schott konnte das bestätigen und sagte:

„Ja, er arbeitet noch viel und gern mit der Hand und freut sich immer, wenn ihm eine komplizierte Reparatur gelungen ist. Drüben sagen sie dann oft ,Das lohnt sich nicht mehr', wenn es zu viel Mühe macht."

Tante Magda erzählte Ken von dem neuen Kundendienst, den die Kinder ins Leben gerufen hatten. Ken lachte, als er erfuhr, wie überrascht die Kinder waren, als sie Trinkgeld bekamen.

„Was machen sie denn damit?" wollte er wissen.

„Oh" sagte Tante Magda wichtig, „es wird genau verwaltet. Es kommt in eine Gemeinschaftskasse. Jeder gibt hinein, was er erhalten hat und wird nach Bedarf daraus versorgt." Ken staunte, daß die Kinder allein diese vernünftigen Regeln ausgemacht hatten. Der erste Betrag aus dieser Kasse sollte für Bernds Schulreise verwendet werden. Aber das wollte sich Ken von ihm selbst erzählen lassen.

Casper und Sabine, die an der anderen Seite des Platzes auf einer sanften Anhöhe saßen, verfolgten jede seiner Bewegungen. Als sie ihn zu Bernd gehen sahen, ärgerten sie sich. Casper riß vor Wut ein ganzes Büschel Gras aus und Sabine lehnte sich seufzend auf ihre Ellenbogen zurück. Sie behielten Ken im Auge.

„Ich wette, der erzählt jetzt lang und breit von seiner Klassenfahrt, und wir sehen Ken bis zum Abend nicht wieder."

Caspers pessimistische Voraussage traf glücklicherweise nicht ein. Schon bald kam Ken augenzwinkernd zu den Wartenden.

„Gleich können wir reden", sagte er und deutete auf seine Laube.

Er lächelte zufrieden, als ihm die beiden von ihren Nachforschungen berichteten.

„Schade, daß es ausgerechnet die ‚Rumpelkammer' sein muß", sagte Ken am Ende des Berichtes. Die Freunde sahen ihn fragend an.

„Unsympathische Leute sind das", brummte Ken, „mißtrauisch, kein bißchen hilfsbereit."

„Davon lassen wir uns nicht stören", Casper ließ sich nicht beeindrucken. Sabine gefiel Kens Beschwerde viel weniger. Sie wußte, daß er sehr selten schlecht über andere Menschen sprach. Er behielt stets seinen Humor, und empfindlich war er auch nicht. Es mußten ganz besonders häßliche Leute sein, wenn er sie nicht leiden konnte.

„Wir werden es ja erleben. Angst machen gilt jedenfalls nicht", ließ Casper hören, „das fehlte noch! Ich habe keine Angst. Oder gibt es in der ‚Rumpelkammer' einen Poltergeist?"

„Angst braucht niemand zu haben", versicherte Ken, sagte aber trotzdem:

„Auf jeden Fall komme ich dorthin mit. Ihr geht nicht allein."

Casper protestierte nicht und Sabine war wohler zumute. Der Gedanke an unangenehme, garstige Menschen in einem dunklen Möbelkeller behagte ihr nicht. Ihre Freude über die gefundene Adresse war ein wenig gedämpft.

Nun war es Zeit zum Essen, und die drei schlossen ihre geheime Besprechung ab. Bernd kam angelaufen, um die Brauseflaschen tragen zu helfen. Sie gingen miteinander zurück.

Die Rumpelkammer

Uwe blätterte in dem Heft, das die Eintragungen über den Kundendienst enthielt. Seine hohe Stirn bekam eine Falte nach der anderen. So finster schaute er drein.

„Wir müssen die Auslieferungen gerechter verteilen", ließ er die Geschwister wissen. „Casper und Sabine haben bis jetzt die wenigsten Gänge gemacht."

Die beiden wußten genau, daß das stimmte. Sie hatten sich um drei Uhr mit Ken verabredet und bangten nun um diese Verabredung, dabei war Kens Zeit knapp bemessen. Warum mußte Uwe gerade jetzt über die Austragungen sprechen?

„Es ist höchste Zeit daß ihr euch mehr beteiligt. Wo bleibt denn die versprochene große Einsatzfreudigkeit?" Uwe ließ nicht locker. Casper erkannte, daß sie sich unmöglich drücken konnten und sagte schnell:

„Wir gehen gleich heute." Damit war Uwe zufrieden. Er fragte nicht, wer von beiden gehen würde. Im Flur flüsterte Casper Sabine zu:

„Es macht doch nichts. Wir nehmen die Schuhe einfach mit. Wir treffen uns bei Ken, gehen zum Trödler und danach liefern wir die Schuhe aus." Sabine nickte und stellte sich neben Casper, während Frau Schott die Kinderschuhe einwickelte und in eine Tragtasche steckte. Das sollte zeigen, daß sie mitgehen wollte.

„Sabine, du kommst aber gleich danach zurück, nicht wahr?"

„Mutti, ich habe noch etwas zu erledigen", entgegnete Sabine in Alarmstimmung. Zum Glück fiel ihr ein, daß sie Schulhefte brauchte und sagte das schnell zur Erklärung.

„Ich auch", rief Casper, „außerdem brauche ich einen Zirkelkasten. Den muß ich mir selbst aussuchen."

„Nun gut, dann geht zu zweit, aber bummelt nicht wieder den ganzen Nachmittag herum. Es gibt hier einiges zu tun."

Susanne, die in der Küche stand und Bernds Hemden für die Reise bügelte, konnte sich eine spitze Bemerkung nicht verkneifen.

„Die beiden bummeln doch nur noch. Oder sie flüstern miteinander." Sabine gelang es nicht, daß zu überhören. Gereizt antwortete sie: „Und wenn du mit Cordula wer **weiß wo herumbummelst**, sagt keiner was. Flüstern tut **ihr auch!**"

Casper warf ihr einen warnenden Blick zu und schüttelte den Kopf. Er hatte recht, sie konnten es sich nicht leisten, den Zorn der Geschwister auf sich zu ziehen. Sie mußten besondere Geduld zeigen, gerade weil es immer auffallender wurde, daß sie sich absonderten, Heimlichkeiten hatten und sich vor den Familienpflichten zu drücken schienen. Sabine zwang sich, durch Casper ermahnt, zu einem sonnigen Lächeln und sagte, so lieb sie konnte:

„Sanne, du brauchst doch Patronen für deinen Kugelschreiber, soll ich dir welche mitbringen?"

Auch Casper fiel nun ein Liebesdienst ein. Er hatte die

Besorgungsliste für Bernd auf dem Küchentisch liegen sehen und erbot sich, die Artikel einzukaufen. Davon waren nun Susanne und Frau Schott sehr angetan. Casper las noch einmal vor, was auf der Liste stand. Tante Magda schrieb noch dazu: Nüsse, Rosinen, Plastikflasche für Saft. Dann sagte sie:

„Es ist besser, wenn ihr für all diese Besorgungen ins Warenhaus geht. Dort sind auch die Schulhefte im Dutzend billiger."

„Gut", sagte Casper und flocht geschickt ein, „dann wird es noch etwas länger dauern." Susanne lachte leicht spöttisch: „Versteht sich." Einigermaßen gut davongekommen, legten Sabine und Casper den Weg zu Ken im Laufschritt zurück. Außer Atem kamen sie an.

„Gut, daß ihr pünktlich seid. Wir müssen sofort los, ich habe heute noch viel vor." Sie machten sich sogleich auf den Weg, und zwar weiter am Kanal entlang. Sabine schwang ihre Tasche und erklärte Ken auf seine Frage, daß sie Kinderschuhe darin hätte, die heute noch abgeliefert werden müßten.

„Auch das noch!" stöhnte er sagte aber gleich darauf, „ihr schafft das schon."

„Besorgungen müssen wir auch noch machen, im Warenhaus. Wir haben eine ganze Liste."

Ken lachte beim Trösten: „Ist nicht schlimm, Freunde, einen Block weit von der Rumpelkammer ist das Warenhaus ABC, da erledigen wir dann alles. Wie auf Vereinbarung gingen sie schneller und zielbewußt. Casper wischte sich die Stirn, er schwitzte bereits. Es war wirklich sehr schwül. Sie waren froh, unter die Kastanienbäume zu kommen, deren dichtes Laub ihnen Schatten bescherte.

„Hast du das Foto?" fragte Casper.

„Natürlich", versicherte Ken und klopfte auf seine

Hemdbrusttasche. Sabine berichtete ihm stolz, daß sie das Originalbildchen unbemerkt wieder in das Album gesteckt hatte.

Es war ein langer Weg. Durch die Hitze schien er noch viel länger. Endlich kamen sie an. Als sie die Steinstufen zu dem Geschäft herabstiegen, hörten sie eine schrille Frauenstimme rufen:

„Hier kommt der Schwarze wieder!" Ken sagte, von dieser Ankündigung ungerührt: „Guten Tag."

Sabine und Casper grüßten ebenfalls. Doch die Frau sagte, statt zu grüßen: „Jetzt bringt er sogar schon Kinder mit."

Nun sahen sie das Paar, das sie mißtrauisch musterte. Der Mann warnte sogleich:

„Daß ihr mir hier nichts anfaßt, verstanden?" Worauf die Frau eine verächtliche Grimasse schnitt und halblaut sagte:

„Die kommen ja doch bloß schnüffeln, das ist alles." Die drei blieben ungerührt stehen, Sabine faßte jedoch schnell nach Caspers warmer Hand und klammerte die andere um den Griff ihrer Tragtasche.

„Ich werde lieber mit herumgehen und sehen, was sie überhaupt hier wollen", sagte die Frau und stemmte beide Hände in die Hüften.

„Das tu nur", stimmte der Mann ihr zu, „sonst schmeißen die uns noch etwas um".

Es fiel Ken sehr schwer, ruhig zu bleiben, Sabine konnte an seiner Wange deutlich sehen, wie er seine Zähne zusammenbiß. Da baute sich der Rumpelkammermann vor ihnen auf und forschte.

„Was wollen Sie überhaupt hier? Was suchen Sie? Wir haben nämlich keine Zeit, Kundschaft sinnlos herumzuführen." Ken ging sofort darauf ein. Er hatte ein Foto von der Standuhr bereits in der Hand. Ruhig kamen seine Worte:

„Wir halten uns in ihrem Geschäft nicht länger auf, als es für unsere Zwecke unbedingt notwendig ist." Casper war froh, daß er diese Erklärung abgegeben hatte, sonst hätte er diesem unfreundlichen Händler etwas erzählt. Nun erklärte Ken knapp und direkt:

„Hier, bitte sehr, wir suchen diese Uhr, die hier abgebildet ist."

„Ha, dann können Sie gleich wieder gehen", dröhnte der Besitzer, „da sind Sie umsonst gekommen, wir führen überhaupt keine Uhren mehr." Er machte eine weite Armbewegung zum Ausgang hin. Casper fühlte Sabines Hand in seiner schlaff werden, so sehr hatten die Worte sie enttäuscht.

Die Frau, die sich offensichtlich ebenfalls freute, die ungebetenen Besucher so schnell wie möglich wieder los zu werden, erklärte:

„Wir sind an großen Möbelstücken überhaupt nicht mehr interessiert. Wir haben keinen Platz dafür." Sie ging zur Treppe, in der Hoffnung, daß die Kundschaft ihr folgen würde. Aber so schnell ließ sich Ken nicht abfertigen. Auch Sabine und Casper blieben fest stehen. Ken tat, als bemerke er den abweisenden Ton der beiden nicht und fragte höflich:

„Darf ich Sie bitten uns vielleicht doch behilflich zu sein? Es handelt sich um eine Angelegenheit von größter Wichtigkeit, in der jeder Hinweis von Wert sein könnte. Würden Sie uns Antwort auf einige Fragen geben?"

Das Paar sah sich an. Unruhe und etwas Gehetztes lag in den Blicken, die sie tauschten. Casper, der sich immer unbehaglicher fühlte, schaltete sich ein und fragte:

„Haben Sie die Telefonnummer achtzig, achtzig, achtzig?" Statt einer Antwort nickte der Mann kurz und fragte:

„Was wollt ihr denn noch alles wissen?" Auch Sabine fand ihre Sprache wieder und fragte keck: „Haben Sie einmal vor sieben Jahren in der Buchenallee ein paar alte Möbel und eine Standuhr abgeholt?"

Der Mann lachte gröhlend und laut.

„Vor sieben Jahren?" schallend kam die Frage, „hast du das gehört. Die wollen von uns wissen, was wir vor sieben Jahren gemacht haben. Ha-ha-ha, da lagt ihr ja noch in den Windeln." Die Frau wurde etwas zugänglicher.

„Vor sieben Jahren waren wir noch gar nicht in diesem Geschäft", ließ sie wissen, „wir haben es erst vor zwei Jahren übernommen."

„Halt den Mund", wurde sie sofort angeherrscht. Caspers Frage: „Haben Sie auch die schöne Telefonnummer mit übernommen?" beantwortete sie mit: „Ja."

Der Mann mischte sich wieder ein und erkundigte sich nun in höhnischem Ton, wann sie denn endlich zur Sache kämen. Darauf fuhr Ken fort:

„Wir haben Grund, anzunehmen, daß der Vorbesitzer dieses Geschäftes vor sieben Jahren einen Nachlaß abtransportiert hat, an dem wir sehr interessiert sind."

„Und warum sind Sie daran so interessiert, Herr Neger, wenn ich jetzt auch einmal eine Frage stellen darf?" Er lauerte auf die Antwort. Sie kam von Casper:

„Weil eine Standuhr dabei war, und die müssen wir wiederhaben."

„Was ist denn an der Uhr so schön?" Das Lauernde im Blick und in der Fragestellung wurde stärker. Sabine guckte von dem hämischen Gesicht fort. Casper aber sah standhaft hin und stellte wieder selbst eine Frage, die sehr wichtig war:

„Wo wohnt der Vorbesitzer heute?"

„Er ist nach Frankfurt gezogen", teilte die Frau mit.

„Halt doch endlich deinen Mund", schimpfte der Mann. Seine Neugier aber war gewachsen. Er schaute auf das Foto mit der Uhr, dann wieder zu Ken und Sabine und Casper. Dann wieder auf das Foto. Er kratzte lange auf seinem Kopf und sah dabei das Foto an.

„Wenn die Angelegenheit so wichtig ist, dann muß diese Standuhr ja ungeheuer wertvoll sein", brachte er endlich hervor. Worauf Casper schnell erwiderte:

„Es ist eine ganz gewöhnliche schlagende Uhr. Wichtig ist sie nur für unsere Familie."

Sabine begann neuen Mut zu schöpfen, da nun endlich ein sachliches Gespräch in Gang gekommen war. Sie stellte den zerknitterten Sack mit den Kinderschuhen auf einen Schemel, um sich mit beiden Händen die feuchten Haare aus dem Gesicht streichen zu können. Abwartend schaute sie dabei auf den Rumpelkammereigentümer, der zuerst so häßlich zu ihnen gewesen war und nun so tat, als sei er ihnen freundlich gesinnt. Sie hörte ihn murmeln:

„Wichtig für die Familie, hah! Was ist schon wichtig? Wichtig ist nur, was wertvoll ist!"

Ken forderte ihn nun auf, zu sagen, ob er behilflich sein würde. Darauf lenkte der Mann ein:

„Laßt mir das Foto einmal hier. Werde sehen, was ich tun kann." Casper genügte diese Andeutung nicht. Er erklärte:

„Wir können Ihnen dieses Bild nur überlassen, wenn Sie uns sagen, was Sie damit tun wollen." Sabine befürchtete einen erneuten Wutausbruch. Statt dessen erläuterte er jedoch seinen Plan:

„Na, ich werde das Bild meinem Vorgänger nach Frankfurt schicken und ihn fragen, ob er sich an das Stück erinnert."

Am liebsten hätten Casper und Sabine vor Freude gejuchzt oder in die Hände geklatscht. Nun wurde die Suche nach der Uhr wieder ein Stück vorangetrieben. Das gefiel ihnen und Ken gut. Und doch waren alle drei von der plötzlichen Bereitwilligkeit dieser garstigen Leute unangenehm berührt. Sie war nicht echt, diese Bereitschaft, sie hatte nichts mit Hilfe zu tun, sondern nur mit reiner Eigennützigkeit. Das spürten sie gleichermaßen alle drei. Ken blieb kühl und gelassen. Er nahm das Angebot an, denn der Mann stellte die einzige Verbindung zu dem Händler dar, welcher in der Buchenallee damals die Möbel abgeholt hatte.

„Wann dürfen wir wieder vorbeikommen, um zu hören, was der Herr aus Frankfurt geschrieben hat?" fragte Sabine mit kleiner Stimme.

„Kommt mal nächste Woche vorbei", war die Antwort. Viel lieber hätte Casper selbst geschrieben. Ihm war aber klar, daß dieser Mann die Adresse des Frankfurter Kollegen nicht preisgeben würde. Er roch ein gutes Geschäft für sich selbst und hatte Interesse bekommen, daraus Gewinn zu schlagen. Casper seufzte, als er die postkartengroße Fotografie in der Brusttasche des Rumpelkammermannes verschwinden sah. Nun schaute er sich einmal um, um zu sehen, womit diese Leute eigentlich handelten. Es sah hier ganz anders aus, als bei Opa Uhl und anderen typischen Trödlern. Die Gegenstände, die hier aufgebaut waren, machten einen ungepflegten Eindruck. Sie waren staubbedeckt, als wären sie monatelang nicht gewischt und nicht gerückt worden. Alles war lieblos zusammengeschoben. Das Geschirr war angeschlagen und die Leinwände der Gemälde abgeschabt. Eine fleckige Pianodecke mit verfilzten Fransen hing schief an der Wand. Wie sollten solche Dinge Käufer finden, fragte Casper sich. Der ganze Kram wirkte, als wäre er jahrelang nicht angerührt worden. Dazwischen standen jedoch fast neue Gegenstände, Fotoapparate, kleine Radiogeräte, Schreibmaschinen, einige Schmuckstücke unter Glas. Und ein ganzes Brett voller Armbanduhren. Eine Schublade voller Brieftaschen und an der Wand handliche Koffer.

„Gut, wir kommen nächste Woche wieder", hörte er Ken sagen. Dazu riß ihn noch Sabines Ärmelzupfen aus seinen Betrachtungen. Sie gingen hinaus und begegneten dabei einem jungen Mann, der eine prall gefüllte alte Aktentasche trug.

Die warme Sommerluft umfing sie wieder. Sie atmeten auf, waren aber doch nicht richtig erleichtert. Sie mußten sich unbedingt etwas Gutes antun, um die schlechten Eindrücke wieder los zu werden. Darum schlug Ken vor:

„Ich spendiere euch ein Eis, wir müssen uns erholen!" Vor der Tür eines Eissalons standen kleine Tische und noch kleinere Stühle. Dort nahmen sie Platz, um Kens Vorschlag sofort begeistert in die Tat umzusetzen. Als die bunten Schüsseln auf dem runden Tisch zwischen ihnen standen, begannen sie schweigend zu löffeln. Dann redeten sie alle auf einmal. „Die sind genauso unangenehm, wie du sie uns beschrieben hast." So machte Sabine sich von ihren Beklemmungen frei. Ihr Gesicht gewann ein wenig Fröhlichkeit zurück. Erdbeer und Schokoladeeis halfen dabei. Verdrossen drückte Casper aus, was er dachte:

„Schlimmer noch. Heuchler sind das ich glaube, dieser Kerl wird uns mehr schaden als helfen!" Ken beruhigte ihn:

„Wir werden ganz genau aufpassen müssen. Wartet ab. Es kommt nun sehr darauf an, was die Antwort aus Frankfurt bringt."

„Und ob er uns die Wahrheit über die Antwort sagt." Caspers Mißtrauen war nicht einzuschränken. Das Eis war aufgegessen. Sie wollten gehen. Als Sabine nach dem Schuhsack griff, merkte sie, daß er fort war.

„Um Himmels Willen, die Tasche ist weg", rief sie. Sie suchten unter dem kleinen Tisch und mußten lachen, als sie darunter nur ihre eigenen erhitzten Gesichter anguckten. Aber dann wurde es ernst. Niemand sah die Tasche.

„Wo hast du sie zuletzt gehabt?" fragte Casper.

„Dort in dem Keller, in der Rumpelkammer", erwiderte Sabine angstvoll.

„Dann muß sie dort auch noch sein." Casper rannte sofort los. Pflichtbewußt wollte Sabine hinterher laufen, war aber sehr froh, als Ken sie daran hinderte. Er meinte:

„Es ist besser, wenn einer allein geht, die sind ohnehin schon wütend auf uns. Casper schafft das!"

Die Tür stand halb offen. Casper drückte sich an ihr vorbei, ohne sie zu berühren. Er wußte selbst nicht, warum er die ausgetretenen Steinstufen so leise herunterschlich. Als er den Raum betrat, in dem sie noch vor kurzem verhandelt hatten, fand er sich allein. Gedämpfte Stimmen klangen aus dem Nebenraum. Casper hielt die Luft an, um die Worte zu verstehen. Die Stimme des Inhabers erkannte er sofort:

„Das ist ein schickes Ding, Junge. Fabelhaft hast du das gemacht." Die Frauenstimme sagte lachend:

„Da wird sich aber einer ärgern!"

Dann sagte jemand:

„Hier, den habe ich auch noch erwischt, wie finden Sie denn den?"

„Eine gute Marke. Tadellos, den werden wir gleich verkaufen, für einen guten Preis, versteht sich."

Auch die Frau lobte:

„Du bringst zur Zeit die besten Sachen."

„Da ist auch viel Glück dabei, wissen Sie", erwiderte eine junge Stimme. Casper vermutete, daß es die des jungen Mannes war, der ihnen begegnete. Er sprach wieder:

„Was war denn das für ein Neger vorhin? Und was wollten die Kinder?" Casper legte, wie ertappt beide Fäuste vor die Brust. Er war zum Lauscher geworden. Es war nun unmöglich, sich zu melden. Erst mußte er die Antwort auf diese Frage abwarten. Er hörte:

„Eine komische Sache ist das. Da kann etwas mit drin sein für uns. Die suchen eine Standuhr. Und wir suchen so ein bißchen mit, um herauszukriegen, was an der Uhr dran ist." Das hatte der Mann gesagt. Die Frau ließ Zweifel hören:

„Was soll denn an dem alten Kasten dran sein? Den will irgend jemand zur Erinnerung haben, weiter nichts. Wir verschwenden bloß Zeit damit." Der Mann beharrte und höhnte:

„Zur Erinnerung, daß ich nicht lache! Die Uhr ist aus irgend einem Grunde ganz harte Taler wert, meine Liebe. Es dreht sich bei allem um die harten Taler, alles andere ist Quatsch." Zustimmend lachte die Jungenstimme laut und sagte dann:

„Wo bleiben denn meine Talerchen, Meister, ich muß nämlich weiter!"

Die Schritte bewegten sich auf den Raum zu, in dem Caspser stand. Er mußte blitzschnell handeln. Er sprang zwei Stufen empor und schlug die Tür mit einem Bums gegen die Wand, als wäre er eben angekommen.

Die Frau kam herein, sah ihn und sagte: „Sachte, sachte. Was gibt es denn nun schon wieder?" Casper bot alle Selbstbeherrschung auf, um sich seine Erregung nicht anmerken zu lassen. Er sah die Frau nicht an, zeigte nur auf das zusammengesunkene Päckchen auf dem Schemel und rief:

„Ach, so ein Glück da ist, ja unsere Tasche!" Aber schon hatte die Frau sie ergriffen, hielt sie fest und sagte:

„Es kann ja jeder kommen und sagen, das ist meine!"

„Aber bestimmt ist das unsere Tasche. Meine Schwester hat sie vorhin hier stehen lassen." Caspers Fassung nahm bedenklich ab. Die Frau hatte ihre Augen zusammengekniffen, blinzelte in den Sack hinein und wühlte mit einer Hand darin herum.

„Was ist denn drin?" wollte sie wissen.

„Schuhe", erwiderte Casper eiskalt.

„Welche Farbe?" Diese Frage war die reine Schikane. Casper überlegte, aber er wußte es nicht. Er rief:

„Es sind Kinderschuhe, wir müssen sie austragen!"

„Hier hast du deine Schuhe", sagte sie und warf ihm den Sack zu. Casper, der sonst so flink und behende war, fing ihn nicht auf. Der Sack fiel vor ihm zu Boden. Er wurde rot vor Zorn und bückte sich. Über ihm sagte der Mann:

„Kannst froh sein, daß sie nicht verkauft worden sind." Casper stolperte die Stufen hinauf. Oben wollte er am liebsten die Tür mit einem Riesenknall hinter sich zuwerfen. Er ließ es aber, denn er dachte daran, daß er diesen Menschen in einer Woche wieder gegenüberstehen würde.

Sabine und Ken sahen ihm sofort an, daß etwas geschehen sein mußte. Hastig berichtete Casper, was er belauscht hatte und verschwieg auch nicht, wie die Frau ihn hatte zappeln lassen.

„Wißt ihr was?" rief er, „wißt ihr was ich glaube? Das ist keine Rumpelkammer, kein Trödler — das ist eine Räuberhöhle. Jawohl. Was die da verkaufen, ist nicht alt und schon gar nicht antik. Es ist alles fast neu und es ist alles gestohlen!"

„Pst, Casper, schrei doch nicht so", jammerte Sabine. Sie gingen eine belebte Straße entlang und hatten bereits die Aufmerksamkeit einiger Passanten auf sich gelenkt.

Ken war ernst und nachdenklich. Er gab dem aufgeregten kleinen Freund recht:

„Ich glaube auch, daß das stimmt, was du sagst."

„Das sind nicht nur garstige Leute. Es sind also richtige Gauner", stellte Sabine verzagt fest. Dann fragte sie:

„Was sollen wir denn nun machen?" Casper hatte seine Fassung wieder. Er sagte, ohne zu zögern:

„Wir müssen uns zunächst von dem Kerl weiterhelfen lassen. Er ist der einzige, der die Spur der Uhr verfolgen kann." Ken nickte. Man konnte leicht sehen, daß auch ihn der Gedanke mit Widerwillen erfüllte. An der nächsten Ecke blieben sie stehen.

„Wo wollen wir überhaupt hin? Was nun? Was tun wir jetzt?" fragten sie gleichzeitig.

Casper gab Sabine die Tragtasche, die schon in Fetzen ging, zurück. Sie schaute ihn dankbar an und klemmte das Päckchen unter den Arm.

Casper zog die Einkaufsliste hervor und las die Besorgungen davon ab. Ken zeigte nach links, und sie setzten sich in Bewegung. Schon an der nächsten Ecke leuchtete das Schild des Warenhauses. Sie erledigten ihre Einkäufe, Sabine aber ging mit trauriger Miene herum. Sie mußte an die unangenehmen Leute aus der Rumpelkammer denken und war sich nicht mehr sicher, ob sie nicht doch besser der Familie alles erzählen sollten.

„Kopf hoch, kleine Bine!" sagte da Ken neben ihr. Er hatte sich hinuntergebückt, um ihr verstörtes Gesicht sehen zu können. Sie sah wirklich trostbedürftig aus, wie sie dort stand, zwischen den hastenden Menschen, ihr armseliges Schuhbündel an sich gepreßt und eine Tafel Schokolade für Bernd in der Hand.

„Es wird schon alles gut ausgehen, Bine, verlier nicht den Mut. Schade, daß mein schlechtes Gefühl über die Rumpelkammer berechtigt war." Dann verabschiedete er sich und sagte:

„Kinder, ich habe auch nicht eine Minute mehr Zeit!" Schon sahen sie den großen Freund enteilen, sein buschiges Haar im Afrikaschnitt war noch einige Augenblicke zu sehen, dann war der ganze Ken verschwunden.

„Wir haben auch keine Minuten mehr zu verlieren", erinnerte Casper.

Mühsam kramte Sabine aus dem knitterigen Schuhbündel den Zettel mit Preis und Adresse. Sie machten sich sofort auf den Weg.

Eine Brise wirbelte Staub über die heißgewordenen Straßen. Es wurde bald ein Wind daraus, gegen den sich Sabine und Casper beim Gehen einstemmen mußten. Sie senkten die Köpfe, um nicht so viel Staub in die Augen zu bekommen. Der Himmel verdunkelte sich zusehends, es schien schon viel später zu sein, als es war.

Endlich kamen sie zu dem Haus des Kunden, als auch schon die ersten Regentropfen fielen. Casper lief schnell hinauf, während Sabine im Hauseingang Schutz suchte. Schon nach kurzer Zeit hörte sie Caspers Schritte wieder kommen. Er sprang immer zwei Stufen auf einmal und stand bald vor ihr.

„Da macht keiner auf, sie sind wohl nicht zu Hause."
Das war aber unangenehm. Nun mußten sie die Schuhe wieder mitnehmen. Sie sprachen nicht darüber, aber jeder malte sich aus, was das wohl für Folgen haben mochte.

Es begann nun heftig zu regnen. Das Wasser prasselte in Strömen auf Autodächer, Fahrbahn und Gehweg. Es klatschte auch auf die Regenschirme der Vorübergehenden, während Sabine und Casper ohne Schirm im Nu plitschnaß waren. Selbst das Laufen unter dichten Bäumen half nicht mehr. Der Regen troff durch das Laub. Sabines hellgelbes Kleid war naß, klebte an ihr und sah ganz dunkel aus. Caspers Hose verfärbte sich zusehends unter der Nässe und sein Hemd war voller Rinnsale.

Zu Hause gab es wie erwartet Ärger. Und leider auch verdient, wie beide im Stillen zugeben mußten. Tante Magda war diesmal richtig böse.

„Mit dem Bummeln und Herumtreiben ist es aber nun vorbei, das sage ich euch. Zunächst bleibt ihr einmal drei Tage ganz zu Hause, dann werden wir weiter sehen." Casper stand mit gesenktem Kopf da und hörte zu. „So so, die Schuhe konntet ihr nicht abliefern, weil niemand aufmachte. Die Kundin war persönlich hier, und zwar um vier Uhr. Sie wollte die Schuhe abholen. Könnt ihr mir das erklären?"

Sie hätten es erklären können, aber sie wollten ja schweigen. Es fiel immer schwerer. Sie schauten sich an, aber keiner konnte dem anderen helfen. Weder Sabine noch Casper verteidigten sich. Wenn Tante Magda nur wüßte, was wir tun, um ihr eine große Freude zu bereiten, dachten sie.

„Ihr habt Heimlichkeiten, ihr treibt euch irgendwo herum, keiner weiß wo. Ihr seid unpünktlich und unzuverlässig", beschuldigte sie die beiden, die ganz zerknirscht waren. Sabine fing an zu weinen. Sie drehte sich brüsk um und schlich dann durch den dunklen Gang auf ihr Zimmer zu. Casper starrte ihr stumm nach. Vor ihrer Tür blieb sie stehen, um zu hören, ob das Geschimpfe noch weiterging. Sie hörte Casper sagen:

„Im Warenhaus war es so voll, Tante Magda." Sabine nickte vor sich hin, jawohl, das stimmte. Was würde ihm wohl noch einfallen?

„Dann haben wir Ken getroffen, und er hat uns ein Eis spendiert." Auch das traf die halbe Wahrheit. Sabine freute sich über Caspers Geschick. Das schlimmste war jedoch die Sache mit den Schuhen. Wie würde er sich zu helfen wissen? Sabine kam sich schäbig vor, ihn allein zu lassen, schluckte an ihren Tränen und ging wieder zurück, um auch etwas zu sagen. Aber Frau Schott hatte neue Vorwürfe.

„Ihr zwei seid in letzter Zeit immerfort zusammen unterwegs. Seit du hier bist, Casper, unternimmt Sabine gar nichts mehr mit Sanne, Uwe oder Bernd. Mit ihren Schulfreundinnen trifft sie sich kaum noch. Glaubt nicht, daß das hier keiner merkt. Wir beobachten es alle, und keiner findet es schön. In unserer Familie herrschte bisher Gemeinsamkeit und Offenheit. Alle wundern sich, was ihr unternehmt, daß wir nicht teilhaben dürfen. Ihr erzählt nichts, teilt eure Erlebnisse nicht mit uns sagt keinem, wo ihr hingeht."

Sabine fand diese Worte hart und bitter. Am liebsten hätte sie die ganze Geschichte jetzt laut herausgeschrien. Aus verschwommenen Augen schaute sie Casper an, der aber seinen Blick nicht hob. Anscheinend kämpfte er eisern darum, nicht die Fassung zu verlieren. Ihn hatten Tante Magdas Beschuldigungen ebenfalls empfindlich getroffen.

„Tante Magda, es tut mir sehr, sehr leid", sagte er endlich. Weiter nichts. Er hatte sich also entschlossen, die Kränkungen hinzunehmen und auf die Zukunft und den Tag der rettenden Erklärungen zu vertrauen. Sabines Gefühle schwankten zwischen Enttäuschung und Bewunderung. Sie hatte ein wenig gehofft, aus der verzwickten Lage zu kommen, in dem sie alles erzählten. Andrerseits aber verspürte auch sie den Wunsch, festzubleiben und ihr Vorhaben durchzuführen. Casper hate ihr durch seine ruhigen Worte die Entscheidung abgenommen. Sie durfte ihn nun nicht im Stich lassen.

„Bitte, Mutti, ich möchte nach dem Abendessen die Schuhe ausliefern", sagte sie, denn das schien ihr im Augenblick das wichtigste zu sein.

„Kommt gar nicht in Frage, dein Haare sind ganz naß, sie triefen ja."

„Aber meine Haare sind fast trocken, Tante Magda, bitte laß mich gehen und die Schuhe für Sabine abliefern." Casper fuhr sich zum Beweis mit allen zehn Fingern durch seine rötlichen Locken. Sie waren nur noch feucht.

„Meinetwegen!" entgegnete Frau Schott kurz, aber nicht mehr so erregt wie vorher. Die beiden seufzten erleichtert. Wenn man erst einmal daran ging, etwas wiedergutzumachen, war alles nicht mehr so schlimm. Sabine klinkte schweren Herzens die Tür auf und betrat ihr Zimmer. Dort lag die große Schwester auf dem Bett und las. Wortlos stellte Sabine das Tütchen mit den Füllfederpatronen auf den Nachttisch neben ihrem Bett.

„Oh, danke dir", sagte Susanne heiter. Sie schien nicht böse zu sein. Sabine war erleichtert. Sie hatte erwartet, nun eine zweite lange Strafrede anhören zu müssen. Statt dessen war Sanne wider Erwarten sehr lieb.

„Es hat wohl großen Krach gegeben?" Sabine nickte. Außer den Regentropfen vom Haar liefen ihr auch noch helle Tränen über das Gesicht.

„Komm, hör auf zu heulen!" Statt Susannes Rat zu befolgen, fing sie nun erst richtig an. Sie weinte sich ordentlich aus und fühlte, wie gut es ihr tat, daß sie sich nicht mehr beherrschen mußte. Dabei ließ sie sich von ihrer Schwester verwöhnen. Susanne hatte ihr den Bademantel geholt und half ihr beim Ausziehen der nassen Sachen. Die dicke flauschige Kapuze stülpte sie ihr über und begann damit Sabines Haare zu rubbeln. Dabei suchten Sabines kleine, nackte Füße unten auf dem Boden nach Pantoffeln.

Schon wurde der Tränenstrom schwächer und die Haare trockener.

„Ich hab gedacht, ihr wärt im Kino", sagte Susanne verständnisvoll", aber so klatschnaß wird man wohl nur, wenn man meilenweit durch die Straßen zieht."

Sabine blieb stumm. Ihr fiel nichts ein. Sie hoffte nur von Herzen, daß Susanne ihr Schweigen nicht für bockig halten würde.

„Wo marschiert ihr denn bloß immer herum, der Casper und du?" erkundigte sie sich.

„Die Besorgungen, die Schuhe, ein Eis mit Ken", murmelte Sabine unter versiegenden Tränen.

„Wie könnt Ihr nur so blöd sein. Du weißt doch, daß Mutti uns gern pünktlich zusammen hat. Wir sind so viele, da geht das doch auch nicht anders."

„Na, ja", kam es unter der Kapuze hervor.

„Was heißt, na ja? Ihr könnt doch wenigstens sagen, wo ihr hingeht. Das machen wir doch alle. Cordula und ich sagen immer, wo wir hingehen und wann wir wiederkommen. Das geht prima. Und daß man uns

auslacht, weil wir so viel ins Kino gehen, ist uns egal."
Susanne wartete, ob ihre Worte einen Eindruck auf Sabine gemacht hatten. Die streckte sich jedoch auf ihrem Bett aus und hielt sich beide Hände vor den Mund. Ihr Wunsch, Sanne, die ihr lieb und schwesterlich helfen wollte, alles zu erzählen, war sehr groß.

„Hast du etwa auch noch Zahnschmerzen?" fragte die Große teilnahmsvoll.

„Nein, nein" wehrte Sabine ab und wischte sich mit geballten Fäusten die letzten Tränen aus den rotgeriebenen Augen.

„Du bist ganz schön bockig, muß ich sagen", beschwerte sich Susanne enttäuscht, „ich will dir doch nur helfen."

Sabine hatte große Angst sie zu kränken. Darum schlang sie beide Arme um den Hals der Schwester und sagte: „Ich weiß, ich weiß ja. Und ich danke dir so sehr." Sie mußte sie schnell wieder loslassen, denn die Worte: „Ach Sanne, wenn du wüßtest", drängten sich auf ihre Lippen. Sie blieben aber ungesagt, denn sie ahnte, daß Susanne die Andeutung nicht hinnehmen würde, ohne eine Reihe von Fragen zu stellen. Und dann würde doch alles herauskommen, und das wollte sie Casper, der sich eben noch vor Mutti draußen so sehr zusammengenommen hatte, nicht antun. Sie mußte es erst mit ihm besprechen. Hoffentlich sah auch er ein, daß es Zeit wurde, die anderen bald einzuweihen.

Es klopfte an der Tür und Bernd kam herein. Er erkundigte sich nach seinen Futtersachen.

„Ach ja, richtig", sagte Sabine, erhob sich und ergriff den Plastikbeutel. Sie erkundigte sich interessiert:

„Sag Berndchen, wer winkt denn für dich, wenn du fort bist?"

„Das ist bereits geregelt. Das macht Casper. Er hat es mir fest versprochen!" Bernd stand an der Tür, vollgepackt mit seiner Reiseverpflegung. Prüfend sah er jetzt Sabine an.

„Nun wird mir maches klar", sagte der kleine Bruder, „du hast geheult. Casper war auch nahe dran. Ihr habt wohl beide Krach gehabt? Was habt ihr denn angestellt?"

Susanne öffnete die Tür, schob Bernd hinaus und wies ihn an: „Los, los, weitermachen, Sockenzählen, Adressen aufschreiben, packen. Kümmere dich um deine Angelegenheiten." Bernd entzog ihr seine Schulter und wollte gerade davongehen, als ihm einfiel, daß er etwas auszurichten hatte.

„Ihr sollt zu uns herüberkommen, wir müssen die Sache mit meinem Taschengeld besprechen." Sabine war diese neue Wendung recht. Sie knippste das Licht im Zimmer aus und folgte Bernd. Auch Susanne ging mit, obwohl sie lieber mit Sabine allein geblieben wäre. Sie hatte doch gehofft, vielleicht noch etwas über Bines Heimlichkeiten zu erfahren.

„Wir müssen auf Casper warten", sagte Uwe, als sie drüben eintraten.

Casper kam bald darauf in frischer, trockener Kleidung von seinem Auslieferungsgang zurück. Er zwinkerte Sabine tröstend zu und ließ vor aller Augen ein Fünfzigpfennigstück in die Kasse plumpsen. Uwe schüttete alle Münzen aus und zählte sie. Es kam eine schöne Summe heraus.

„Was werdet ihr denn von dem Taschengeld alles bestreiten müssen, Bernd?" erkundigte er sich.

„Na, so Kleinkram, Kaugummi, Mottenkugeln, saure

Drops, Mäusespeck, Kekse, Coca Cola, Lutschstangen, Kartoffelchips, Brause."

„Mensch, mir wird schlecht", stöhnte Sabine. Alle mußten lachen. Bernd erhielt sein Taschengeld, der Betrag wurde unter der Rubrik „Ausgaben" im Heft vermerkt. Anschließend fand im Wohnzimmer eine kleine Abschiedsfeier statt. Es war eine gute Gelegenheit, den Hausfrieden wiederherzustellen.

Herr Schott hielt eine kleine Rede über Bernds bevorstehende Fahrt. Bernd hörte sich geduldig seine Ratschläge an. Es waren aber doch alle froh als der Vater endlich die Landkarte entfaltete. Besonders Casper und Sabine hatten sich irgendwie betroffen gefühlt, als er von Verantwortungsbewußtsein, Rücksichtnahme auf die Mitmenschen und Anpassung an die Gruppe gesprochen hatte.

Nun verfolgte die Familie Bernds Fahrtroute auf der Karte. Tante Magda entdeckte ein altes Schloß und sagte voraus, daß sie es bestimmt besichtigen würden. Bernd zog ein Gesicht, verkniff sich aber seine geringschätzige Bemerkung darüber.

„Vergiß nicht zu schreiben!" ermahnte Frau Schott wieder einmal. Bernd versprach, alles zu befolgen, und damit war die Feier beendet. Casper und Sabine blieben allein zurück und räumten auf.

„Lange halte ich es nicht mehr aus, den anderen von der Uhrensuche nichts zu sagen", gestand Sabine kläglich, „um ein Haar hätte ich heute abend Susanne alles erzählt."

„Mir ging es mit Uwe genauso", mußte Casper zugeben. Fragend sah ihn Sabine an. Sollte das etwas heißen, daß er bereit war, die anderen einzuweihen? Aber er bat sie:

„Hör zu, Bine. Nimm dich zusammen. Ich tu es auch. Jetzt fährt Bernd erst einmal fort. Inzwischen läuft die Sache mit dem Brief nach Frankfurt. Die Antwort wird uns ein gutes Stück voranbringen." Gespannt wartete er, wie die zweifelnde Sabine reagieren würde.

„Oder der Brief macht alles kaputt", sagte sie nur. Casper hob die Schultern. Er fuhr fort: „Auf jeden Fall wird er eine Entscheidung bringen, so oder so. Entweder gibt es Tante Magdas Uhr noch irgendwo oder nicht. Bald werden wir es wissen. Solange wollen wir noch schweigen, okay?"

„Ist gut Casper. Ich will es versuchen. Lange kann es ja nicht mehr dauern."

„Nein, bis wir Uwe, Sanne und Bernd mitmachen lassen, dauert es nicht mehr lange. Aber deine Eltern erfahren es erst, wenn wir die Uhr tatsächlich haben."

Das war eindeutig, fand Sabine. Sie war verblüfft, wie schnell Casper seinen Mut wiedergefunden hatte. Wie fest er daran glaubte, die Uhr aufzustöbern. Das half ihr, ihre Verzagtheit abzuschütteln. Sie wollte gern schweigen, so lange die Hoffnung bestand, daß es danach eines Tages die große klärende Überraschung geben würde. Und ausgelacht werden wollte sie auch nicht. Sie hatte es schon häufig als beleidigend empfunden, wenn Uwe und Susanne und vor allem der freche Bernd sie geneckt hatten, weil sie die Geschichten vom Onkel Emmerich mochte. Auch Casper hatte ja ihren Spott gespürt, als er Interesse für den Inhalt des alten Schrankes und für Kens zahllosen Trödel gezeigt hatte. Sabine sah also ein, daß es besser war, ihren Plan und alles, was mit seiner Verwirklichung zu tun hatte, noch für sich zu behalten.

Casper sah voll Freude, daß es ihm gelungen war, die wankelmütige kleine Pflegeschwester wieder aufzurichten.

Wie viel Mühe es ihn kostete, ihr mit **Forschheit** und **Festigkeit** neuen Mut zu machen, ahnte sie nicht. Sie durfte auf keinen Fall wissen, wie auch er oft daran zweifelte, daß ihnen die große Überraschung überhaupt gelingen würde.

Es bedrückte ihn, daß Tante Magda Sabines verändertes Verhalten mit seinen Einzug in Zusammenhang brachte und glaubte, er hätte einen schlechten Einfluß auf sie. Dabei waren noch so viele Wege zu erledigen. Sie mußten beide erst einmal abwarten, bis sich die Situation wieder etwas beruhigt hatte.

Casper beschloß daher, eine Karte an Ken zu schreiben. Er mußte ihn bitten, den Weg zum Rumpelkammermann zu übernehmen.

Ein Brief hilft weiter

Im Jungenzimmer war es stiller geworden, seit Bernd fehlte. Casper führte gewissenhaft seinen Auftrag aus und winkte dem Polizeiboot. Er fragte sich, ob es der Besatzung wohl auffiel, daß statt des kleinen rundlichen Blondschopfes ein rothaariger Junge hinübergrüßte.

Sabine gab sich in den nächsten Tagen große Mühe, mit der Mutti wieder gut zu sein. Diese machte ihr noch einmal klar, wie wichtig es war, daß sie immer wisse, wo sich Sabine aufhalte und wann sie wieder da sei.

Sabine versprach, sich zu bessern, meinte es ehrlich und hatte die Mutter verstanden. Um das zu beweisen, verabredete sie sich mit einer Schulfreundin, sagte zu Hause genau Bescheid und kam pünktlich wieder an. Es gelang ihr, den Eindruck, den alle über ihre heimlichen Streifzüge mit Casper erzeugt hatten, zu verwischen. Casper tat das Seine dazu und erzählte lang und breit vom Schwimmtraining.

Dann stand plötzlich Ken in der Werkstatt. Zu Tante Magdas Empörung berichtete er.

„Ich komme soeben von der Konkurrenz. Dort habe ich mir schnell ein paar Absätze anhämmern lassen."

„Aber Ken, wie konntest du das tun? Willst du Onkel Alfred kränken? Hat er deine Reparaturen nicht immer schnell und gut ausgeführt?" Tante Magda war selbst beleidigt.

„Das soll er auch weiterhin tun", versicherte Ken, „ich wollte mich in der Schnellbesohlanstalt nur einmal richtig umschauen. Es hat sich auch gelohnt." Frau Schott ging mit ihm ins Wohnzimmer und rief die Kinder zusammen.

„Hallo, Ken", rief Uwe erfreut, „prima Idee, mal vorbeizukommen!" Susanne fragte:

„Wie gehts?" worauf Ken mit vielsagendem Blick zu Sabine und Casper verkündete:

„Danke, es geht ganz ausgezeichnet!" Nun konnten die beiden vor Ungeduld kaum mehr den Gesprächen mit der Familie folgen. Ken berichtete, was er von einer Angestellten in dem Geschäft erfahren hatte:

Es waren nicht genügend Aufträge hereingekommen, um so einen riesigen Laden auszufüllen. Ab nächsten Monat würde eine Reinigungsanstalt die Hälfte des Ladens übernehmen. Tante Magda fand das sehr interessant. Zufrieden sagte sie:

„Ja, wir haben es auch gemerkt, viele Kunden sind uns treu geblieben. Besonders alle Kunden, die die Hauslieferung in Anspruch nehmen. Es war eine großartige Idee der Kinder. Onkel Alfred hat genug zu tun. Zwar nicht wie in den besten Zeiten, aber genug." Die Geschwister strahlten vor Stolz und Freude. Tante Magda fügte noch hinzu:

„Der Einfall allein war schon famos, aber was wirklich den Erfolg gebracht hat, ist ihre Ausdauer, den Kundendienst aufrechtzuerhalten."

Ken zwinkerte seinen Freunden zu und sagte dann vieldeutig:

„Ja, so ist das. Was nützt schon der allerbeste Einfall, wenn man ihn nicht ausführt oder auf halber Strecke aufgibt? Man muß schon am Ball bleiben und unermüdlich weitermachen, stimms?"

Susanne, die keine Ahnung hatte, daß sich die Worte auf etwas anderes beziehen könnten, als auf die Schuhauslieferungen, versicherte:

„Wir machen auch unermüdlich weiter. Es hat sich alles schon so gut eingespielt. Bis auf einige kleine Pannen klappt es herrlich!"

Ken hatte offensichtlich Spaß daran, Sabines und Caspers wachsende Neugier zu beobachten. Als Sabine vor Ungeduld die Augen zur Decke verdrehte, da sagte er vor Schalk und Übermut auch noch:

„Bine, was schneidest du denn für Grimassen — paß nur auf, wenn eine Uhr schlägt, dann bleibt dein Gesicht so stehen!"

Frau Schott protestierte heftig:

„Aber Ken, so ein dummes Zeug glaubst du doch wohl selbst am allerwenigsten." Dann huschte ein trauriger Schatten über ihr Gesicht, und sie setzte hinzu: „Außerdem schlägt bei uns keine Uhr."

Alle waren still. Dann rief Susanne schnell:

„Bernd hat schon geschrieben!" Sie lief in die Küche um die Postkarte zu holen. Auch das noch. Casper seufzte. Aber dann mußten alle herzlich lachen, als Sanne die Karte vorlas:

„Das Essen schmeckt nicht sehr gut. Aber ich mäkele nicht. Ich habe nur einmal laut gesagt, daß es auch viel zu wenig ist!"

„Wenn es zuwenig ist, kann es wohl nicht so schlecht schmecken", meinte Ken. Sabine und Casper ärgerten sich über jeden neuen Gesprächsstoff, den er fand. Sie wollten nun endlich, endlich hören, warum er wirklich vorbeigekommen war. Beide waren sicher, daß er eine wichtige Mitteilung brachte.

Schuster Schott betrat das Wohnzimmer und staunte über die fröhliche Runde.

„Tut mir leid", sagte er, „aber ich brauche Magda im Geschäft!" Frau Schott folgte ihrem Mann, und Ken ging mit, sagte aber schnell: „Wartet auf mich. Ich komme gleich wieder. Ich will nur Onkel Alfred die Sache von der Schnellbesohlanstalt erzählen."

Das kannten sie schon, wenn Ken bei Vater in der Werkstatt hockte, dann kam er so bald nicht wieder. Casper rief ihm wütend nach:

„Hast du uns nichts zu erzählen?"

Susanne fragte spöttisch, was er denn für Neuigkeiten erwarte. Sabine schaute alarmiert.

„Na, was die Tomaten machen und wie es überhaupt auf dem Platz aussieht und so", erklärte sie ohne jede Überzeugungskraft. Casper versuchte eine etwas einleuchtendere Antwort zu geben, indem er von Trödelkram und renovierten Gegenständen sprach. Aber diese Ausrede veranlaßte Susanne lediglich zu der Feststellung:

„Es ist eben wieder Geheimnistuerei. Aber ist es denn so schlimm? Müssen denn eigentlich immer alle gleich alles wissen?"

Sabine warf ihr einen dankbaren Blick zu. Die beiden Älteren schauten auf Casper. Er biß auf seine Unterlippe und überlegte scharf. Man hatte ihn und Sabine also in die Enge getrieben. Was sollten sie jetzt tun? Selbst durch ihr Schweigen gaben sie zu, daß sie ein Geheimnis hatten. Auch daß Ken mit hineinverwickelt war, hatte sich nun herausgestellt. Wenn sie doch nur wüßten, was er zu berichten hatte! Alles hing im Augenblick davon ab.

„Es ist so . . . ", begann Casper und brach ab. Sabines Augen weiteten sich. Sie dachte, er würde nun alles erzählen. Aber Casper war fest entschlossen, erst herauszubekommen, was in dem Brief aus Frankfurt stand. „Nun?" fragte Uwe, „was hast du zu Sannes Frage zu sagen? Meinst du Casper, müssen wir immer alle gleich alles wissen oder nicht?"

„Es kommt darauf an", entgegnete Casper ungenau. Uwe fragte weiter:

„Was ist es denn, was anscheinend Ken schon weiß, was aber von uns hier noch keiner erfahren darf?" Nun mußte Casper antworten und bat:

„Laßt uns noch ein paar Tage Zeit. Es wird sich bald zeigen, ob alles umsonst war. Vielleicht war es aber auch nicht umsonst." Er verstummte und schämte sich für diese ungeschickte Erklärung.

„Das sind ja Andeutungen, die die Spannung ins Unerträgliche steigern." Spott war sonst gar nicht Uwes Art. Da er sich aber besonders darüber zu ärgern erschien, als Ältester übergangen worden zu sein, spottete er nun. Weil Susanne der unangenehmen Situation ein Ende bereiten wollte, bemühte sie sich um Verständnis. Es fiel ihr nicht schwer, denn auch sie hatte ihre vielen kleinen Geheimnisse mit Cordula. Dieses Recht wollte sie auch den jüngeren Geschwistern einräumen.

„Nun wollen wir aus einer Mücke keinen Elefanten machen! Die beiden haben doch Mutti versprochen, nicht mehr stundenlang herumzustreunen. Was wollen wir denn noch von ihnen, laß sie doch in Ruhe, Uwe." Er murrte aber weiter vor sich hin. Das hatte es ja noch nie gegeben, daß er in wichtigen Angelegenheiten nicht ins Vertrauen gezogen wurde.

„Es soll mir doch egal sein, ob Mücke oder Elefant

oder beides", zischte er die beiden Verschwiegenen an. Ein besonders böser Blick traf Casper. Dann drehte er ihnen den Rücken zu und sagte beim Hinausgehen:

„Legt euch doch mit Ken in seiner Bruchbude einen Zoo an."

Recht laut, damit er es noch hören konnte, sagte Susanne: „Und seid froh, wenn sich keiner einmischt!"

Damit hatte Susanne die Rolle des schlichtenden Engels übernommen. Das stellte große Anforderungen an ihre Geduld, denn auch in ihr regte sich gewaltig die Neugier, dahinterzukommen, was Sabine und Casper ausgeheckt haten.

„Ihr könnt euch freuen, daß Berndchen nicht hier ist. Der würde nicht locker lassen. Er würde sich sogar einen Sport daraus machen, euch nachzuspionieren." Damit ließ sie die beiden, die wie begossene Pudel da saßen, allein. Bine nahm sich vor, ihrer Schwester für die nächste Zeit jeden Wunsch von den Augen abzulesen, so dankbar war sie ihr für das rettende Eingreifen.

Als Ken aus der Werkstatt kam, fragte er arglos: „Wo sind denn die anderen?"

Casper sprang wie ein kleiner Löwe auf ihn los und rief mit mühsam unterdrückter Stimme.

„Jetzt ist es aber genug, Ken, du machst uns hier alle ganz verrückt mit deiner Seelenruhe. Was ist denn nun los?"

Ken ging in den Flur, wo er ganz laut fragte:

„Casper und Sabine, habt ihr nicht Lust, mich ein Stück zu begleiten?"

„Ja, natürlich", schrien sie zugleich. Frau Schott kam wie erwartet dazu und ermunterte sie:

„Geht nur mit, ihr zwei. In den letzten Tagen hattet ihr ohnehin viel zu tun." Sie lächelte versöhnlich.

Kaum waren sie vor der Tür, da sagte Capser zu dem großen Freund:

„Schieß los, was weißt du?"

„Also, ich war für euch in der Rumpelkammer."

„Räuberhöhle", verbesserte Sabine.

„Ruhe!" herrschte Casper sie jedoch an. Er verstand keinen Spaß mehr. Er war einfach zu abgespannt.

„Der Kerl hatte den Antwortbrief. Er gibt ihn nicht heraus, hat mir aber gesagt, was drin steht."

Was Ken nun berichtete, waren ausgezeichnet gute Nachrichten. Der ehemalige Besitzer des Altwarenladens hatte wirklich damals die Möbel aus der Buchenallee abgeholt. Und zwar mit dem Planenwagen, der die Telefonnummer achtzig, achtzig, achtzig trug. Die Uhr war ein Jahr lang bei ihm im Keller gestanden. Dann war sie von einer amerikaenischen Familie gekauft worden. Drei Jahre später, so stand es in dem Brief war jedoch der Amerikaner wieder zu dem Händler gekommen und hatte ihn gebeten, die Uhr und einige andere Gegenstände zurückzukaufen, da seine Haushaltsgüter das zugelassene Transportgewicht seiner Firma überschritten hatten, und er sie deshalb nicht mit in die Heimat nehmen wollte. Der ehemalige Besitzer der Rumpelkammer hatte aber damals den Rückkauf der Sachen abgelehnt, weil er im Begriff gewesen war, sein Geschäft aufzulösen. Er hatte den Herrn an die Adresse eines Kollegen verwiesen. Ob dieser die Gegenstände angenommen hatte, wußte er allerdings nicht.

„Hast du die Anschrift?" fragte Casper aufgeregt.

„Na klar", versicherte Ken.

„Können wir da heute noch hingehen?" wollte Sabine wissen. Dabei drehte sie sich um und reckte sich, aber selbst dann konnte sie die Kirchturmuhr nicht erspähen.

so hoch und dicht war das Sommerlaub an den Baumkronen.

Ken aber mußte diesen zaghaften Vorschlag sowieso zunichte machen.

„Das ist leider unmöglich, Freunde. Dieser Trödelladen ist auch am Stadtrand, und zwar noch weiter als Opa Uhls Geschäft. In der gleichen Richtung, aber noch weiter über den Bahnhof hinaus."

Die Kinder waren enttäuscht. Es fiel ihnen schwer, ihren neu erwachten Tatendrang zu zügeln.

„Morgen!" ordnete Casper energisch an.

„Geht auch nicht, ich muß schließlich auch was für mein Studium tun. Sogar übermorgen habe ich den ganzen Tag zu arbeiten."

Sabine war froh, denn für die beiden folgenden Tage war sie schon verabredet.

„Donnerstag in einer Woche fangen die großen Ferien an", erinnerte Sabine. Alle drei überlegten und schauten auf das träg dahinfließende Wasser des Kanals. Warum mußte nur der Alltag mit seinen Pflichten und Forderungen sein? Warum konnte man, wenn man sehnlichst etwas erreichen wollte, nicht morgens aufstehen und sich pausenlos damit beschäftigen, bis man abends schlafen ging?

Kein Hobby, kein Steckenpferd, keine Freizeitbeschäftigung konnte den ganzen Tag ausfüllen. Das hatte Ken bereits vor Jahren erkannt. Sabine und Casper entdeckten es gerade jetzt und fanden, daß es neben dem Schweigen am schwersten fiel. Ken ließ sie ihre Gedanken in Ruhe zu Ende bringen. Er wußte, sie würden Geduld haben müssen.

Sie einigten sich schließlich auf den ersten Ferientag, der auch Ken sehr gut in seine Pläne paßte.

„Wir fahren am Vormittag zu dem Laden am Stadtrand. Bringt Zeit mit und freut euch drauf!" Ken wollte die beiden wieder vergnügt sehen. Casper war mit dem Vorschlag zufrieden.

„Was erzählen wir denn bloß zu Hause?" jammerte Sabine.

„Die Wahrheit", sagte Ken, „die Wahrheit ist, daß ihr mit mir einen Trödlerladen besuchen wollt. Dagegen kann doch wohl niemand etwas einzuwenden haben oder?" Sabine ließ sich überzeugen. Nun ließen sie ihre Phantasie um das Schicksal der alten Uhr kreisen:

„Wie gut ist es, daß sie dem ersten Käufer für seinen Überseetransport zu schwer war." Alle nickten zu Caspers Feststellung. Sabine wollte wissen, ob die beiden anderen glaubten, daß die Uhr noch in unversehrtem Zustand sei.

„Sie kann natürlich bei den vielen Umzügen beschädigt worden sein", sagte Ken, setzte aber gleich hinzu, „das würde ich schon wieder hinkriegen!"

Caspers Sorge galt der Möglichkeit, daß der neue Eigentümer sie nicht wieder hergeben könnte.

„Wäre es nicht toll, wenn sie noch bei dem Trödler stände, der sie dem Amerikaner abgekauft hat?"

„Toll wäre es schon, leider ist es nicht sehr wahrscheinlich", schränkte Casper ihre Hoffnung ein. Wohlig streckte Ken sich im hohen Grase aus. Sabine aber sprang auf und erinnerte Casper daran, daß sie rechtzeitig zum Abendessen kommen wollten.

„Und damit meint Mutti vorher mithelfen." Casper gab ihr recht und erhob sich ebenfalls. Sie verabschiedeten sich von Ken, der liegen blieb, weil er auf der warmen Böschung ein kleines Nickerchen machen wollte.

Sabine und Casper wollten, daß es jeder sah, wie früh

und fröhlich sie daheim waren. Sie deckten den Tisch ganz allein flink und eifrig.

Eine allgemeine Nervosität ging dem ersten Ferientag voraus, so daß die Unruhe Sabines und Caspers nicht auffiel, sondern darin unterging. Allerlei kleine Probleme tauchten auf wie jedes Jahr, sie würden gelöst und vergessen werden. Susanne kam mit den Armen voller Blumentöpfe aus der Schule und verkündete, deren Pflege für die Ferien übernommen zu haben. Tante Magda bemühte sich, Platz für sie in der Enge zu finden und Sabine, die ihrer Schwester jeden Gefallen tun wollte, half tragen und absetzen.

In dieser allgemeinen Betriebsamkeit kümmerte sich niemand sonderlich um die beiden Geheimniskrämer. Sie gingen absichtlich nicht zusammen Schuhe austragen und lenkten überhaupt in dieser für sie ereignislosen Woche mit Erfolg jede Aufmerksamkeit von sich ab. Nur Susanne bewies durch kleine, neckende Redensarten, daß sie ihr Gespräch nicht vergessen hatte.

„Ich habe ja gleich gesagt, euer Rätsel ist eine Mücke und kein Elefant."

Casper, der guter Dinge war, fühlte sich herausgefordert, und wollte sagen: „Nein, unser Rätsel sticht nicht und hat auch keinen Rüssel, es schlägt aber." Er bezähmte sich jedoch, denn er wußte jedes Wort war jetzt zuviel.

Als Frau Schott dann hörte, daß Sabine und Casper am ersten Ferientag mit Ken in Trödelläden stöbern gehen wollten, sagte sie nur:

„Nehmt euch Strickjacken mit. In diesen Kellern muß es kalt sein. Staubig ist es dort sicher auch."

Ein herrlicher Tag lag vor ihnen. Kein Eilen, kein Hasten, kein Schwindeln, kein Schuhpaket zum Mitschleppen. Und auch keine Besorgungen waren zu erledigen. So machten sie sich schon früh auf den Weg zu Ken und fanden den großen Freund noch im Bett vor.

„Hat man denn so etwas schon gesehen", fragte er „nun könnten sie sich endlich mal richtig ausschlafen und da stehen sie genauso früh auf wie immer."

„Aber Ken, Vater macht doch um acht den Laden auf. Bei uns ist morgens alles wie sonst."

Er reckte sich zu seiner ganzen Länge in seinem komischen alten Eisenbett mit den Messingkugeln und gähnte herzzerreißend.

„Wir hatten vormittags ausgemacht", beschwerte er sich, „das heißt nicht im Morgengrausen."

„Im Morgengrauen heißt das", verbesserte Sabine, aber er verstand sie falsch.

„Seit wann heißt vormittags im Morgengrausen?" Ken war völlig verwirrt. Casper aber ließ jedes Mitgefühl vermissen.

„Morgengrauen, Morgengrauen", rief er ungeduldig, „laß das s weg, dann stimmts. Aber der Morgen ist nicht mehr grau. Nun komm schon raus aus deinem feudalen Bettgestell!"

Ken stand auf und wankte auf das Tischchen mit dem Kocher zu. Mit fahrigen Händen und blinzelnden Augen bereitete er sich eine Tasse Kaffee. Als er das goldgeränderte Prunkstück an den Mund führte, sahen seine Besucher die Aufschrift „Dem Jubilar" und lachten.

Kurz darauf tauchte Ken sein Gesicht in eine umfangreiche Waschschüssel, um die außen eine zart gemalte Rosenranke lief. Casper und Sabine amüsierten sich über die geräuschvolle Morgenwäsche, bei der Ken zusehends munterer wurde. Mit einem großen, weitzinkigen Kamm strich er durch sein breit abstehendes Kraushaar.

„Ißt du nichts?" erkundigte sich Sabine besorgt.

„Nein, so früh im Morgengrauen kann ich noch nicht essen."

„Und was wird mit dem zerwühlten Bett?" fragte sie.

„Oh, das lüftet", erklärte Ken unbekümmert.

Sie liefen vergnügt zum Omnibus, stiegen ein und dachten alle drei während dieser Fahrt an die erste Begegnung mit Opa Uhl. Inzwischen hatte sich schon allerlei ereignet und sie waren ein gutes Stück vorangekommen.

Die Fahrt war lang, wie Ken vorausgesagt hatte. Sabine schlenkerte mit ihren braungebrannten Beinen, verlor eine Holzsandale und angelte sie unter dem Sitz wieder hervor.

Casper sah sich immer wieder das Foto der Standuhr an.

„Ob wir eines Tages wirklich vor ihr stehen", sagte er, mehr zu sich selbst.

„Vielleicht bekommen wir von diesem Trödler heute eine neue Adresse, dann sind wir wieder einen Schritt näher dran", Sabine hatte ihren Traum, die Uhr womöglich gleich dort zu finden, auch aufgegeben. Aber sie rechnete fest, daß sie diese neue Anschrift weiterbringen würde. Als sie vor dem kleinen Geschäft standen, merkten sie schon von außen, daß dies kein gewöhnlicher Altwarenladen sein konnte.

Im Schaufenster standen antike Vasen, Bronzebüsten und Kunstgegenstände. Ein jedes ausgestellte Stück ruhte auf seinem eigenen Spitzendeckchen. Darunter leuchtete königsblauer Samt. Während Sabines Blick hier und dort von allerliebsten Kleinigkeiten aufgehalten wurde, überschaute Casper nur kurz die gepflegte Auslage. Links von einem wild blickenden Beethovenkopf, über einem

Kästchen mit Granatschmuck, entdeckte er das lebendige Gesicht einer alten Dame. Und daneben ein zweites, ebenso lebendig mit wachen Augen. Die Gesichter waren allerdings nur zu erkennen, wenn man genau auf die Maschen des dünnen Vorhangstoffes sah, der innerhalb des Schaufensters an einer Messingstange hing. Auch Ken hatte die alten Damen bemerkt. Sabine besah sich indessen interessiert die vielen Granatbroschen, Ringe und Gehänge.

„O je, die werden sicher denken, ich beiße!" befürchtete Ken. Sabine sah ihn verständnislos an. Casper begriff und sagte:

„Du meinst, die sind so rückständig, daß sie dich für einen Kannibalen halten, Ken?"

„Hm, so sehen diese beiden süßen Omis aus!" Ken hatte so seine Erfahrungen.

Nun sah auch Sabine endlich die beiden Gesichter. Sie wollte den kleinen alten Damen mit den fragenden Augen beweisen, daß Ken kein Wilder aus dem Busch war und hängte sich demonstrativ mit ihrem Arm in Kens schwarzen Arm ein.

Ein Glockenspiel an der Ladentür kündigte mit lieblichen Tönen an, daß die drei Schaufenstergucker sich entschlossen hatten, das Geschäft zu betreten. Eine der zierlichen Frauen stand bereits vor ihnen. Sie war so flink gewesen, daß die Eintretenden dachten, es gäbe noch eine dritte.

„Einen schönen guten Morgen", wünschte sie, in einem Ton, der dem Glockenspiel ähnelte. Sabine griff nach der dargebotenen Hand und hätte wahrhaftig beinahe einen Knicks gemacht, denn die kleine Frau wirkte auf sie wie jemand aus einem uralten Märchen. Auch Casper war verwundert, daß sie mit Handgeben begrüßt wurden.

Besonders aber staunte Ken über den kräftigen Druck der zarten Hand.

„Welch interessanter Besuch. Bitte schön, was darf ich Ihnen zeigen? Kristall, Zinn, asiatische Schnitzereien, Porzellan?"

Sie schaute nicht nur Ken, sondern auch Sabine und Casper zuvorkommend an. Casper hatte gleich sein Uhrenfoto, das schon etwas lädiert aussah, zur Hand und sagte ohne Umschweife:

„Wir suchen diese Uhr!"

Er hatte es mit dem Mut der Verzweiflung ausgesprochen, denn es war fast unmöglich, sich in diesem Geschäft der kostbaren Kleinigkeiten ein großes Möbelstück vorzustellen. Wenn er bei diesen Worten das Bild einer Armbanduhr oder einer Taschenuhr vorgezeigt hätte, dann hätte man noch vermuten können, sie hier zu finden. Und doch hörten sie den erstaunten Ausruf:

„Nein, so etwas! Jahrelang fragte kein Mensch nach der alten Standuhr und nun kommen gleich zwei hintereinander!" Das hatte die zweite alte Dame gesagt. Sie glich der ersten bis aufs graue Löckchenhaar, es fehlte ihr jedoch die lebhafte Fröhlichkeit, die von der anderen ausging. Hoffnungsvoll schauten Sabine und Casper die liebenswürdigere der beiden Schwestern an, und diese sagte:

„Diese alte Uhr steht nebenan."

Sabine hatte Casper so sehr in den Arm gekniffen, daß er trotz jungenhafter Beherrschung laut aufschrie. Er rieb seinen Arm und zischte:

„Du spinnst wohl?"

„Entschuldige, entschuldige bitte. Ich kann nichts dafür, der Schreck war zu groß."

„Schreck?" erkundigte sich die Antiquitätenhändlerin.

„Stimmt, Schreck ist falsch", berichtigte Sabine sich, „ich meine natürlich, die Freude war zu groß."

Die kleine Lockendame hatte noch immer nichts von ihrer Fassung eingebüßt und staunte nur.

„Sie wissen ja nicht, was wir alles angestellt haben, um diese Uhr zu finden!"

Ken fügte sachlich und ruhig hinzu:

„Dürfen wir die Uhr einmal sehen?"

„Aber bitte gern."

Sie wurden in den angrenzenden Raum geführt. Auch hier sah es anders aus, als in den üblichen Möbelkellern. Es gab Glasschränkchen mit Mokkatassen, Filigranarbeiten auf kleinen Tischen, ebenfalls unter Glas, und Vitrinen voller Porzellanfiguren. All diese verspielten Winzigkeiten überragte wie ein mächtiger Turm die alte Standuhr. Sie reichte fast bis zur Zimmerdecke. Ihr spitzes, reichverziertes Dach endete eine Handbreit darunter. Unter diesem Dach befand sich der Kasten mit dem Zifferblatt und dem Uhrwerk dahinter. Eine Tür mit runder Glasscheibe schloß ihn ab. Durch das trübe Glas konnte man erkennen, daß der kleine Zeiger zu der Nummer drei wies und der große Zeiger auf fünf stand. Das war also ihr Gesicht. Dann kam der lange, behäbige Körper. Wieder ein Kasten mit einer Tür. Auch hier war das Glas trübe und beschlagen, aber unversehrt. Dahinter hingen an starken Ketten drei mächtige Gewichte. Das auffallendste jedoch war das runde, schmuckbeladene Pendel. Es befand sich an einem langen Stab, ebenfalls aus goldfarbenem Metall, wie die Ketten und Gewichte.

„Du hättest sie eben damals nicht annehmen sollen", sagte die Schwester vorwurfsvoll.

Diesen kleinen Verweis mußte sie schon oft gehört

haben. Sie setzte sich aber darüber hinweg und erklärte ihren jugendlichen Zuhörern:

„Es war ein junger Amerikaner, der sich hier mehr antike Möbel gekauft hatte, als er gewichtsmäßig mit heim nehmen konnte. Als seine Firma ihn dann versetzte, mußte er schnell die größten Stücke verkaufen. Die Familie war so reizend, ich wollte ihnen behilflich sein." Sabine, Casper und Ken nickten bestätigend, sie kannten die Geschichte ja schon.

„Wenn wir alle alten Sachen kaufen würden, die die Leute los sein wollen, dann müßten wir hier alles übereinanderstellen", murmelte die Mißmutige. Die Fröhliche dagegen deutete auf ein Brett an der Wand. Dort waren zahlreiche bunte Grußkarten befestigt.

„Besonders nette Kunden bedenken uns manchmal mit Grüßen. Schauen Sie, diese hier ist von dem Herrn, dem wir die Uhr abgekauft haben." Ken besah die Karte interessiert und las den Ortsnamen, der ihm vertraut war, laut.

„Sind Sie auch aus der Gegend?" wurde er gefragt. „Ja", sagte er, „ich komme aus der Nachbarstadt."

„Ich kenne Ihre Heimat. Es hat mir sehr gut gefallen, dort drüben. Besonders New Orleans und die echte, alte Jazzmusik, die dort gemacht wird, haben mich begeistert." Ken war sprachlos, was nicht oft vorkam. Er lachte und freute sich von Herzen über diese aufgeklärte kleine Lockendame, die zwar wie aus einem Märchen aussah, aber gut in die heutige Zeit paßte. Er tauschte bedeutungsvolle Blicke mit seinen Freunden aus. Die wußten genau, was er meinte. Casper war ganz erschüttert, wie falsch sie die beiden Damen in ihrem verwunschenen, kleinen Laden eingeschätzt hatten.

Sabine übte sich verzweifelt in Geduld. Anscheinend waren die beiden Schwestern recht einsam. Sie wollten sich unterhalten und etwas von sich erzählen und damit beweisen, daß sie selbst nicht zu den Antiquitäten gehörten. Nun mußten sie ein wenig zuhören und nett sein. Um ganz sicher zu gehen, daß sie nicht träumte, ließ Sabine während der Gespräche ihre Hand mehrere Male über das dunkle Holz der Uhr gleiten. Mit dem Finger strich sie die Linien der halb herausgeschnitzten Säule nach.

Die eine Frau beobachtete es und sagte:

„Wir haben schon genug Staub zu wischen, das Ungetüm kann ich nicht auch noch polieren. Wenn dieser Mann es doch nur kaufen wollte!"

Vergessen waren Postkartengrüße, Jazzmusik, Amerikareisen und Kens Studium.

„Welcher Mann?" forschte Casper. Jetzt fiel ihm wieder ein, daß die Frau bereits zu Anfang erwähnt hatte, daß schon ein Kunde nach der Uhr gefragt hatte.

Sie hörten, daß ein Mann, der sich ebenfalls als Antiquitätenhändler bezeichnete, eine Anzahlung auf die Uhr geleistet und die Schwestern Lazar auf äußerst derbe und unhöfliche Art ersucht hätte, ihn zu benachrichtigen, wenn sich neue Interessenten meldeten.

„Als wir ihn fragten, ob er die Uhr selbst erweben möchte, da hat er merkwürdige Andeutungen gemacht. Es würde sich in kurzer Zeit entscheiden, aber wenn er sich irrte, würde es ihm nicht im Schlaf einfallen."

„Wenn er das Ding nur abholen würde, wir brauchen den Platz", jammerte eine der beiden.

„Wir wollen sie aber kaufen", platzte Casper endlich heraus. Es begann ihn zu ärgern, daß er von den Damen anscheinend als Käufer nicht ernst genommen wurde.

„Ja wir!" Er wurde von Sabine heftig unterstützt. Ihr Fuß stampfte dabei auf den Boden. „Wir müssen sie kriegen!"

Ken hielt sich zurück. Seine Hilfe gewährte er gern, aber nur dann, wenn er darum gebeten wurde.

Eine neue Schwierigkeit war aufgetaucht. Nun, da sie die Uhr gefunden hatten und soeben beide laut verkündet haten, daß sie sie haben wollten, standen sie vor der riesengroßen Frage, womit das gute Stück eigentlich bezahlt werden sollte. Sie waren beide nicht vorbereitet gewesen, denn sie hatte ihre Aktion keinen Schritt weiter als bis zur Auffindung der Uhr geplant.

Casper und Sabine sahen sich verdutzt und ratlos an. Von den Antiquitätenhändlerinnen wurden sie wohlwollend, aber zweifelnd betrachtet. Es herrschte peinliche Stille. Der einen Schwester Lazar schien es gleichgültig zu sein, wer es war, der das Ungetüm, wie sie es nannte kaufte. Die andere aber spürte, daß hier etwas vorlag, was mit Geschäftemacherei nichts mehr zu tun hatte, darum sagte sie:

„Ach, wärt ihr doch nur ein paar Tage früher gekommen." Sabine schaute zu Boden und dachte daran, wie schwierig es gewesen war, die letzten Tage abzuwarten, alles andere zu erledigen und daheim jede Heimlichtuerei zu vermeiden. Wie ungerecht, daß ihnen das nun zum Schaden werden sollte! Casper, der geschmeichelt war, daß die eine Dame sie als Kunden vorziehen würde, fragte:

„Könnten Sie uns den Mann beschreiben, der vor uns hier war und die Uhr angezahlt hat? Ich glaube, ich kenne ihn."

Sabine und Ken fanden die Frage gut und waren auf die Beschreibung sehr gespannt.

„Meines Erachtens ist er weder Liebhaber noch Sammler und irgend etwas hält mich davon ab, ihn als seriösen Kollegen im Antiquitätenhandel zu betrachten."

Weniger damenhaft und vorsichtig drückte sich die andere aus:

„Ein gerissener Händler ist er, aber wenn er die Uhr gleich mitgenommen hätte, wäre es mir auch recht gewesen." Dann lieferten sie eine genaue Beschreibung des Mannes aus der Rumpelkammer, wie sie treffender nicht hätte sein können.

„Er will uns die Uhr wegnehmen", jammerte Sabine. Ken mußte leider dazu nicken. Mit zornigem Gesicht stieß er seine beiden Fäuste vor der Brust heftig gegeneinander.

Frau Lazar ging zwischen den Tischchen auf und ab. Bei Sabine blieb sie stehen und tätschelte tröstend ihre Hand. Alle überlegten, was zu tun sei.

„Im Augenblick ist die Anzahlung für uns bindend", sagte die nette Dame mit Bedauern.

„Wir müssen etwas tun", stellte Casper fest, ohne einen Vorschlag machen zu können. Sabines Augen begannen sich wieder einmal mit Tränen zu füllen. Sie wandte sich ab und starrte in eine auf Hochglanz polierte Eckvitrine hinein. Kleine Tassen standen dort in Reih und Glied. Ihr Anblick verschwamm allmählich vor ihren Augen.

„Komm, Bine, weine jetzt nicht", flüsterte Casper dicht an ihrem Ohr. Er steckte ihr sein Taschentuch zu und drehte sich wieder um.

„Hat denn der Mann gesagt, wann er wiederkommen will?" erkundigte er sich. Sabine hörte eine der Schwestern sagen:

„Er will jede Woche einmal hereinschauen und hören

ob sich jemand nach der Uhr erkundigt hat." Das fand Casper wichtig. Davon mußte man ausgehen.

„Er scheint wohl nicht zu wissen, was er mit der Uhr überhaupt anfangen will?"

„So ist es. Den Eindruck hatte ich auch. Als er die Uhr sah, brummelte er: ‚Das ist ja eine ganz gewöhnliche Uhr. Gut erhalten, der Kasten, aber was ist schon dran?' "

Dann erzählte sie ihnen, wie seltsam sie es fand, daß er die Anzahlung geleistet hatte. Dabei hat er beim Hinausgehen noch gesagt: „Wer stellt sich heute noch so eine Uhr auf?"

Nun wollten die Schwestern aber von den Kindern wissen, warum sie die Uhr denn so dringend benötigten. Sabine drehte sich ruckartig zu der Gruppe um und begann, wie ein kleiner Wasserfall hervorzusprudeln, was auf diese wichtige Frage zu sagen war. Tapfer hatte sie ihre Tränen bekämpft, nur an der Stimme hörte man noch, wie aufgeregt sie war.

„Verstehen Sie doch bitte, die gehört meiner Mutter. Die hat ihr immer gehört, seit Onkel Emmerich tot ist. Durch lauter dumme Zufälle, die immer mit unserem Kindernest zu tun hatten, konnte sie sich nicht zur rechten Zeit um die Uhr kümmern. Bis sie plötzlich ganz verschwunden war. Jetzt glaubt sie schon lange nicht mehr daran, sie jemals wiederzubekommen." Ihr blieb die Luft weg, so schnell hatte sie gesprochen. Flehend schaute sie Casper an, daß er weiterreden sollte, um die beiden Frauen zu überzeugen, wie dringend die Angelegenheit war.

„Wir hatten den Einfall, die Uhr zu suchen", erklärte Casper etwas ruhiger, aber nicht weniger eindringlich. „Wir wollen sie ihr als Überraschung bringen, eines Tages.

Wir haben noch keinem etwas von der Suche gesagt. Nur Ken, Sabine und ich haben daran gearbeitet und gesucht und gewartet und gewartet und gesucht. Und nun haben wir sie gefunden und sollen sie nicht kriegen." Sein Gesicht war jetzt so rot wie Sabines.

Die beiden Schwestern hatten teilnahmsvoll zugehört und waren fest entschlossen, hier zu helfen. Eine der beiden fragte Ken:

„Nun sagen Sie nur, wie Sie in diese Sache verwickelt worden sind?"

Bereitwillig gab Ken Auskunft. Ohne sein Interesse an Trödelkram wären Sabine und Casper nicht auf die Idee gekommen, durch die Altwarenläden zu streifen, um die Uhr zu suchen. Frau Lazar nickte ihm zu:

„Sie haben also eine Vorliebe für Germanistik und einen Hang zu Antiquitäten. Welch originelle Art, die Studentenkasse aufzubessern. Das sollte man unterstützen." Sie freute sich offensichtlich darüber, ihm kleine Aufträge geben zu können.

„Reparaturen fallen bei uns auch immer an . Außerdem gibt es stets Metall und Gläser zu putzen."

„Wenn Sie nicht zu teuer für uns sind", warnte die andere Frau.

Sabine drehte eine lange, blonde Haarsträhne und wartete, bis die Abmachungen erledigt waren. Sie sah erschöpft aus. Wie sollte es nun weitergehen?

„Komm, komm, Kinderchen, nur Mut. Du hast uns alles so schön erzählt. Die Gründe, aus denen ihr die Uhr haben wollt, gefallen uns gut. Wir versprechen euch, zu helfen!" Liebevoll nahm sich Frau Lazar der kleinen verstörten Bine an, die durch die große Freude und den gleich darauffolgenden Kummer etwas aus dem Gleichgewicht geraten war. Sie erholte sich rasch. Auch Casper warf Ken einen triumphierenden Blick zu. Er hatte Vertrauen zu den beiden kleinen Löckchendamen gefaßt.

Die lebhaftere Schwester versprach ihnen, dem Rumpelkammermann bei seinem nächsten Besuch die Wahrheit zu sagen. Nämlich, daß die Uhr ein Erbstück sei, welches aus Gründen lieber Erinnerungen an die rechtmäßige Eigentümerin zurückgehen sollte. Und das war die Mutter der Kinder und Pflegekinder, die so unermüdlich nach der Uhr geforscht hatten.

„Vielleicht nimmt der Mann Abstand von dem Kauf, wenn er sieht, daß es den großen Profit, den er sich erhofft, nicht gibt. Die Uhr kostet den ganz normalen Schätzwert dieser Gegenstände. An ihr ist nichts Ungewöhnliches oder Kostbares. Nur der sentimentale Wert macht sie so einmalig."

Ken nickte dazu. Sabine wollte noch etwas fragen, aber das Eingangsglöckchen erscholl und die eine der Schwestern lief wieselflink zur Tür. Ein Herr trat ein, hängte Hut und Stockschirm an den ulkigen alten Garderobenständer, der noch aus Kaffeehauszeiten stammte. Dann küßte er beiden Löckchendamen die Hände. Es sah wieder sehr nach Märchenbuch aus, fand Sabine und staunte. Casper flüsterte, daß es Zeit zum Gehen wäre. Laut sagte er dann:

„Sollten wir vielleicht auch lieber eine Anzahlung leisten?" Sabine blieb das Wort ‚wovon' im Munde stecken. Erleichtert hörte sie die Antwort:

„Nein, mein Junge, das ist nicht nötig. Nach meiner Rechnung sind Mühe und Beharrlichkeit bereits eine sehr wertvolle Anzahlung. Die Überraschung, die ihr eurer

Mutter machen wollt, ist mit Geld nicht zu messen. Wir wollen auch etwas dazu beitragen. Wenn wir so weit sind, daß die Uhr in euren Besitz übergehen kann, machen wir euch einen günstigen Preis." Mit einem schelmischen Augenzwinkern, das ihr Gesicht genauso fröhlich wirken ließ, wie das ihrer Schwester, fügte die andere hinzu:

„Schließlich brauchen wir doch den Platz, den das Ungetüm einnimmt!" Damit wurden sie verabschiedet. Wieder erklang das Glockenspiel, und die drei gingen hinaus auf die Straße.

Sie verweilten noch vor dem Fenster, wie benommen von allem Erlebten der letzten Stunde. Sie sahen, wie eine kleine, blasse Hand unter der Tüllgardine hervorkam. Die zarten Finger fischten in allem Zierrat, bis sie ein kräftiges Silberkettchen griffen und es behutsam, mit dem buntbemalten Porzellananhänger daran, in das Ladeninnere zogen. Hastig folgten Sabines Blicke dem Schmuckstückchen. Es war oval, hatte eine Silberverzierung rundum und feine Streublümchen in der Mitte. Es war allerliebst und plötzlich fort. Sabine spürte, daß man in Trödelläden auch auf Wünsche für sich selbst kommen konnte. Aber die mußten alle zurückgestellt werden, bis die Uhr zu Hause stand.

„Komm schon", drängte Casper. Schweigend gingen sie zur Bushaltestelle. Im Augenblick hatte keiner das Bedürfnis, noch mehr über die Uhr zu sagen oder zu hören. Casper brach als erster die Stille:

„Heute Abend sagen wir es Sanne und Uwe!"

„Au, ja!" Sabine brachte diese Aussicht prompt in die Wirklichkeit zurück. Wie sie sich darauf freute! Auch Ken meinte:

„ Fein, tut das. Wir brauchen jetzt Verstärkung." Dann sprachen sie von anderen Dingen und bemühten sich, heiter zu sein. So überwältigend die Freude war, leibhaftig vor dem lang gesuchten Gegenstand gestanden zu sein, so sehr wurde sie durch das unerwartete Eingreifen des geschäftsgierigen Rumpelkammermannes getrübt. Er konnte noch alles zunichte machen.

Nun machen alle mit

Am Abend gähnte Sabine immerfort. Auch Casper ging es ähnlich.
Frau Schott wunderte sich und fragte: „Wie kann man nur am ersten Ferientag so schrecklich müde sein?"
„Wer ist denn müde?" fragte Uwe ahnungslos zurück, „ich jedenfalls nicht." Casper wandte Sabine das Gesicht zu und verdrehte vor Ungeduld die Augen. Sie konnten es beide nicht mehr erwarten, nun endlich ihr Geheimnis zu lüften.
Susanne saß bei Vater Schott auf der dicken Armlehne des Polstersessels. Herr Schott bewunderte die glänzende Fotografie eines Filmschauspielers, während Susanne berichtete, wie sie sich mit viel Mut dazu entschlossen hatte, dem verehrten jungen Mann einen Brief zu schreiben, um ihn persönlich um ein Autogramm zu bitten. Ihr Wunsch war erfüllt worden. Sie war nun stolze Besitzerin eines eigenhändig unterschriebenen Bildes. Voller Freude, daß der Vater ihre Begeisterung teilte, legte sie ihre Wange an seine und krault im Nacken sein ergrautes Stoppelhaar.
Sabine hoffte, daß Susanne damit zufrieden sein

würde, aber sie wurde enttäuscht. Susanne steuerte nicht, wie Sabine es sich wünschte, auf das Mädchenzimmer zu, sondern ging zu Frau Schott. Sie hockte sich neben sie, um auch ihr das Bild des jungen Schauspielers zu zeigen.

Als eine Pause entstand, bemerkte Tante Magda Sabines und Caspers Schweigsamkeit.

„Habt ihr denn die Widmung schon gesehen?" fragte sie die beiden, um sie in den Kreis zu ziehen. Die beiden versicherten, sie hätten das Autogramm des Schauspielers bereits gesehen. Als sie danach keinerlei Anstalten machten, sich an dem Gespräch zu beteiligen, forderte sie Onkel Alfred ungehalten auf:

„Geht nur schlafen. Ihr seid doch so müde, denke ich." Überraschend schnell kamen ihre Gute-Nacht-Wünsche und schon waren sie verschwunden. In der Diele flüsterte Sabine:

„Was wirst du Uwe sagen?"

„Alles!" kam es fest von Casper.

„Ist gut, alles von Anfang an. Werde ich froh sein!" Im Mädchenzimmer spitzte Sabine einen Bleistift, denn sie hatte fest vor, nach der Mitteilung des großen Geheimnisses einen Bericht ins Schlafzimmer nebenan zu senden. Dann bürstete sie mit hundert Strichen ihr Haar und wartete. Und wartete. Da am nächsten Tag keine Schule war, blieb Susanne besonders lange auf. Plötzlich hörte sie von drüben Flötenklänge. Sabine schlug die Hände zusammen und sprach zu sich selbst: „Na endlich, wenigstens Uwe ist da."

Sie horchte, wie lange Casper ihn wohl üben lassen würde. Die Musik brach ab und kam nicht wieder. Es war ganz still nebenan. Sicher erzählte Casper schon seine Geschichte.

So versunken saß Sabine mit angezogenen Knien auf

dem Bett, daß sie plötzlich aufsprang und rief: „Oh, hast du mich erschreckt!" als Susanne die Tür aufklinkte und eintrat. Mit verträumtem Blick ging sie zum Schreibtisch, nahm Klebestreifen heraus und befestigte ihre Starpostkarte an der Wand über ihrem Bett.

„Wunderbar", lobte Sabine anerkennend.

Susanne lächelte ihr zu, und als Sabine ihren Blick erhaschte, schaute sie sie ernst an und sagte:

„Du, ich muß dir etwas ganz Tolles erzählen!"

„Erzähl' nur" ermunterte die große Schwester sie. Dann nahm sie eine Bürste und ordnete ihr langes Haar, ohne dabei den Blick von dem Filmjüngling zu lassen.

Sabine zögerte, ihr verging beinahe die Lust. So hatte sie sich den ersehnten Moment nicht vorgestellt. Wie sollte auch eine alte, hölzerne Uhr am Ende der Stadt in die Traumwelt ihrer filmbegeisterten Schwester eindringen? Man mußte dazu einen guten Beginn finden. Sie mußte etwas sagen, was Susannes Interesse sofort erwecken würde.

„Manchmal denke ich, aus Onkel Emmerichs Lebensgeschichte könnte man einen tollen Film machen."

„Du hast vielleicht Einfälle", Susanne amüsierte sich. Das war immerhin schon etwas. Sabine hielt daran fest.

„Ja, man müßte am Ende anfangen und dann so in die Vergangenheit hineinblenden, ganz romantisch, mit der Braut und so. Das stelle ich mir dramatisch vor."

„Und wie würde der Film dann enden?" fragte Susanne, dabei Bürstenstriche zählend, „sechsunddreißig, siebenunddreißig, achtunddreißig."

„Mit der alten Standuhr", kam es geradezu andächtig von Sabine zurück.

„Vierundvierzig, fünfundvierzig, sechsundvierzig, mit der alten was? Siebenundvierzig, achtundvierzig..."

„Standuhr! Tick-tack, bim-bam, bong-bong!" machte Bine, der Verzweiflung nahe. Sie zwang sich, ruhig zu bleiben. Sanne und sie mußten aus verschiedenen Welten aufeinander zukommen. Die Schwester war ihr keinen Schritt nähergekommen, dafür aber mit dem Haarbürsten bei fünfzig angelangt, dann gab es immer eine kleine Pause. Verdutzt starrte sie Sabine an. Was hatte sie denn nur? Vorhin war sie doch todmüde gewesen, nun redete sie ununterbrochen auf sie ein. Und jetzt saß sie völlig ratlos auf ihrer Bettdecke. Sabine aber schöpfte neuen Mut und fuhr fort:

„Ja, weißt du, Susanne, Mutti hat doch im Wohnzimmer diesen schönen, alten Schrank. Zu dem Schrank gehört doch eine Uhr. Die verschwundene alte Standuhr." Sabine war wieder bereit, tick-tack und bim-bam zu machen, aber Susannes Gesicht zeigte Verstehen.

„Stell dir mal vor, jemand hätte sich die Mühe gemacht, nach der Uhr zu suchen!"

Da Susanne so aussah, als stellte sie sich das wirklich vor, erzählte Sabine schnell weiter: „Zum Beispiel jemand, der ausgerechnet beim Schuheaustragen den ersten Hinweis auf eine gute Spur erhält."

Sabine spürte nun, daß sie die ungeteilte Aufmerksamkeit ihrer Schwester gewonnen hatte, und berichtete flüssig und genau, was sich zugetragen hatte.

Susanne hatte ihre Haarbürste sinken lassen. Als Sabine bei der seltsamen Telefonnummer angelangt war, saß sie regungslos und als sie bei dem Brief aus Frankfurt war, kam sie auf Zehenspitzen herüber und setzte sich zu ihr aufs Bett. An der frohen Art, in der Sabine erzählte, merkte Susanne, daß die Sache einen guten Ausgang haben würde. Voller Vorfreude darauf, nickte sie ihr zu und sagte leise hin und wieder:

„Und dann?" oder „Weiter, ist ja unglaublich", und „Toll, einfach toll!"

So gelangte Sabine zum Schluß. Als ihre Schwester erfuhr, daß sie tatsächlich vor der vermißten Uhr gestanden waren, sagte sie:

„Ist das wirklich wahr, Bine, ich kann es kaum fassen."

„Ehrenwort", beteuerte sie und versicherte, „die Uhr ist wunderschön."

Dabei hatte sie entdeckt, daß an der Rohrpostschnur ein Briefschächtelchen hing. Sie hatten nicht bemerkt, wie es angekommen war.

„Hol es nur, Susanne", forderte Sabine auf und blieb im Bett sitzen, „jetzt habe ich dir alles erzählt. Es können keine Geheimnisse mehr in dem Brief stehen."

Auf dem Zettelchen stand Susannes Name. Innen war nur die Frage aufgekritzelt: „Was sagst du dazu?" Unterzeichnet hatte Uwe. Susanne riß flink ein Blat vom Block ab, schrieb ein paar Worte darauf und brachte den Zettel auf den Weg. Sabine fragte, was sie denn geantwortet hätte.

„Tick-tack, bim-bam, bong-bong!" antwortete Sanne, und beide lachten. Also hatte Susanne doch zugehört, dachte Sabine. Und dann stellte sie Fragen über Fragen.

„Komisch ist das", sagte sie dann nachdenklich, „irgendwie hatte ich die ganze Zeit das Gefühl, daß euer Geheimnis nichts Unangenehmes oder Gefährliches war. Ich hatte so eine Ahnung, daß es etwas Gutes sein mußte." Sie ging barfuß im Zimmer auf und ab und staunte noch immer. Als sie ihre Bürste wieder aufnahm, sagte sie neckend:

„Sag mal, weißt du, wo ich beim Zählen stehen geblieben bin?"

„Keine Ahnung", erwiderte Sabine und beschwerte

sich, wie mühsam es gewesen war, Susannes Interesse zu erwecken. Nun mußte sie selbst über sich lachen. Sie begann wieder ihr Haar zu striegeln und schaute dabei zu ihrem Schwarm an der Wand und forderte von Sabine:

„Du mußt aber zugeben, daß er wirklich Klasse ist, nicht wahr?"

Sabine nickte und bemühte sich, überzeugend auszusehen. Zum Glück kam wieder Post von nebenan. Es war kein Ulkzettelchen mehr, sondern ein vernünftiger Vorschlag. In zwei Tagen wurde Bernd von seiner Klassenfahrt zurückerwartet. Deshalb regten Casper und Uwe an, den Kleinen zu viert vom Reisebus abzuholen, damit sie ihn unterwegs einweihen könnten. Uwe schrieb: „Wir müssen es ihm mit Geduld beibringen und ihn unter allen Umständen zum Schweigen verpflichten. Ihr wißt, wie er ist, mit Drohen und Unterdrücken erreichen wir nichts. Er kann uns die ganze Überraschung verderben, und das wäre gemein, nach dem Bine und Casper sich solche Mühe gegeben haben."

Susanne erkannte die Notwendigkeit, sich ebenfalls sinnvoll zu beteiligen. Sie überlegte, wie man Bernd am besten zum Mitmachen anregen konnte. Sabine fiel nichts mehr ein. Dafür fielen ihr aber ihre Augen zu. Sie war eingeschlafen, bevor Susanne mit ihren hundert Bürstenstrichen fertig war. Sie erfuhr an dem Abend auch nicht mehr, daß eine letzte Nachricht nach nebenan gespult wurde:

„Hiermit verpflichte ich mich, Bernd vor dem Plappern zu bewahren und ihm beizubringen mitzuarbeiten, damit alles gut ausgeht. Susanne."

Danach war hüben und drüben tiefe Stille.

Weitere gemeinsame Besprechungen folgten am nächsten Tag im Schwimmbad. Sie lagen zu viert bäuchlings auf dem großen Badetuch und aßen Tante Magdas leckere Brote. Sie hatte sie voller Freude über den gemeinsamen Tag der Kinder bereitet und sie dann mit guten Wünschen losgeschickt.

Die Kinder entwarfen einen Plan. Die Tatsache, daß der Bus mit Bernd nachmittags um vier Uhr erwartet wurde, erleichterte das Unternehmen. Es war für Frau Schott nicht möglich, ihren Mann zu dieser Zeit allein im Geschäft zu lassen. Sie hatte sich ohnehin schon darauf verlassen, daß einer von den Großen Bernd in Empfang nehmen würde. Darüber, daß nun alle vier Schützlinge den fünften gemeinsam abholten, war sie ganz begeistert.

„Ihr wißt, daß diese Busse nicht auf die Minute pünktlich sein können. Besonders wenn eine Horde ausgeruhter Ferienkinder darin reist. Es wäre gut, wenn ihr schon so um drei Uhr dort seid, euch aber darauf einrichtet, daß ihr auch bis fünf oder sechs Uhr warten könnt." Dieser Vorschlag wurde mit ungewöhnlichem Eifer angenommen. Sie brauchten sich zeitlich also nicht festzulegen.

Auch am Tag von Bernds Ankunft fiel ihr weider die außerordentliche Einstimmigkeit unter den beiden Großen und den beiden Jüngeren auf. Wie sie das deuten sollte, war ihr nicht klar. Sie war auch zu beschäftigt, um lange darüber nachzudenken. Vom Markt hatte sie einen bunten Blumenstrauß mitgebracht und stand unschlüssig damit im Zimmer herum.

„Wollt ihr den Strauß mit zum Bus nehmen oder soll ich ihn lieber ins Zimmer stellen?"

Die Entscheidung fiel einstimmig für die Vase im Jungenzimmer aus.

Die frischen Blüten hätten unterwegs nur Schaden erlitten. Außerdem waren sie den Geschwistern lästig.

Erwartungsfroh und voller Eifer verließen sie die Wohnung. Uwe pfiff, Sanne und Bine gingen eingehakt und Casper schritt forsch daneben her.

„Die vertragen sich ja zur Zeit großartig", bemerkte Onkel Alfred, als er sie davonziehen sah. Tante Magda schaute ihnen nachdenklich durch das Werkstattfenster nach. Nun, da ihr Mann es ausgesprochen hatte, fiel es ihr auch wieder auf. Die plötzliche Einigkeit unter den Kindern gab ihr den Eindruck, von etwas ausgeschlossen zu ein. Was war es nur, was sie vor ihr verbargen? Sie hatten doch sonst immer alles zu Hause erzählt. Wann hatte es nur angefangen, daß sich an dieser Gewohnheit etwas geändert hatte? Frau Schott überlegte. Ja, seit der Casper ins Haus gekommen war, seitdem war es anders geworden. Zuerst hatte er angefangen, Sabine der Familie zu entfremden. Stets hatten sich die beiden abgesondert, Blicke getauscht, waren schweigsam und abwesend in Gedanken versunken. Selbst Uwe und Sanne, die gern ihre eigenen Wege gingen, hatten sich darüber beschwert. Und nun war plötzlich das Mißtrauen der Großen wie weggeweht und sie schlossen sich den beiden Heimlichtuern an. Frau Schott fühlte sich übergangen. Womit hatte sie das nur verdient. Und warum war es Casper, der nette Bursche, den sie herzlich gern hatte, der den neuen Ton in die vorher gut harmonierende Gruppe gebracht hatte? Es war nicht einfach, ein Kindernest zu leiten.

„Warum schaust du denn so traurig drein?" fragte Herr Schott.
„Ach Alfred. Die Kinder verbergen etwas vor uns, sie sind nicht mehr so aufgeschlossen wie früher."
„Aber, aber, wo ist denn dein Vertrauen geblieben. Wir wollen doch, daß sie sich frei und ungehemmt ent-

wickeln, da gibt es halt einmal Zeiten zwischendurch, in denen sie sich zurückziehen."

Seine Frau grübelte weiter und sagte schließlich:

„Das ist es doch gerade. Sie fühlten sich niemals gegängelt und bewacht, darum haben wir immer alles miteinander besprochen."

Hatten sie kein Vertrauen mehr zu ihren Eltern? Gab es etwas, was man nicht erzählen konnte, weil es ganz unmöglich, gefährlich oder niederträchtig war? Als hätte ihr Mann die letzten Bedenken gehört, antwortete er:

„Ich glaube nicht, daß ihre Geheimniskrämerei mit Gefahren für sie oder andere verbunden ist. Sie wirken nicht, als hätten sie ein schlechtes Gewissen."

Frau Schott klopfte ihrem Mann auf die gebeugte Schulter und murmelte:

„Magst recht haben." Dann ging sie die Stufen zur Wohnung hinauf. Sie nahm sich vor, sich zusammenzunehmen, und keine Gespenster zu sehen. Aber sie plante auch, aufzupassen, genauer hinzuhören und vielleicht mehr Fragen zu stellen, wenn sie fühlte, absichtlich in Unwissenheit gehalten werden.

Die Kinder wußten nichts von diesen Überlegungen. Bis zur Bushaltestelle vor dem Rathaus war es nicht weit. Als sie ankamen, war noch niemand zu sehen. Das große Zifferblatt der Uhr am Turm zeigte auf die dritte Stunde.

„Was machen wir denn nun?" wollte Sabine wissen. Uwe deutete auf eine Bank am Taxistand. Sie war frei, und das Kleeblatt nahm Platz. Es wurde von nichts anderem gesprochen, als von der Uhr. Uwe hatte viel darüber nachgedacht und unterbreitete den Geschwistern seinen Verdacht. Der Rumpelkammermann mußte in dem Uhrenkauf ein ganz großes Geschäft wittern, das er an sich reißen wollte.

„Er muß davon überzeugt werden, daß an der Uhr nichts Wertvolles oder Besonderes dran ist. Es geht nur um Tante Magdas Erinnerungen und ihre Freude, die Uhr zu haben und schlagen zu hören. Das muß man ihm klarmachen!"

„Genau das wollen die silberlockigen Tanten ihm sagen", bestätigte Caspar, erfreut, daß Uwe sich bereits in die Probleme hineingedacht hatte. Aber Sabine meldete wieder Zweifel an:

„Ob er deshalb gleich die Anzahlung zurücknimmt und die Uhr zum Verkauf freigibt?" Ihr Einwand war berechtigt. Casper mußte ihr zustimmen und sagte:

„Ich halte es auch für unglaublich, daß er so schnell von der Sache abläßt. Einer wie der kann sich nicht vorstellen, daß man hinter einem Gegenstand her ist, der mit Geld nicht abzumessen ist."

„Mir scheint, der Mann ist in Geldangelegenheiten superschlau, aber ich glaube, daß er in allen anderen Sachen eher einfältig oder gar dumm sein könnte."

Susanne, die bisher nichts zu der Unterhaltung beigetragen hatte, überlegte angestrengt, wie man mit Menschen solcher Art umzugehen hatte. Mit diesen Wesenszügen hatte sie keinerlei Erfahrung. Es war ihr klar, daß man sich etwas einfallen lassen mußte, um diesen gefährlichen Konkurrenten auf der Jagd nach Muttis altem Erbstück loszuwerden. Sie versuchte, sich den Mann vorzustellen. Es gelang ihr nicht. Doch seit Uwe die Vermutung ausgesprochen hatte, er könnte einfältig sein, erwachte in ihr der Verdacht, daß er vielleicht auch abergläubisch wäre. Damit wußte sie zunächst nichts anzufangen, aber sie hielt es für wichtig, diesen Gedanken nicht wieder zu verwerfen.

Nun gingen bereits einige Leute auf und ab. Casper rief:

„Das sind die ersten Abholer!" Es kamen immer mehr Leute. Sie standen beisammen und unterhielten sich, lachten und schauten in froher Erwartung häufig auf ihre Uhren. Zwanzig Minuten nach der angegebenen Zeit rollte ein blitzblauer Autobus die belebte Straße entlang bis vor das Rathaus, wo er hielt. Bernd schaute durch ein Fenster das genau über Bank zum Stillstand kam. Braungebrannte Mädchen und Jungen sprangen und stolperten die Metallstufen herab. Mütter, Väter und Bekannte wurden umarmt und mit den ersten Berichten überschüttet. Bernd ließ seine Tasche fallen und warf sich in Susannes ausgebreitete Arme.

„Mensch, war das toll!" schrie er und verbarg gleich darauf sein erhitztes Gesicht im Puffärmel von Sannes geblümten Kleid. Die Freude, seine Geschwister wiederzusehen, drohte den rauhen Ton in Rührung enden zu lassen. Susanne hielt still und drückte den kleinen Kerl.

„Was hast du denn für ein Hemd an?" fragte Sabine, als die erste Aufregung abgeflaut war.

„Das hab ich von einem Jungen aus Hamburg, wir haben getauscht!"

Während Casper zum Ende des Busses ging, um vom Fahrer Bernds Koffer in Empfang zu nehmen, erkundigte sich Susanne, was Bernd denn dem Hamburger Jungen für das tolle Hemd gegeben habe.

Als sie es erfuhr, schaute sie Sabine bedenklich an, und beide waren sich klar darüber, daß man es der Mutter schonend beibringen mußte.

Casper erschien mit dem Koffer und sagte:

„So, jetzt gehen wir erst einmal alle eine Begrüßungsbrause trinken."

Unter einem grell gestreiften Sonnenschirm nahmen sie Platz.

„Ein Junge hat sich den Arm gebrochen, einem Mädchen ist die Brille kaputt gegangen, aus meinem Zimmer mußte einer ins Krankenhaus, aber es war nicht der Blinddarm, nur der Bauch, und auf dem langen Ausflug haben sich zwei verlaufen. Die mußte dann der Lehrer im nächsten Dorf bei der Polizei abholen. Dann haben wir einmal eine Nachtwanderung gemacht, da hab ich meine Taschenlampe mitgehabt. Es sah aus, wie eine Schlange, alle haben geschrien, weil ich gesagt habe, es wäre eine Schlange. Dabei war es nur ein Stück Seil, was ich dem einen Mädchen über die Schulter gelegt habe. Die hat vielleicht angegeben. Da durfte ich auf die zweite Nachtwanderung nicht mit, so was Blödes. Das war so gemein. Ich habe Durst!"

Die Geschwister hatten diesen überstürzten Bericht mit aufgestützten Ellenbogen und viel Geduld angehört. Sie freuten sich, daß er anscheinend die wichtigsten Erlebnisse schon hervorgesprudelt hatte. Da würde er besser aufpassen, wenn sie ihn in ihr Geheimnis einweihten. Erst mußte er aber noch über das Essen sprechen. Dann machte er eine Pause. Die Brauseflaschen waren halb leer, aber er erzählte weiter von der Einteilung des Küchendienstes, wie nett die anderen Kinder gewesen waren und wie gut eine junge Lehrerin Gitarre spielen konnte. Da hatte Susanne endlich den rettenden Einfall.

„Berndchen, wie wäre es, wenn du dir den Rest für zu Hause aufhebst. Du willst doch hier nicht schon alles erzählen?"

„Stimmt eigentlich", entgegnete er überraschend schnell einsichtig. Zur Bekräftigung machte er auf dem

Boden der leeren Brauseflasche mit seinem Strohhalm ein gurgelndes Geräusch. Dann stand er auf und sagte:

„Also los, gehen wir."

Uwe zog ihn wieder auf den Sessel zurück.

„Wir haben auch einiges zu erzählen. Setz dich mal wieder hin."

Bernd zeigte wenig Interesse, nahm aber Platz.

„Du bist jetzt dran", forderte Uwe Casper auf.

„Ja, Bernd, es gibt eine große Neuigkeit. Ich will es nicht zu spannend machen, denn du hast den Kopf so voller Reiseerinnerungen. Aber wissen mußt du es jetzt. Wir haben guten Grund, es dir nicht zu Hause zu erzählen."

„Hast du auch jeden Abend gewinkt?" fragte Bernd dazwischen."

„Ja, zum Teufel, hab ich. Hast du überhaupt zugehört?" Casper war wütend und Uwe schaute auch böse. Sabine und Susanne mußten schlichten und baten Bernd, nun aber wirklich einmal zuzuhören. Susanne fragte eindringlich:

„Möchtest du nicht eine große Neuigkeit erfahren, die bis jetzt ein Geheimnis gewesen ist?"

„Hm. Was ist es denn?" Er kaute an seinem Strohhalm, den er quer im Mund hatte.

Sabine sagte langsam und mit Betonung:

„Stell dir vor, wir haben die alte Standuhr, die Mutti vom Onkel Emmerich geerbt hat, gefunden!"

Bernd war maßlos enttäuscht und ließ das alle wissen:

„Zu meiner Begrüßung fangt ihr mit dem alten Käse wieder an?"

Susanne, die neben ihm saß, begann auf ihn einzureden. Er solle nicht nur an sich und seine Abneigung gegen alten Trödel denken, sondern sich einmal vorstellen, wie sehr Tante Magda sich freuen würde, die geliebte alte Uhr zu bekommen und zu behalten. Die anderen saßen stumm um den kleinen Tisch herum und spielten nervös mit den Pappuntersätzen. Sie sahen, wie Bernds zorniges Gesicht einen sanften Ausdruck annahm. Er hörte Susanne jetzt zu.

„Wo ist sie?" fragte er dann.

„Bine und Casper wissen, wo sie steht", erklärte Susanne, „aber nun geht die Arbeit weiter. Uwe und ich müssen auch mitmachen. Wir brauchen jetzt jeden Mann, daß heißt auch dich!" Das hatte gezündet.

„Klar mach ich mit, was soll ich tun? "

Alle freuten sich über den Erfolg. Susanne hatte es gut gemacht. Sie sagte:

„Das erste, was du zu tun hast, Bernd, ist sehr, sehr wichtig. Und zwar muß du schweigen. Glaubst du, daß du es kannst?" Er beschwerte sich sofort:

„Da ist doch nichts zu tun. Das ist doch Mist!" Gleich redeten alle durcheinander und Susanne meinte:

„Es ist im Augenblick das wichtigste, Bernd. Du mußt den Mund halten, sonst geht die ganze Überraschung kaputt. Auch uns fällt es schwer. Das kannst du glauben. Aber keiner darf etwas verraten."

„So schwer kann das nicht sein. Man sagt einfach nichts. Fertig." Bernd zuckte die Schultern und sah sie verächtlich an.

„Doch, es ist schwer", bekannte Sabine, „Mutti stellt viele Fragen. Schwindeln wollen wir nicht, da muß man sich so herausreden. Es ist nicht einfach."

Man sah Bernd an, daß er das noch immer bezweifelte. Uwe mischte sich ein und sagte zu Bernd:

„Du darfst dich nicht verplappern. Du mußt von

morgens bis abends daran denken, daß wir ein Geheimnis haben."

Der Jüngste antwortete gar nicht eingeschüchtert:

„Hab schon verstanden. Ist ja eine Kleinigkeit."

Dann gingen die Kinder. Diesmal half Uwe beim Tragen von Bernds Koffer. Der Kleine sah recht erschöpft aus. Die Fahrt war anstrengend gewesen und die Heimkunft aufregend.

Daheim ließ er sich drücken und feiern. Frau Schott nahm ihn in Empfang und schaute ihn von allen Seiten an, ob auch alles in Ordnung wäre.

„Dir habe ich etwas mitgebracht", sagte er und schaute die übrigen Familienmitglieder um Verzeihung bittend an.

„Allen konnte ich nicht etwas mitbringen."

Er begann in seinen Sachen zu kramen. Aus dem Koffer quollen Berge von schmutziger Wäsche, die Tante Magda gleich diskret beiseite nahm.

„Hier", rief er und brachte einen feuchten, zusammengerollten Waschlappen zum Vorschein. Vorsichtig wickelte er ihn auf.

„Es ist nur etwas ganz Kleines", erklärte er. Dann hielt er im Wickeln inne und sagte mit schelmischem Leuchten in den Augen:

„Vielleicht kriegst du auch mal etwas ganz Großes." Susanne stampfte mit dem Fuß auf. Casper zischte:

„Bist du verrückt?" Nur Uwe war ruhig geblieben. Er hatte Tante Magda beobachtet. Sie hatte den Worten keine besondere Beachtung geschenkt, sondern sie nur als Redensart hingenommen. Dann machte sie:

„Oh, oh, oh, allerliebst", als sie sah, was Bernds Hand ihr entgegenstreckte. Eine winzige Vase mit einem bunten Stadtwappen darauf war das Mitbringsel.

„So eine wollte ich schon immer haben. Es paßt eine

einzige Blüte hinein. Wie schön, Berndchen, ich freue mich so." Sie küßte ihn auf seine braune Wange, aber er entwand sich ihr und rief überlaut:

„Ist schon gut. Nicht der Rede wert. Ich mußt jetzt winken gehen."

Die Jungen folgten ihm. Casper schaute noch verärgert und sagte strafend:

„Hör mal, wenn du derartige Scherze noch öfter machst, dann verdirbst du uns bestimmt alles. Es muß bis zum Schluß geheim bleiben, begreifst du das endlich?"

Bernd zeigte Einsicht. Es war nicht festzustellen, ob er es nur tat, um Ruhe vor den anderen zu haben, damit er seinem Boot winken konnte, oder ob es ihm ernst war.

Sabine seufzte in der Küche und meinte:

„Sanne, den Bernd können wir nicht aus den Augen lassen, er ist unberechenbar."

Am nächsten Tag nahm Susanne Bernd mit zu Ken. Er wollte auch gleich seinen ersten Auftrag nach seinem Urlaub, wie er es nannte, ausführen und bekam ein Paar Tennisschuhe und ein Paar Straßenschuhe für den netten Doktor Melle. Er wohnte nicht weit von Kens Laube.

„Grüße bitte Ken von mir", sagte Sabine, „ich würde so gern mitkommen. Aber einer muß Mutti mit dem Obstsalat helfen."

Casper, der zum Schwimmtraining gehen wollte, trug Susanne und Bernd auf, mit Ken zu verabreden, wann sie wieder zu den Schwestern Lazar gehen wollten.

„Wir müssen aber Zeit genug vergehen lassen, damit der Rumpelkammermann dort gewesen sein kann", erinnerte er die beiden.

„Das ist klar", versicherte Susanne. Sie war nun eifrig bei der gemeinsamen Sache, wollte sich dringend nützlich machen und nicht mehr wie ein Neuling behandelt werden. Voller Tatendrang machte sie sich mit Bernd auf den Weg. Um die Schuhe erst bei Doktor Melle abzuliefern, mußten sie einen kleinen Umweg machen. Susanne wartete vor dem Reihenhaus, während Bernd die Auslieferung erledigte. Es dauerte nicht lange, da stand er wieder vor ihr.

„Er hat mir eine ganze Mark geschenkt. Er hat gesagt, er hätte Geburtstag, darum soll ich mir eine Tafel Schokolade kaufen."

„Großartig", rief Susanne, „wir brauchen jeden Pfennig für die Kasse. Die Standuhr wird nicht billig sein."

Bernd brummelte den ganzen Weg bis zu Kens Laube darüber, daß man etwas, das jemand geerbt hat, noch einmal bezahlen sollte. Das wollte ihm nicht einleuchten.

Susanne erkannte, daß sie sich mit der Betreuung Bernds keine leichte Aufgabe gewählt hatte.

Als sie bei der Laube anlangten, sahen sie an der Tür ein Schild mit Kens Druckschrift: „Bin um elf wieder da." Das hieß warten. Sie gingen auf den Platz und setzten sich auf die Bank unter dem Nußbaum. Dort versuchte Susanne geduldig, auf Bernds Fragen einzugehen, die mit dem Kauf der Standuhr zu tun hatten. Immer wieder flocht sie ein, wie wichtig es war, den Mund zu halten. Die Aussicht auf Muttis Freude half dabei.

„Findest du nicht auch, daß wir es alle sehr gut zu Hause haben?" Bernd antwortete spontan:

„Und wie!"

„Wenn wir nicht das Glück hätten, in so einem Kindernest zu leben, dann wären wir vielleicht in einen Heim untergebracht worden. Dort ist es nicht so schön wie in einer Familie."

Bernd saß plötzlich still, er hörte zu und dachte nach.

„Bine und ich wären womöglich in ein Waisenhaus gekommen", sagte Sanne weiter, „dort ist es leider viel zu voll und eng. Keiner hat Zeit für einen und jeder hat nur wenig Platz."

„Tante Magda hat uns alle lieb", sagte Bernd mit einem seltsam fragendem Ton in der Stimme. Er fuhr fort:

„Sie hat immer Zeit für uns. Und Onkel Alfred auch!" Er hatte sie gut verstanden. Susanne freute sich. Sie sah aber auch ein, daß es genug war, was sie Bernd zu verstehen geben wollte.

„Glaubst du, daß Onkel Alfred auch Spaß an dem alten Ding haben wird?"

Susanne überlegte, denn sie hate sich noch nie ausgemalt was er wohl zu der alten Uhr sagen würde.

„Er wird sich sehr freuen", erwiderte sie überzeugt, „weil Mutti so glücklich darüber sein wird. Und vergiß nicht, Bernd, wir haben den Kundendienst eingerichtet, um ihm zu helfen. Eifersüchtig kann er gar nicht werden." „Da hast du recht", antwortete Bernd. Dann nahm er plötzlich einen kleinen Zweig brach ein Stück davon ab, bis er ein hartes Stöckchen hatte. Mit dem Fuß glättete er den Boden vor der Bank und begann in den Sand zu schreiben: „Ich schwöre, ich schweige!" Susanne las und lachte fröhlich über ihren Erfolg. Nun war Bernd für die Sache gewonnen.

„Wenn die Uhr nachher da ist, dann will ich auch sagen können, daß ich geholfen habe." Er hatte zwei Finger ihrer Hand ergriffen und kniff sie vor Aufregung so sehr, daß Sanne aufschrie. Schnell legte sie einen Arm um ihn und versicherte:

„Du kriegst noch mehr zu tun, das verspreche ich dir." Für einen Moment lehnte er seinen Kopf an ihre Schulter und schien zu überlegen, wie seine künftige Mitarbeit wohl aussehen mochte. Dann riß er sich von ihr los und rief:

„Komm, wir gehen Unkraut bei den Tomaten rupfen, da freut sich Onkel Alfred." Susanne ging mit und fügte hinzu:

„Und die Tomaten freuen sich auch."

Nachdem sie einige Zeit dort gehockt und gezupft hatten, hörten sie eine vertraute Stimme rufen:

„Ihr könnt bei mir gleich weitermachen!"

Sanne stand auf, rieb sich die schmerzenden Knie und lehnte die Aufforderung ab.

„Welcome home, Bernd", rief Ken.

„Erzähl mal, wie war denn deine Reise?" Bernd berichtete noch einmal, wie schön und aufregend die Fahrt gewesen war, doch dann kam er von ganz allein auf die Angelegenheit mit der Standuhr. Susanne hatte sich nicht getäuscht, sein Interesse war nicht nur flüchtig, sondern echt.

Ken freute sich sehr.

„So, nun wißt ihr also auch Bescheid, das ist fein und famos. Jetzt kann es richtig weitergehen. Was hat denn Uwe dazu gesagt?"

Susanne bestätigte, daß Uwe auch ganz begeistert war und mitarbeiten wollte. Sie vergaß auch nicht, von Caspar auszurichten, daß sie die nächstn Schritte planen sollten. Ken war der Ansicht, daß vor allen Dingen zunächst einmal der Rumpelkammermann aus dem Felde geschlagen werden mußte. Während er kühlen Apfelsaft einschenkte, gab er zu bedenken:

„Ich glaube nicht, daß es genügen wird, wenn die Antiquitätentanten ihm sagen, daß ihr die Uhr aus sentimentalen Gründen braucht und daß das Möbelstück nur Erinnerungswert hat."

Susanne setzte ihr Glas hart ab, verschränkte die Arme und schaute trotzig vor sich hin. Bernd erkundigte sich:

„Was will denn dieser Kerl bloß mit unserer alten Uhr?" Ken, der durstig heimgekommen war, trank sein Glas in einem Zuge leer und wischte sich den Mund.

„Er merkt, daß wir die Uhr sehr dringend haben wollen, und da glaubt er, sich dazwischenschalten zu können, um auch daran zu verdienen", erklärte er seine Ansicht. Susanne glaubte, daß er doch einen besonderen Wert an der Uhr vermute.

„Er wird sie wohl billig kaufen wollen, um dann durch uns rauszukriegen, was sie wirklich so wertvoll macht. Und dann verkauft er sie für viel Geld weiter."

Bernd sagte dazu:

„Der ist nicht dumm, aber gemein."

Susanne horchte auf. Das erinnerte sie daran, daß jemand gesagt hatte, der Rumpelkammermann sei nur schlau in Profitangelegenheiten, aber sonst sei er einfältig. Ihr Verdacht fiel ihr wieder ein, daß er ein abergläubischer Mensch sein könnte.

„Ken", sagte sie plötzlich, „könntest du dir vorstellen, daß der Rumpelkammermann abergläubisch ist?"

Er mußte einen Augenblick lang überlegen, was das Wort bedeutete, dann nickte er und erwiderte:

„Was für eine komische Frage. Doch, ja natürlich, das könnte ich mir gut vorstellen. Leute wie er sind häufig mit allerlei Aberglauben belastet."

Susanne war mit der Antwort zufrieden. Sie behielt für sich, was sie darüber dachte.

Ken erhob sich und ging in die Arbeitskammer, Bernd

folgte ihm. Susanne faßte inzwischen einen Plan und beschloß, ihn gleich in die Tat umzusetzen.

„Wißt ihr was, ihr zwei?" fragte sie betont lustig und unbefangen, „ich möchte schnell eine kranke Schulfreundin besuchen gehen. Sie wohnt an der dritten Brücke, noch ein Stück am Kanal entlang. Ich hole Bernd dann ab." „Ist in Ordnung", sagte Ken.

Als Susanne nach einer Stunde wieder eintraf, saßen die beiden an dem Baumscheibentisch und spielten eine Partie Schach. Bernd war versunken in sein Lieblingsspiel und Ken zweifelte nicht daran, daß Susanne eine Freundin besucht hatte. Darum wurde sie ohne Fragen begrüßt.

Bevor sie sich auf den Heimweg machten, verabredeten sie für Donnerstag einen Besuch bei den beiden älteren Damen. Sie wollten aber nicht alle sechs dort aufkreuzen, Ken sollte zwei mitnehmen, die die Uhr noch nicht gesehen hatten. Susanne verzichtete dieses Mal, so blieben Uwe und Bernd übrig. Ken fand das richtig und machte mit Bernd eine Treffzeit aus.

Die beiden Kinder verabschiedeten sich und gingen nach Hause.

Gewichte und Gedichte

Sabine war enttäuscht, daß sie nicht mit zu den Lockendamen gehen sollte. Obwohl es auch Casper schwerfiel, zur Zeit untätig zu sein, erklärte er sich einverstanden und tröstete Sabine.

„Wir können doch den Tanten in dem Trödelladen nicht auf die Nerven fallen. Sie waren sehr lieb und hilfsbereit. Wir wollen nicht, daß sie das bereuen." Selbst als Sabine zustimmen mußte, daß der Besuch von dreien besser war, als der Besuch von sechsen, ärgerte sie sich noch, daß sie nicht unter den dreien war.

„Hab Geduld, Bine, für die anderen ist alles noch neu. Sie haben etwas aufzuholen. Gönne ihnen das doch!" Casper wies auch darauf hin, daß man dem Rumpelkammermann Zeit geben mußte, um bei den Damen vorbeizukommen. Sabine sah das ein, es fiel ihr auch noch eine weitere Begründung ein:

„Es würde wohl auch sehr auffallen, wenn wir plötzlich immer alle zusammen weggingen, das tun wir sonst nie."

„Siehst du!" bestätigte Casper und freute sich, daß sie einig waren.

Das Wochenende verging allen viel zu langsam. Doch dann kam der sehnlich erwartete Donnerstag. Uwe nahm einen Sack mit reparierten Damenschuhen mit. Bernd wich nicht von seiner Seite. Als Tante Magda sich erkundigte, warum er mit Uwe zur Auslieferung gehen wollte, antwortete er, wie verabredet, sie wollten in einen Trödelladen stöbern gehen. Frau Schott runzelte ungläubig die Stirn.

„Ich möchte wirklich einmal wissen, was in euch alle gefahren ist", rief sie, „was lauft ihr zwei denn nun auch schon durch diese Kramkeller. Erst Capser und Sabine und nun ihr. Ich muß mit dem Ken ein ernstes Wort reden. Er ist es wohl, der euch dauernd zu diesem Unsinn anstiftet."

Nachdem die Jungen schweigend fortgegangen waren, murmelte sie noch eine ganze Weile vor sich hin.

Die Daheimgebliebenen machten sich nützlich und räumten auf. Ungeduldig warteten sie, daß die beiden nächsten Stunden vergingen, denn um sechs Uhr hatten sie sich alle zur Berichterstattung unter der Brücke verabredet. Hoffentlich würde alles glatt gehen. Sabine und Susanne hatten eine ganze Schüssel voller Fleischlaibchen fertig. Sie wuschen sich gemeidsam die Hände ab. Susanne nickte ihrer Schwester aufmunternd zu. Es war Zeit zum Gehen. Sabine wartete, bis Frau Schott in der Küche war, dann sagte sie laut:

„Jetzt würde ich gern noch ein Weilchen zum Kanal hinuntergehen und auf unserer Steinbank sitzen."

„Oder für Cordels Meerschweinchen Löwenzahn pflücken."

„Das freut mich, Kinder, geht an die frische Luft."

Bald darauf saßen sie auf der Steinbank, warteten und schlenkerten mit den Beinen. Oben polterten die Fahrzeuge. Man mußte laut sprechen, um sich zu verständigen.

„Hallo", rief Casper. Er war nachgekommen und

lachte vergnügt. „Tante Magda hat mich förmlich rausgeworfen, ich sollte auch an die frische Luft gehen, hat sie gesagt." Zu dritt schlenderten sie ein Stück weiter.

Schließlich ertönte vom Brückengeländer der vertraute Pfiff Bernds.

„Nun bin ich aber gespannt", sagte Susanne, die bescheiden ertrug, daß sie nun die einzige war, die die Uhr noch nicht gesehen hatte.

Die Brüder sprangen die Treppe herunter und wurden begeistert umringt. Daß sie gute Nachricht brachten, sah man ihnen an.

„Die Uhr ist bildschön, wirklich wunderbar, ich freu mich schon drauf, sie schlagen zu hören", rief Uwe.

„Erzählt doch erst einmal, ob der Rumpelkammermann da war", bat Casper und unterbrach damit die genußvolle Schilderung des Ältesten.

„Er hat sich die Anzahlung zurückgeben lassen", schrie Bernd und hatte damit das wichtigste mitgeteilt.

„Juhuuuu, juhuuu!" kam es von Sabine, die sich vor Wonne um sich selbst drehte. Auch Casper freute sich unbändig, wollte aber alles genau wissen und war froh, als Uwe wieder zu Wort kam.

„Es war so. Der Mann war vorgestern wieder gekommen. Die Schwestern haben ihm erzählt, wie sich alles verhält. Sicher haben die beiden nach besten Kräften versucht, ihn zu rühren."

„Rühren kann man so einen nicht", warf Casper mit Bestimmtheit dazwischen, „da muß noch etwas anderes sein, was ihn von der Sache abgebracht hat."

„Stimmt, da war auch noch etwas anderes", bestätigte Uwe Caspers Vermutung.

Bernd hoppste wild auf und ab und verlangte, das erzählen zu dürfen.

„Die eine Lockendame hat gesagt, der Rumpelkammermann hätte ganz gruselige Dinge erzählt. Auf der alten Uhr soll ein Fluch liegen, das Ding bringe nur Pech und Unheil."

Sabine hielt sich eine Hand vor den Mund und riß weit die Augen auf. Casper forschte:

„Wo hat er denn die Weisheit her?"

Uwe scherzte nicht, als er sagte:

„Frau Lazar hat uns in vollem Ernst berichtet, daß der Händler behauptet hat, der jeweilige Besitzer der Uhr hätte nichts als Sorgen, Pech und dumme Sachen erlebt. Krankheit und große Geldverluste und so weiter."

Sabine und Casper konnten sich diese neue Wendung nicht erklären. Casper fragte noch einmal:

„Woher weiß er denn den ganzen Unsinn?"

Jetzt schaltete sich Bernd wieder ein und antwortete:

„Ein junges Mädchen mit langen, blonden Haaren soll bei dem Mann aufgetaucht sein. Sie hat erst nach der Uhr gefragt und dann die fürchterlichsten Dinge von all dem Unheil, das die Uhr jedem bringt, der mit ihr zu tun hat, erzählt."

Sabine überlegte und wiederholte die Worte:

„Ein junges Mädchen mit langem, blonden Haar?"

Sie sah Susanne an, die ihrem Blick halb beschämt, halb zufrieden standhielt. Sie hatte also ihr eigenes kleines Geheimnis gehabt. Erst war sie nicht ganz sicher gewesen, ob es richtig war, etwas zu unternehmen, was mit den anderen nicht abgesprochen worden war. Nun, da ihr Eingreifen einen guten Erfolg gehabt hatte, freute sie sich sehr.

„Ja, das war ich!"

„Du?" fragte Sabine und staunte.

„Ja, warum denn nicht? Wir waren bei Ken, Bernd

und ich. Da sprachen wir über den Rumpelkammermann. Mir kam der Gedanke, daß er abergläubisch sein könnte. Da bin ich eben hingegangen und hab ihm die übelsten Sachen erzählt. Man darf nichts unversucht lassen. Ich wollte endlich auch was tun."

Casper Bewunderung gipfelte in den Worten:

„Prima hast du das gemacht, Sanne. Ganz große Klasse. Du hast Format!"

Auch Sabine war stolz auf ihre Schwester. Sie wollte unbedingt wissen, was Susanne sich alles hatte einfallen lassen, um den Mann zu vergraulen.

„Richtige Schauergeschichten", ließ sie wissen, „von einem Onkel, der immer mit Zahnschmerzen aufgewacht war, wenn es zwölf schlug, bis zu einem eingegangen Gummibaum der neben der Uhr gestanden war."

Die anderen lachten und amüsierten sich. Bernd wollte noch mehr hören, und sie fuhr kichernd fort:

„Ich hab ihm erzählt, daß ein Möbelträger, der die Uhr geschleppt hat, seitdem unerträglich Rückenschmerzen hätte und daß meine Großtante immer eine Art elektrischen Schlag gekriegt hätte, wenn sie die Uhrzeiger berührt hat."

Casper, der den Mann genau in Erinnerung hatte, drückte seine Verwunderung darüber aus, daß er sich das alles angehört hatte.

„Und wie", sagte Susanne, „er war geradezu fasziniert, und ich konnte richtig beobachten, wie er anfing, sich zu graulen."

„Na, den sind wir los!" schrie Bernd, und die anderen stimmten erleichtert mit ein.

Dann berichtete Uwe, daß Ken die Messingteile der Uhr mit zu sich genommen hatte.

„Wozu denn?" fragte Casper.

„Er will alles blank putzen", sagte Uwe. Dazu nickten die Mädchen und Casper anerkennend. Das war ein guter Anfang.

„Ihr hättet uns sehen sollen, wir haben vielleicht geschleppt." Bernd war so glücklich, nun dabeizusein und wollte alles erzählen. Er hatte das große Pendel getragen.

„So über der Schulter hatte ich es, das Ding mit dem lustigen Teller unten dran."

Dann hörten sie, daß Uwe zwei der schweren Gewichte getragen hatte und Ken das dritte Gewicht, sowie eine Tasche voller Messinggeräte und Figuren, die ebenfalls geputzt werden sollten. Auch Uwe gab zu, daß es eine mühsame Schlepperei gewesen war.

„Ich könnte Ken beim Putzen helfen", schlug Sanne vor und setzte hinzu, „dann sehe ich wenigstens schon die Messingteile der Uhr."

„Gut, Sanne, mach das."

Uwe war einverstanden und fragte, wer am nächsten Tag Schuhe auszutragen hatte. Sabine meldete sich und sagte betrübt: „Und zum Zahnarzt muß ich auch."

Sie setzten sich eng zusammengedrückt auf die Steinbank, um für den nächsten Tag einen genauen Plan auszuarbeiten. Uwe hatte Musikunterricht und Casper Schwimmtraining. Da blieb also nur Bernd.

„Er geht wieder mit mir zu Ken." Susanne hielt das für das beste, er war begeistert, und den anderen war es recht.

Als die vergnügte kleine Gruppe zu Hause anlangte, merkten sie sofort, daß gespannte Stimmung herrscht. Tante Magda hatte mit Onkel Alfred gesprochen, und beide hatten sich entschieden, über das veränderte Benehmen der Kinder einen Familienrat abzuhalten.

Sabine und Casper blieben fast stumm. Sie hatten

schon seit einiger Zeit nach immer neuen Ausreden suchen müssen, daß ihnen nun nichts mehr einfiel. Sie überließen es diesmal den Geschwistern, Erklärungen zu finden. Herr Schott wollte wissen, was es mit der Geheimnistuerei auf sich hatte. Anscheinend war es ihm nun auch zuviel geworden.

„Warum sollen wir denn nicht in Trödelläden stöbern? Die alten Sachen machen uns Spaß. Tante Magda hat doch auch den alten Schrank voller Kram von Onkel Emmerich. Den zeigt sie auch immer wieder vor." Uwe hatte das ganz ruhig und mit deutlicher Verständnislosigkeit gegenüber der Aufregung der Eltern gesagt. Er hatte leider keinen Erfolg damit, denn Onkel Alfred sprach von frischer Luft, Sonne und Ferien, Hobbies und guten Büchern. Tante Magda schaute traurig drein:

„Es tut mir leid, das sagen zu müssen, aber ich habe das Gefühl, ihr seid alle nicht aufrichtig. Es steckt etwas Ungesagtes hinter dem ganzen Benehmen. Ihr seid nicht mehr so wie früher."

Bernd zog sich die ungeteilte Bewunderung der großen Schwestern und Brüder zu, indem er Frau Schott beide Arme um den Hals legte und treuherzig sagte:

„Keiner ist immer so wie früher. Man ist eben nach einer Weile anders als man war. Stimmts? Wir machen nichts Böses, du hast uns doch immer getraut. Wenn du uns nicht mehr traust, dann bist du auch nicht mehr so wie früher."

Die Eltern mußten beide schmunzeln, und Herr Schott sagte: „Unser Jüngster gibt hier schlaue Worte von sich. Komm her, du Schlingel!"

Der Bann war gebrochen. Es war noch einmal gut ausgegangen. Susanne nahm sich frischen Mut und sagte leichthin:

„Muttilein, können Bernd und ich morgen zu Ken gehen? Wir wollen ihm beim Putzen von beschlagenen Messingteilen helfen."

Die Geschwister hielten vor ihrer Geistesgegenwart den Atem an. Tante Magda schlug die Hände zusammen und seufzte:

„Wenn ihr darin ein unwiderstehliches Vergnügen seht, dann geht nur. Tut es wenigstens im Garten in der Sonne." Onkel Alfred mußte zugeben, daß man in diesem Fall nicht von Heimlichkeiten reden konnte.

Leider konnten sie nicht in der Sonne sitzen. Es regnete nämlich in Strömen.

Ken rief den beiden entgegen:

„Kommt gleich in die Werkstatt. Es gibt wieder etwas Neues. Auf den Gewichten sind Gravierungen."

„Welche Gravierungen denn?" Susanne war überrascht. Das hatte niemand erwartet. Davon hatte auch Tante Magda nichts gewußt. Ken war ebenfalls sehr aufgeregt.

„Wo sind Casper und Bine?" erkundigte er sich, denn er drang darauf, ihnen die Entdeckung mitzuteilen.

„Schwimmen und beim Zahnarzt", antwortete Sanne, „wenn sie es noch schaffen, wollen sie noch hier vorbeikommen."

„Hoffentlich!"

Die schweren Gewichte und das lange Pendel lagen auf dem Arbeitstisch. Bernd musterte die verschlungenen Schriftzeichen, die sehr klein und in Blumenranken eingebettet waren.

„Chinesisch zu entziffern dürfte kaum schwieriger sein", stellte er fest. Ken hate schon ein Vergrößerungsglas bereitgelegt. Ebenso weiche Lappen, Silberputzzeug und feine Stahlwolle. Voller Neugier und Eifer gingen sie zu dritt ans Werk. Sie konnten bequem nebeneinander an dem langen Tisch stehen. Jeder hatte sich eines der massigen Uhrengewichte herangerollt.

„Nicht soviel!" schrie Susanne, als Bernd triefende Mengen von Flüssigkeit auf sein Putzläppchen goß. Sie zeigte ihm, wie er es machen mußte, dann begannen sie schweigend zu rubbeln. Die Gewichte hatten die Form von kurzen Säulen. Das Mittelstück war jeweils glatt. An beiden Enden jedoch befanden sich vier Zentimeter breite Ornamente wunderlichster Art. Bernd hatte ein gutes Stück des blinden Belags entfernt und rief:

„Ein Wurm, ein Wurm!"

„Susanne ließ vor Schreck ihren Lappen fallen und trat vom Tisch zurück.

„Wo ist ein Wurm?" fragte Ken ruhig.

„Hier steht: ein Wurm", beharrte Bernd.

Susanne starrte ihn an und sagte mit zittriger Stimme:

„Laß doch den Unsinn!"

„Aber hier steht doch: ein Wurm. Schaut doch her." Susanne und Ken beugten sich über das Gewicht, an dem Bernd arbeitete. Die einzige golden gewordene, saubere Stelle, zeigte deutlich die Worte „ein Wurm". Ken schüttelte über diese letzte Entdeckung den Kopf.

„Dieser Onkel muß ein Spinner gewesen sein!"

„Das glaub ich schon lange", stimmte Susanne ihm zu. Schnell nahm sie ihren Lappen wieder auf, um weiterzuputzen. Der nächste, der ein Wort fand, war Ken.

„Edelstein", rief er. Susanne sagte:

„Das gefällt mir schon besser." Dann buchstabierte sie, was an ihrem Gewicht zu erkennen war: „T-O-R-"

„Ha-ha-ha", machte Bernd vergnügt, „Fußballer war er also auch."

Susanne rieb weiter und las:

„Geld und Gold." Bernd ärgerte sich laut:

„Mensch, ihr habt alle so tolle Sachen. Bei mir steht bloß ‚Wurm' und darunter ‚ein armer Wicht', so ein Mist." Er schaute verdrossen auf die Großen. Dann flüsterte er: „Sanne, wollen wir tauschen?"

„Mach weiter und sei nicht albern", bekam er zu hören. Susanne schüttelte ihre Hand, so sehr schmerzten ihre Finger bereits. Aber die Anstrengung hatte sich gelohnt. Die geschmückten Teile ihres Gewichtes waren blank. Das glatte Mittelstück mußte noch gereinigt werden. Sie bemühte sich, an dem schmutzigen Lappen immer noch ein sauberes Fleckchen dafür zu finden.

„Fertig", verkündete sie zufrieden, „nun hört mal zu, bei mir steht ein Vers:

Der Mensch, ein Tor, weil er nicht glaubt,
daß er sich immer selbst beraubt,
wenn er nur Geld und Gold sich klaubt."

„Wie sinnig", spottete Bernd, der sich ärgerte, daß Susanne erste geworden war.

„Das verstehst du noch nicht" antwortete sie.

Ken war mit seiner Säuberung auch fast fertig, zwinkerte aber Susanne zu, weil er Bernd zweiter werden lassen wollte. Es gelang. Bernd nahm sein blinkendes Gewicht mit beiden Händen hoch und drehte es langsam beim Lesen:

„Der Mensch, ein Wurm, ein armer Wicht,
er ist auf Reichtum nur erpicht.
Er meint das Glück und findet's nicht."

Kens Spruch war ähnlich.

„Der Mensch, ein Narr, er sieht nicht ein,
die Zeit und nur die Zeit allein,
sie ist mehr wert, als Edelstein."

„Hm, gar nicht schlecht", fand Ken.

„Ihr habt einen furchtbaren Geschmack", beschwerte sich der Jüngste, „so ein blödes Zeug habe ich noch nie gehört."

„Früher hat man aber so gedichtet", erklärte Susanne, es ist bestimmt etwas Wahres dran, nur sagt man es heute eben ganz anders."

Bernd gab sich damit nicht zufrieden. Er schimpfte:

„Der Onkel Emmerich hätte sich wenigstens entscheiden können, ob der Mensch nun ein Tor, ein Wurm, ein Narr oder ein Wicht ist, nicht wahr? Aber von einem, der spinnt, kann man das wohl nicht verlangen."

In der Arbeitskammer roch es stark nach dem Putzmittel. Susanne dachte an Muttis Worte, an der frischen Luft zu bleiben und schlug vor, kurz in den Garten zu gehen. Dort tropfte es von den Sträuchern und auch vom niedrigen Dach der Laube. Ken sagte nachdenklich zu den beiden:

„Wir können wohl mit Sicherheit annehmen, daß der ulkige Onkel diese Sprüche eingravieren ließ?"

Susanne bestätigte es, denn sie hatte oft gehört, der Onkel wäre poetisch gewesen.

Gerade als sie erfrischt hineingehen wollten, hörten sie Trabschritt auf dem Weg vom Kanal. Heraufgelaufen kam Casper, die Handtuchrolle vom Schwimmen noch unter dem Arm. Sein rötliches Haar hing ihm feucht um die Ohren.

„Herrlich, daß du kommst", schrie Bernd jubelnd und erzählte ihm sogleich die Überraschung, daß der Onkel sich dichterisch verewigt hatte. Susanne rief:

„Auf jedem Gewicht ist ein Gedicht!"

Casper las und staunte. Er lachte nicht.

„Toll, der hat sich bestimmt eine Menge dabei gedacht." Er freute sich auf Sabine. Wenn sie nur bald käme. Was sie wohl dazu sagen würde? Casper las die Verse noch einmal, konnte aber keine Erklärung für ihren Sinn finden. Sicher waren es Betrachtungen aus der Zeit, als der Onkel alt und traurig war.

Ken wollte die Zeit nicht ungenutzt verstreichen lassen und begann, einen chinesischen Gong zu putzen. Schließlich mußten die Sachen für die Lockentanten auch fertig werden. Die Geschwister schauten zu und warteten auf Bine. „Wenn sie beim Zahnarzt lange sitzen muß, schafft sie es nicht." Susanne war besorgt.

Aber Sabine schaffte es. Abgehetzt kam sie an und stöhnte:

„Meine Backe ist ganz taub." Dazu machte sie ein schiefes Gesicht. Aber keiner hatte Mitleid, sie waren zu ungeduldig.

„Wenn die Ohren nicht taub sind, dann hör dir das an." Casper las alle drei Verse vor.

Wieder einmal zeigte sich, daß Sabine das meiste Verständnis für die Onkelgeschichten hatte.

„Ist doch völlig klar, antwortete sie, ohne lange zu überlegen, „die Gedichte muß er gemacht haben, als er entdeckte, daß die Braut nicht auf ihn gewartet hat. Während er in Südamerika nach Edelsteinen buddelte, hat, sie sich hier einen anderen Mann genommen." Susanne klatschte in die Hände und lachte Sabine bewundernd an.

„Sie hat recht. Der Onkel Emmerich war zu spät gekommen. Darum meint er, die Zeit ist so kostbar."

Auch Ken und Casper freuten sich, daß Sabine die rätselhaften Verse so sicher und einleuchtend deutet.

„Fürchterlicher Kitsch ist es." Bernd war nicht umzustimmen. Sabine überhörte es und fragte voller Tatendrang:

„Kann ich auch noch etwas putzen?"

Die Geschwister zuckten die Schultern, und Ken rieb gerade den Gong ab. Er schnippste mit dem Finger dagegen. Ein zauberhafter Ton hing in der Luft. Ehe er verklungen war, rief Casper laut:

„Das Pendel, Kinder, wo ist denn das Pendel?" „Na klar, das Pendel muß noch geputzt werden, wo ist es denn?" Ken fuhr sich mit der Hand durch sein buschiges Haar, ärgerlich darüber, daß er bis jetzt nicht daran gedacht hatte.

Aber Sabine freute sich darüber. Casper hielt den langen Stab des gewaltigen Pendels, während Sabine die runden Scheiben besah. Sie hatten den Umfang großer Teller, die, mit dem Rücken nach außen, aneinandergefügt waren. Auch hier waren die Mittelflächen glatt und um den Rand herum lief die vier Zentimeter breite Verzierung. Beide Seiten waren stark verschmutzt. Im Vergleich zu den bereits gereinigten Gewichten sah das Uhrenpendel aus, als gehöre es nicht dazu.

Ken schob Sabine die Flasche mit der Reinigungsflüssigkeit zu und reichte ihr einen sauberen Lappen. Sie machte sich sofort an die Arbeit.

„Ich glaube nicht, daß hier etwas draufsteht, ich sehe bis jetzt nur Blumenranken", murmelte sie. Immer näher rückte Casper heran und starrte in das Rankengewirr, welches sich unter Sabines fleißigem Reiben entfaltete.

„Doch, da steht auch etwas drauf", verkündete er mit Sicherheit.

Ken mußte Bernd daran hindern, auf den Arbeitstisch zu klettern. Susanne biß sich vor Spannung auf die Unterlippe. Inzwischen hatte Sabine die Hälfte des Randes freigelegt. Nun konnte sie auch Worte erkennen, mußte aber den Kopf verdrehen, um in dem Rund einen

Beginn zu finden. Casper rückte an dem Stab, um ihr zu helfen. Sie fand den Anfang, der ein großes verschlungenes N war, und las:
„*Nun schwinge hier für alle Zeit, als Kostbarkeit in Kostbarkeit.*"
Vor den fragenden Blicken mußte sie ihren Kopf schütteln. Bei diesem Vers versagte auch ihr Verständnis für den tieferen Sinn.

Casper erbot sich, den Rest zu säubern. Sabine schüttelte genau wie vorher Susanne ihr Handgelenk, weil es schmerzte.

„Was auf dem Pendel steht, gehört eben zu den anderen Versen. Das ist alles." Mehr fiel ihr dazu nicht ein und die anderen machten sich auch keine Gedanken mehr.

Sie mußten an den Heimweg denken. Um Ken nicht in dem Gewühl allein zu lassen, halfen alle beim Aufräumen. Stolz besahen sie sich ihr gemeinsames Werk, als die drei Gewichte und das Pendel blank auf dem Arbeitstisch lagen.

„Jetzt kann ich es aber kaum noch erwarten, bis wir Mutti die Uhr ins Haus bringen." Susanne sprach aus, was alle empfanden. Bevor sie sich trennten, beschlossen sie, Uwe mit der gesamten Trinkgeldkasse zu den Antiquitätendamen zu schicken, um die Uhr anzuzahlen. Sie setzten getrost voraus, daß ihm das recht sein würde. Um ihm eine Freude zu machen, merkten sie sich jeder einen der vier Sprüche, damit er auch sofort eingeweiht werden konnte. Auf dem Pfad am Kanal entlang gingen sie im Gänsemarsch und sagten immer wieder die Verse auf, um sie nicht zu vergessen. Bernd tat es nur dem großen Pflegebruder zuliebe, denn er wollte von dem Schnörkelkitsch, wie er es nannte, nichts mehr wissen.

So verging der Heimweg schnell und vergnügt. Schotts waren noch in der Werkstatt. Dadurch ergab sich eine gute Gelegenheit, Uwe in Ruhe die letzte Sensation mitzuteilen.

„Der Mann muß voller unmöglicher Einfälle gesteckt haben", sagte er. Dann setzte er hinzu. „Irgendwie gefällt er mir immer besser. Langweilig kann er nicht gewesen sein, der Onkel Emmerich."

„Stimmt, er war nicht so wie alle anderen", glaubte Sabine ihn verteidigen zu müssen. Sie freute sich, daß auch die anderen anfingen, sich für ihn zu interessieren.

Uwe war sofort damit einverstanden, das gemeinsame Kassengeld abliefern zu gehen.

„Nur morgen wird es noch nicht gehen. Da muß ich zu Detlef." Die Geschwister sahen ein, daß er seine Nachhilfestunden nicht im Stich lassen konnte. Man einigte sich auf den folgenden Tag, und Uwe forderte Susanne auf, mitzukommen, damit sie endlich die Uhr sehen konnte.

Dann fiel in beiden Zimmern das Einschlafen schwer. Sie waren dem Ziel so nahe gerückt, daß die Aufregung schwerer zu unterdrücken war. Sabine und Susanne sagten noch mehrere Male die Sprüche auf. Dabei klopfte es kurz und Frau Schott kam herein.

„Was lernt ihr denn? Es sind doch Ferien. Wer lernt denn in den Ferien Gedichte?"

„Das wird nicht verraten", antwortete Susanne.

„Du wirst schon sehen", tröstete Sabine. Beide waren nicht mehr verlegen, sondern fröhlich. Das Schweigen war etwas leichter geworden, weil es am guten Ausgang keinen Zweifel mehr gab.

„So, so, ich werde schon sehen", sagte die Mutter.

„Und hören", setzte Sabine geheimnisvoll hinzu.

Frau Schott seufzte einmal mehr und bemühte sich,

auf den scherzhaften Ton humorvoll einzugehen, indem sie sich beschwerte:

„Es kann einem Hören und Sehen vergehen, so viel Heimlichkeiten gehen hier vor."

Sie wünschte eine gute Nacht und ging wieder hinaus. Die Einigkeit und Harmonie unter den Geschwistern war einmalig. Warum durfte nur sie nicht daran teilhaben? Wieder fiel ihr ein, daß alles angefangen hatte, als Casper ins Haus kam. Der Gedanke ließ sie nicht los und sie ging am nächsten Tag wieder zu ihrem Mann in die Werkstatt um mit ihm zu reden.

„Vielleicht sehnt er sich nach Afrika und nach seinen Eltern dort." Onkel Alfred hatte sich mit den Sorgen seiner Frau nicht so befaßt. Er mußte allerdings zugeben, daß Casper recht schusselig war. Er sagte noch, um seine Frau zu beruhigen, daß die Herumstromerei aufhören müßte, sobald die Schule wieder anfing. Dieser Vorschlag schien ihr nicht zu genügen. Sie erkannte, daß ihr Mann sich nicht so aus der Gemeinschaft ausgeschlossen fühlte wie sie, und begann daran zu zweifeln, daß ihr Kummer berechtigt war. War sie etwa eifersüchtig, daß die fünf sich so prächtig verstanden und lieber einander ins Vertrauen zogen, als die Eltern? Nein, es konnte nicht nur verletzte Eitelkeit sein. Irgend etwas ging vor, sonst hätte Bernd nicht so liebevoll gesagt, daß es nichts Böses war, was sie taten, daß hieß sie taten etwas. Aber sie konnte sich nicht vorstellen, was es war.

Am nächsten Tag war Markt. Tante Magda hoffte, daß eines der Kinder sich anbieten würde, mit zum Einkauf zu kommen. Aber alle waren beschäftigt. So nahm sie ihren Korb und ging allein davon. Kaum war sie aus der Wohnung, da trafen sich die fünf Verschwörer blitzschnell in der Küche, um ihr Geld zu zählen.

„Eine gute Anzahlung" ließ Casper hören. Er wagte nicht zu spekulieren, wie lange sie an der Abzahlung würden arbeiten müssen.

„An Transportkosten müssen wir auch denken", erinnerte Susanne ungern, „oder kann Ken die Uhr etwa in seinem Radanhänger transportieren?"

„Ausgeschlossen", mußte Casper zugeben, „sie ist viel zu lange und viel zu schwer." Sabine fiel etwas ein:

„Ich glaube, Opa Uhl hat einen Lieferwagen."

„Wer in aller Welt ist Opa Uhl?" fragte Uwe.

„Der erste Trödler, zu dem Ken uns mitgenommen hatte, das ist Opa Uhl." Die anderen erinnerten sich.

„Wir müssen ihn fragen, ob er uns helfen kann." Casper schlug das hoffnungsvoll vor und entwarf sogleich einen Plan:

„Wie verabredet sollten Uwe und Susanne mit dem Geld zu den Schwester Lazar, Sabine und Casper zu Opa Uhl fahren. Bernd fiel aus, weil er zum Turnen mußte.

Als Tante Magda mit vollem Einkaufskorb nach Hause kam, fand sie die Küche blitzsauber. Die Zimmer waren aufgeräumt und gelüftet. Sogar der Flur war gefegt worden, bemerkte sie dankbar. Aber keines der Kinder war zu sehen. Sie machte sich daran, Gemüse für ihren Eintopf zu schnitzeln und rätselte dabei, wo sie alle hingegangen sein mochten. Nur Berndchens Aufenthalt war ihr bekannt.

Die vier Großen saßen inzwischen schon im Bus. Casper sagte:

„So, an der nächsten Haltestelle steigen Bine und ich aus und gehen zu Opa Uhl. Ihr fahrt weiter und leistet die Anzahlung. Auf dem Rückweg treffen wir uns an dieser Haltestelle." Es war gut ausgedacht und vorbereitet. Uwe versprach, aus dem Busfenster zu winken.

Diesmal saß Herr Uhl nicht in der Sonne. Er machte Eintragungen in seine Bücher, war aber trotz der Störung erfreut, die beiden jungen Kunden wiederzusehen. Sie erzählten ihm sofort von dem Auffinden der alten Standuhr und waren beide richtig enttäuscht, daß er nicht vor Überraschung außer sich geriet.

„Seht ihr, ich habe es euch ja gleich gesagt, man muß nur hinterher sein und nicht aufgeben, dann findet man schon, was man sucht. Gratuliere, gratuliere!"

Diese großen Freuden über den lang erwarteten Erfolg waren ihm vertraut.

„Ich bin ja bald fünfzig Jahre im Geschäft, Kinder, was glaubt ihr, was ich da schon alles erlebt habe. Die unmöglichsten Dinge werden möglich. Sachen tauchen wieder auf, die längst verschollen waren und so fort." Er strahlte vor Mitfreude und fuhr sich gewohnheitsmäßig mit der einen Hand über seinen kahlen Kopf. Sabine und Casper mußten ihm berichten, wie sie zum Ziel gekommen waren.

„Das war wohl die reinste Detektivarbeit, was? Nun ist es beinahe schade, daß es vorbei ist, stimmt's?" Der alte Mann hate seinen Spaß, und Casper und Bine wußten, sie konnten ihm ungehemmt ihr Anliegen vortragen.

„So, so bei den Lazars steht die Uhr, und nun wißt ihr nicht, wie ihr sie da wegholen sollt. Na, da werde ich euch den alten Kasten wohl nach Hause fahren müssen."

Er tätschelte Sabines Wange und amüsierte sich, wie ihre Augen bei seiner Einwilligung zu leuchten begannen.

„Glück habt ihr, daß der alte Lieferwagen wieder ganz ist. Aber mit anpacken kann ich nicht. Opa Uhl darf nicht mehr schwer heben. Da muß der Kennyboy zupacken. Das wird er wohl machen."

Wieder hatten sie Hilfe bekommen. Wie schön! Glücklich darüber schlenderten sie zur Bushaltestelle zurück. Einige Busse fuhren vorbei, ohne daß Uwe und Susanne daraus winkten.

Sie setzten sich auf eine kleine Mauer. Wieder kam ein Bus um die Ecke. Sie entdeckten die Gesichter der Geschwister zwischen den aufgehenden Türen. Beide sahen völlig verstört und bedrückt aus. Casper rief schon beim Einsteigen:

„Was ist denn los?" und Sabine fragte ebenso laut.

„Ist was mit dem Geld?" Die übrigen Fahrgäste schauten auf die Gruppe.

Nein, mit dem Geld war nichts passiert. Uwe zeigte eine Quittung für die Anzahlungssumme vor. Dann berichtete er, daß der Rumpelkammermann wider Erwarten noch einmal vorbeigekommen war. Den Schwestern hatte er gesagt, er wollte den alten Fotoapparat, der auf dem Tisch mit allerlei Kuriositäten stand, noch einmal betrachten. Der Tisch stand an der Wand, im gleichen Zimmer, wie die Uhr.

„Er ist hineingegangen, hat sofort gesehen, daß die Gewichte und das Pendel fehlten und hat schrecklich gebrüllt vor Wut." Uwe wiederholte genau, was er von den kleinen Frauen erfahren hatte.

„Er soll mit der Faust auf das Tischchen gehauen haben und sich unmöglich benommen haben", erzählte Susanne recht verängstigt, „er soll geschimpft haben: ‚die blonde Hexe steckte also auch mit drin, sie wollte mir nur die Uhr vermiesen!"

Die Schwestern Lazar waren richtig verängstigt.

„Er hat sie richtig bedroht. Sie sollten ihm sagen, wo die Gewichte und das Pendel sind. Als sie ihm gesagt hatten, jemand hat das alles zum Putzen mitgenommen, da hat er schallend gelacht."

Sabine und Casper konnten sich alles gut vorstellen. Sie erinnerten sich an den Tag bei dem Mann im Keller. Susanne sagte mit verzagter Stimme.

„Er soll geschrien haben: Wußt ich es doch. Der Schwarze hat den Kram geholt. Das war es also, was an der Uhr so schön war."

Sabine stellte an alle die Frage, ob der Rumpelkammermann wohl dächte, die Gewichte seien aus Gold? Keiner wußte darauf eine Antwort. Nur Uwe sagte: „Auf jeden Fall bildet er sich ein, wir hätten die Uhr wegen der Gewichte und des Pendels gesucht. An Erinnerungswert und so etwas glaubt er nicht mehr."

Susanne war besonders traurig. Sie hatte sich so gefreut, daß sich der Rumpelkammermann nach ihren Schauergeschichten zurückgezogen hatte. Aber ihre Schwestern tröstete sie:

„Es ist bloß gut, daß er die Anzahlung zurückgenommen hat, weil er zuerst glaubte, die Uhr sei verflucht." Casper nickte. Er zwang sich, besonnen zu bleiben. Sabines Bemerkung gab den Anstoß zu einer vernünftigen Überlegung.

„Warum regen wir uns überhaupt auf? Die Anzahlung auf die Uhr haben wir jetzt geleistet. Der Transport ist auch abgesprochen." Uwe stimmt zu:

„Die Gewichte und das Pendel sind blank, bald hängen sie in der Uhr." Und zum Abschluß sagte Susanne, deren Stimmung sich ebenfalls wieder hob:

„Und bald stehen wir alle davon. Was geht uns dann noch der Rumpelkammermann an?"

Dreifaches Aufatmen folgte diesen Feststellungen. So fuhren sie schweigend, aber hoffnungsvoll nach Hause.

Die Stunde schlägt

Nach dem Mittagesssen fuhr Frau Schott mit den Mädchen ins Kaufhaus, um Stoff für zwei Röcke auszusuchen, die sie ihnen nähen wollte. Die drei Jungen blieben zurück und berieten, wie es nun weitergehen sollte. Auf jeden Fall mußte Ken Bescheid bekommen. Einer sollte hinlaufen und ihm alles erzählen. Bernd legte einen Finger vor den Mund, weil es ihm schwerfiel, zu flüstern.

„Onkel Alfred hat vorhin zu mir gesagt, ich soll auf den Platz gehen und Tomaten zum Abendessen abpflücken. Dabei kann ich gut zu Ken hineingehen."

Uwe und Casper freuten sich über diesen praktischen Vorschlag. Sie blinzelten ihm geheime Grüße zu, als er am späten Nachmitag mit seinem Korb davonging.

Das Laub der alten Bäume hing tief bis auf den Weg am Kanal hinunter. Die Hochsommerluft hatte es satt und übergrün gemacht. Obwohl kein Hauch die Zweige rührte, lösten sich schmale Weidenblättchen und segelten hinunter auf die Wasseroberfläche. Bernd riß Spitzwegerich ab, schlang das Ende einmal um das Stengelchen und schnippste den Kolben damit auf das stille Wasser hinaus.

Als er zum ‚Platz' kam, sah er die reifen Tomaten an den Stauden leuchten. Er eilte darauf zu und nahm sie ab.

Sie waren warm und fest und kullerten ihm fast in die Hand. Als der kleine Korb gefüllt war, schaute er zur Laube hinüber. Die war geschlossen. An diesem heißen Tag eines sicheres Zeichen dafür, daß Ken nicht zu Hause war. Also mußte er ihm eine Nachricht hinterlassen. Sein Körbchen schwingend ging er durch die Gartentür. Sie war nur angelehnt. Auf dem schmalen Steinweg lagen voll erblühte Dahlienköpfe. Drei stämmige Pflanzen bogen sich zerknickt zu Boden. Bernd wunderte sich, daß Ken diesen traurigen Anblick nicht beseitigt hatte. Er ging um die Laube herum zu dem kleinen Fenster, durch welches er manchmal kletterte. Vor dem Fenster lagen Scherben. Als Bernd hochsah, entdeckte er, daß die ganze Scheibe zertrümmert worden war. Er stand ganz still, schwang den Korb nicht mehr und hörte nur sein Herz pochen.

„Ein Räuber!" Tonlos formte er die Worte, während das Gefühl, schleunigst fortzulaufen, immer mächtiger in ihm wurde. Wenn er nur nicht allein hier stünde! Wenn er doch mit den Geschwistern beraten könnte, was zu tun sei. Aber Bernd war allein und mußte handeln. Weder kühne Witze noch überhebliche Worte konnten ihm hier helfen. Er schlich fünf Schritte bis zum nächsten Busch und schob den Korb unter die Zweige. Nichts regte sich. Er hockte sich nieder und wartete auf Geräusche aus der Laube, aber alles blieb still. Bernd verharrte noch einige Minuten, dann stand er auf, überzeugt davon, daß niemand mehr im Häuschen war.

Kens Fahrradanhänger stand an der Wand. Bernd kletterte hinauf und schaute durch das Fenster. Innen sah es aus wie immer. Er mußte hinein. Im Nu war er oben und hindurch. Die scharfen Spitzen der verbliebenen Glasstücke hatten ihn geritzt. Er merkte es nicht und sprang hinunter in das Zimmer. Nichts war hier zerwühlt, die normale Unordnung, die Kens buntes unbekümmertes Leben kennzeichnete, herrschte. Leise ging Bernd in die Werkstatt. Mit jedem Schritt verstärkte sich sein Verdacht, welchen Gegenständen der Einbruch gegolten haben mochte.

„Die Gewichte, die Gewichte", murmelte er und suchte vergeblich den Arbeitstisch ab. Dort standen die üblichen Flaschen, Töpfe und Werkzeugteile. Keine Gewichte und kein Pendel war mehr zu sehen.

Vor dem langen Tisch lag ein Stück blauer Plastikschnur. Es sah fremd aus, denn Ken benutzte für seine Transporte und Verschnürungen meterweise graue Nylonseile. Bernd hob das Stück Schnur auf und stürzte hinaus. Da die Tür abgeschlossen war, konnte er die Laube nur wieder durch das zerbrochene Fenster verlassen.

Splitter knackten unter seinen Sohlen, als er aufsprang. Er rannte zu den umgebrochenen Dahlien an der Gartentür. Wie lange mochte der Dieb schon fort sein? Wie frisch die Blumenköpfe noch aussahen. Sie konnten noch nicht lange auf dem heißen Boden gelegen sein. Bernd dachte scharf nach. Vor einigen Minuten war er erst über die Straße hinter dem Platz gegangen. Dort war ihm niemand begegnet. Wer die Laube verlassen hatte, konnte nur den Weg zum Kanal genommen haben. Also auf zur Brücke, entschloß er sich und begann zu rennen. Als er dort anlangte, sah er nichts Ungewöhnliches. Er sah Autos und Radfahrer und Fußgänger. Der Berufsverkehr hatte nachgelassen und mit ihm der Lärm. Bernd rannte bis zur Mitte der Brücke und beugte sich über das Geländer. Er schaute angestrengt auf beiden Uferseiten des Kanals entlang, sah aber keinen Menschen.

So schnell er konnte lief er zum Ende der Brücke, überquerte dort mit großen Sprüngen die Straße, um auf die andere Seite zu gelangen. Dabei rannte er in die Leine, an der ein Mann seinen Pudel führte. Hastig bat er beide um Verzeihung und lief nun auch auf dieser Brückenseite bis zur Mitte, um die entgegengesetzten Uferwege entlangzuspähen. Aber auch hier sah er in der Abendstille keinen Dieb mit schweren Gegenständen davonlaufen. Er reckte den Hals und beugte sich weit vor, um unter die Brücke sehen zu können.

„Bengel, bist du denn verrückt?" hörte er zornig den Pudelherrn rufen. Bernd hielt sich gut fest, aber sein Hals blieb gereckt. Dort unten am Brückenbogen konnte er eine Gestalt sehen. Ein junger Mann in kariertem Hemd mit aufgekrempelten Ärmeln und Hosenbeinen hockte auf der untersten ausgetretenen Steinstufe, direkt am Wasser. Es war wohl ein Angler. Sie saßen oft dort. Dieser bewegte sich jedoch nicht ruhig, sondern gehetzt und nervös.

Alle paar Sekunden sah er sich nach allen Seiten um. Bernd blieb hart an das Geländer gepreßt stehen und beobachtete das Tun des Burschen, der ihm immer weniger wie ein Fischer vorkam. Er schien etwas zu binden und zu knoten. Es mußte sehr wichtig sein, denn er war so vertieft in seine Beschäftigung, daß er gar nicht merkte, daß er mit einem Fuß bereits knöcheltief im Wasser stand. Dann sah Bernd, wie der junge Mann mit beiden Armen ganze Büschel Gras und Schilf ausriß und sie irgendwo hineinstopfte. Wieder stand er dann still und hielt mit geducktem Nacken Umschau. Bernd fühlte, daß er im nächsten Moment nach oben zur Brücke schauen würde und sprang blitzschnell vom Geländer zurück. Das hatte er vor einem Angler noch nie getan. Als er sich wieder langsam hinüberbeugte, war der Mensch nicht mehr zu sehen. Auch die Stelle, an der er so emsig hantiert hatte, unterschied durch nichts vom Rest der Uferböschung. Nur die Steinstufen waren im Moment noch naß.

Wieder rannte Bernd zum Zebrastreifen zurück, mußte dort zwei unverschämt schnell rasende Autos vorbeilassen und stürmte hinüber. Fast stürzte er in seiner Eile über die steile Treppe, die hinunterführte. Die letzten vier Stufen nahm er in einem Satz. Dann stand er auf dem Weg, der die Treppe unterbrach und schaute auf die nassen Stufen vor sich. Deutliche Abdrücke von feuchten Schuhen waren zu sehen. Bernd schaute sich verzweifelt nach allen Seiten um, auch nach oben zum Brückengeländer, wo er eben noch gestanden war, blickte er. Er war ganz allein.

Mit beiden Händen begann er an dem hohen Gras um ihn herum zu reißen. Alle Büschel waren fest, keines gab nach. Er probierte andere, ohne ein lockeres zu finden. Hatte er geträumt? Zornig griff er wieder zwei Fäuste voller Halme, und diesmal flogen seine Arme mit den Büscheln hoch. Er hatte die lose eingestopften Büschel gefunden. Bernd warf mit Schilf und Grünzeug um sich, schnitt sich in eine Handfläche dabei, gab aber nicht auf. Als er keine losen Büschel mehr fand, hielt er inne, verschnaufte ein bißchen und betrachtete sich die Stelle genauer. Da war ein alter Holzpfahl zu sehen. Riesige rostige Haken und Ringe staken in ihm. An einem Haken dicht unter dem Wasserspiegel leuchtete eine blaue Plastikschnur. Bernd trat mit Sandalen auf die vom Wasser bedeckten Steinstufen und griff nach der Schnur. Aber eine schwere Last leistete Widerstand. Er keuchte:

„Versenkt! Er hat die Gewichte und das Pendel gestohlen und hier versenkt." Am liebsten hätte er jetzt ‚Hilfe' oder zumindest ‚Hallo' gerufen. Aber niemand würde ihn hören . Selbst der Mann mit dem Pudel war schon weit. Die meisten Leute saßen jetzt beim Abendessen, die Spaziergänger kamen erst später. Autofahrer auf der Brücke würden ihn erst recht nicht hören können. Bernd schaute unbehaglich ins Gebüsch oben am Park. Ob der Dieb ihn beobachtete. Ob er wiederkommen würde, um ihm etwas zu tun, damit er das Versteck nicht verraten konnte? Wieder dachte Bernd an Fortlaufen. Sehnsüchtig schaute er den vertrauten Pfad entlang, auf dem er ganz schnell heimrennen könnte. Aber nein, wie konnte er daheim ankommen und erzählen, daß er den Raub entdeckt hatte und sogar das Versteck der Beute ausgemacht hatte, aber alles furchtsam im Stich gelassen hatte. Was wäre Tante Magda schöne alte Uhr ohne ihre Gewichte und ohne Pendel? Er mußte das Diebsgut hüten, komme, was da wolle. Ihm war zum Weinen zumute. Das war schwer zu bekämpfen, weil keiner da war, vor dem er sich hätte schämen müssen.

Vom Kirchturm schlug die Uhr und brachte Bernd in seiner Bedrängnis auf den erlösenden Gedanken. Bald mußte das Boot der Wasserschutzmänner den Kanal entlangkommen. Er konnte heute nicht aus seinem Fenster winken, darüber würden sie sich sehr wundern, aber er würde von hier an der Uferstelle aus Leibeskräften winken. Dann würden sie ihm helfen, die netten Männer, die er unzählige Male jeden Abend auf ihrer Fahrt gegrüßt hatte. Fest hielt er das Ende der blauen Plastikschnur umklammert und dachte nicht mehr ans Weinen.

Aber plötzlich plagten ihn Zweifel. Wenn er sich nun geirrt hatte? Wenn es wirklich ein Angler war, der hier nur seine Geräte versteckt hatte. Wie würde er dann dastehen? Was würden sie zu Hause von ihm denken. Dort wurde er sicher schon vermißt. Alle wußten, daß er das Winken nicht versäumte. Sie würden sich denken, daß es nur etwas Ernstes sein konnte, was ihn davon abhielt, pünktlich zum Winken zu Hause zu sein.

Die Zeit wurde Bernd unerträglich lang, und er lauschte voll inniger Hoffnung auf das Eintreffen der Wasserschutzmänner. Endlich mischte sich ein neuer Ton in die Fahrzeuggeräusche von der Straße. Bernd kannte ihn gut, es war der Ton des Motorbootes aus der Ferne. Gespannt schaute er den Kanal entlang. Bald war das Boot zu sehen, vor sich trieb es eine kleine Bugwelle und oben trug es ein schlappes Fähnchen. Die hellen Mützen der Besatzung leuchteten durch das Glas des winzigen Kommandostandes. Bernd begann sofort zu winken. Es mußte etwas mehr als Grußfreude in Bernds wildem Gefuchtel sein, denn die Männer, die auf ihren Fahrten zahlreiche Mädel und Jungen winken sahen, wurden sofort auf ihn aufmerksam. Sein Armschwenken wirkte eher hilfefordernd als fröhlich, und sein Bemühen hatte Erfolg. Die Bugwelle glättet sich, als das Boot die Fahrt verlangsamte. Bernd zeigte ins Wasser und rief etwas.

„Was gibt es denn?" schallte die Frage durch einen tütenförmigen Lautverstärker vom Boot zu ihm.

„Hier ist etwas versenkt", schrie Bernd zurück. Erschöpft ließ er sich auf der Stufe nieder. Dann rief er:

„Es ist gestohlen" zur Bekräftigung hinterher.

Die Besatzung schien Bernds Mitteilung ernst zu nehmen. Sie manövrierten das Schiffchen an die Böschung heran, wo einer der jungen Männer geübt herübersprang und Bernd musterte. Mancher kleiner Junge hatte sich schon mit ihnen Scherze erlaubt, dieser hier sah nicht, aus als hätte er Streiche im Sinn.

„Nun laß mal deinen Fund sehen", forderte der Beamte freundlich auf.

Bernd hielt ihm das Ende der blauen Schnur entgegen

und bemühte sich, seiner Stimme Festigkeit zu geben, als er sagte: „Ich habe einen Einbruch entdeckt. In der Laube meines Freundes. Ich weiß auch, was dort fehlt und ich glaube, der, der es aus der Laube herausgeholt hat, hat es hier im Kanal versenkt."

Der Wasserschutzmann hatte ihm zugehört und keine Miene verzogen, um Bernds Vertrauen zu stärken. Er war es gewöhnt, daß die Schilderungen derartiger Vorgänge in der ersten Erregung oft unzusammenhängend und wirr gegeben wurden. Absichtlich zeigte er keinen Schimmer von Ungeduld oder gar Ungläubigkeit. Er wollte Bernd erst einmal völlig zur Ruhe kommen lassen, denn er keuchte noch und mußte ein paar mal husten.

„Du bist doch der nette Winker von der Schubertbrücke, stimmts?" Bernd erhob sich und bestätigte voller Stolz:

„Jawohl, das bin ich!" Nach dieser Begrüßung folgten einige Fragen. Zu seiner eigenen Verwunderung mußte Bernd zugeben, daß er Kens Nachnamen nicht wußte.

Plötzlich ertönte trappelndes Geräusch. Aus der Richtung, aus der es kam, sah man Casper und Sabine angehastet kommen. Bernd und seine Helfer warteten, bis die beiden nach Atem ringend, angelangt waren.

„Wir suchen dich. Was tust du hier?" erkundigten sich die Geschwister und schauten mit bangen Blicken die beiden Beamten an. Bernd erzählte ihnen schnell vom eingeschlagenen Fenster, von den verschwundenen Gewichten und von seinen Beobachtungen von der Brücke aus. Jetzt holte er auch das Stück Schnur, welches er vor Kens Arbeitstisch gefunden hatte, aus seiner Hosentasche. Es gab keinen Zweifel darüber, daß es von der gleichen Art war, wie die Schnur, die am Pfahlhaken verknotet worden war.

„Nun wollen wir einmal sehen, was wir hier herausfischen können", schlug der Schutzmann vor. Sein Kollege warf ihm ein Paar lange Gummistiefel herüber. Die zog er an und stieg die Steinstufen hinunter. Bald stand er bis an die Knie im Wasser und griff mit den Händen nach etwas Dunklem. Ruckweise brachte er es an die Oberfläche. Es war die zusammengebundene Spitze eines Gummisackes. Viele Male wand sich die blaue Schnur um das gefaltete Oberteil. Casper und Bernd griffen nun zu und halfen, ungeachtet ihrer naß werdenden Schuhe, den Sack aus dem Wasser zu ziehen. Triefend kam er aus der Tiefe, wurde die Treppe emporgeschleift und lag vor den Findern im Gras. Casper betastete das unförmige Ding und stellte triumphierend fest:

„Bernd hat recht. Alle drei Gewichte und das Pendel sind hier drin!"

Der Beamte staunte. Er hatte Bernds Bericht entgegengenommen, fand die ganze Angelegenheit jedoch höchst ungewöhnlich. Er meldete seinem an Bord verbliebenen Kollegen den seltsamen Fund, nachdem er sich davon überzeugt hatte, daß die Gegenstände tatsächlich in dem Sack waren.

„Wir haben schon allerlei aus dem Kanal gezogen, aber so etwas noch nicht."

„Alles an Bord, los, los", forderte der Kollege vom Schiff aus auf.

„Wir auch?" fragte Sabine ungläubig.

„Natürlich", erwiderte der Mann mit den Gummistiefeln. Bernd rief:

„Halt, halt, meine Tomaten. Er war nicht davon abzubringen, sie zu holen, lief davon und ließ alle von der Brücke aus wissen.

„Bin in fünf Minuten zurück."

Wäherend der Gummisack mit den Uhrenteilen an Bord geschleppt wurde, erkundigten sich die beiden Beamten, woher Bernd, der sich vor kurzem noch in einer nicht ungefährlichen Lage befunden hatte, jetzt Tomaten holen wollte. Sabine erklärte, daß er ursprünglich nur danach ausgeschickt worden war.

„Mut hat euer kleiner Bruder für drei", sagte einer der Männer, „wenn der Bursche, der den Einbruch verübt hat gesehen hätte, daß der Kleine sich hier an seinem Versteck zu schaffen machte, dann hätte es ihm übel ergehen können." Sabine wollte das nicht zu Ende denken und war herzlich froh, als sie Bernd mit seinem Korb die lange Treppe herunterkommen sah.

„Ist Ken schon da?" fragte Casper als erstes.

„Nein", antwortete Bernd, „in der Laube sieht es genauso aus wie vorhin, und Ken ist noch nicht da."

Unterwegs erklärten die Beamten, daß sofort vom Revier aus veranlaßt werden würde, den Einbruch zu untersuchen.

„Du wirst morgen auch einmal zur Dienststelle kommen müssen", ließen sie Bernd wissen, „ein Erwachsener muß ebenfalls anwesend sein. „Bernd guckte Sabine und Casper ratsuchend an. Darüber mußte man nun sprechen.

Zunächst hielt Casper es für wichtig, den Beamten seinen Verdacht auf den Rumpelkammermann mitzuteilen. Die Geschwister nickten und bestätigten, daß nur er dafür in Frage kam.

Die Adresse des Altwarenhändlers wurde aufgeschrieben. Sabine ergänzte:

„Das ist gar kein richtiger Trödelladen", denn sie hatte nun auch schon Erfahrung, „was dort herumsteht, ist alles modernes Zeug, nur nicht nagelneu. Vielleicht sind das alles gestohlene Sachen."

„Dieser Fischzug wird immer interessanter", sagte der eine Wasserschutzmann, „wir vermuten seit Monaten den Abnehmer einer Autoknackerbande hier in dieser Gegend."

„Autoknackerbande?" wiederholte Bernd langsam, denn er konnte sich darunter nichts vorstellen.

„Ja, es treibt in diesem Teil der Stadt eine Gruppe Jugendlicher ihr Unwesen. Sie brechen mit Vorliebe parkende Autos auf und entwenden daraus Gegenstände. Sie bauen sogar die Autoradios aus."

„Zwei ausgebaute Autoradios habe ich in dem Laden selbst gesehen", sagte Casper mit Bestimmtheit.

Die Beamten schauten sich bedeutungsvoll an. Dann sagte der eine:

„Wenn das stimmt junger Mann, dann könnt ihr euch gratulieren, denn auf Hinweise zur Ergreifung der Autoknackerbande steht Belohnung."

„Mensch!" entfuhr es Bernd. Er ließ den Korb fallen und alle Tomaten rollten auf dem blitzsauberen Motorboot herum. Zu dritt sammelten sie die kullernden Dinger wieder ein.

„Ihr werdet bald nur noch mit Ketchup nach Hause kommen", scherzte der Steuermann. Dann ließ er Bernd wissen:

„Ein Kollege vom Revier wird dich und deinen Vater morgen früh anhören. Du mußt alles berichten. Das muß sein, versteht du?"

„Wird gemacht", versprach Bernd, der sich selbst fast wie ein Kollege der Winkfreunde fühlte. Casper und Sabine machten sich indessen Gedanken darüber, wie man Onkel Alfred die Geschichte beibringen konnte. Darauf waren sie nicht vorbereitet gewesen.

Ohne schlechtes Gewissen über die Sorge, die sein

Ausbleiben verursacht hatte, ließ Bernd sich von seiner Pflegemutter umarmen. Bevor sie zu Worte kam, erklärte er stolz.

„Ich habe einen Räuber verfolgt!"

Frau Schott ließ ihn noch immer nicht los. Sichtlich um eine Entscheidung kämpfend, ob sie lachen oder weinen sollte, gestand sie:

„Kind, wir haben uns so sehr gesorgt. Als die Zeit zum Winken herankam, und du warst nicht da, da wußten wir, daß irgend etwas geschehen sein mußte."

„Ich habe ja gewinkt, von woanders allerdings. Und dann sind wir alle mit dem Boot zurückgefahren."

„Nun laß mal die Scherze Junge, und erzähle, was wirklich vorgefallen ist", gebot Herr Schott, dem man ansah, daß er sich ernsthafte Gedanken über Bernds Ausbleiben gemacht hatte. Zuerst berichtete Bernd ganz allein sein Abenteuer. Sabine und Casper saßen dicht bei ihm und lauschten jedem Wort mit Spannung, jederzeit bereit, einzugreifen, falls er sich versprechen sollte und das Geheimnis preisgab. Zu ihrem Erstaunen hatte der Jüngste sich ganz großartig in der Gewalt. Er sprach nur von geputzten Metallgegenständen, die von Kens Arbeitstisch verschwunden waren.

„Wie froh bin ich, daß du mit diesem Kriminellen nicht in Berührung gekommen bist. Er hätte dir etwas antun können." Frau Schott war noch immer blaß vor Angst um den ihr anvertrauten Jungen.

Bernd jedoch schien unbeeindruckt und hatte alle Furcht vergessen. Er schilderte den Verdächtigen.

„Er ist ein ganz junger Mann, nicht viel älter als Uwe."

„Was werden sie denn mit ihm machen, wenn sie ihn kriegen?" war Susannes Frage darauf.

„Das hängt davon ab, wie alt er ist", erklärte Herr

Schott, „er kann eine Form der Jugendstrafe bekommen oder er kann regelrecht eingesperrt werden." Uwe verzog sein Gesicht. Gerade ihm der empfindsam war, bereitete dieser Gedanke großes Unbehagen. Außerdem war im Zusammenhang mit dem Alter des Einbrechers sein Name gefallen. Susanne sagte:

„Manchmal ist es besser, sie werden erwischt, denn heute brechen sie nur Autos auf, aber morgen machen sie vielleicht etwas viel Schlimmeres."

Onkel Alfred nickte. Neben ihm saß Sabine, ihre kleinen Hände lagen still auf ihrem roten Röckchen. Betrübt schaute sie auf sie hinab. Vor kurzem hatte sie noch einen unbeherrschten Zorn auf den Burschen gehabt, der gewagt hatte, die wichtigen Teile von Tante Magdas Uhr zu stehlen. Auf einmal spürte sie etwas wie Mitleid mit diesem jungen Fremden, den keine Hemmungen und keine Gewissensbisse von dieser häßlichen Tat abgehalten hatten. Wie oft hatte sie gehört, daß Kinder, die ohne Liebe und Zuneigung aufwachsen müssen, zu Verbrechern werden. Sie wußte auch, daß manches Elternpaar sich nicht vernünftig um seine Kinder kümmern konnte, weil es andere Sorgen hatte. Von manchen Kindern wußten die Eltern nie, wo sie sich herumtrieben und ob sie in Gefahr waren. Sie merkte plötzlich, daß sie bei diesen Gedanken den Atem angehalten hatte, und holte tief Luft, als ihr einfiel, daß Muttis Sorgen um ihre Geheimnistuerei bald ein Ende haben würden.

„Vielleicht wäre ich auch bei der Autoknackerbande, wenn ich nicht so ein schönes Zuhause gefunden hätte." Uwes Worte fielen wie ein Blitz in das kleine behagliche Wohnzimmer Frau Schott rief:

„Aber Uwe!" Verzagt sah sie zu ihrem Mann hinüber. Onkel Alfred stand auf und ging zu Uwe, der offensicht-

lich verstört war. Seine dicke, rillige Schusterhand lag auf Uwes Schulter, als er sagte:
„Du bist ein einsichtsvoller junger Mann, Uwe. Du hast recht. Es hätte dir auch passieren können."
Die Kinder horchten auf und schauten Uwe an. Herr Schott bemühte sich, Uwes Gedankengang zu vervollständigen.
„In uns allen schlummert beides, Böses und Gutes. Wenn ein Kind nicht genug Liebe und Aufmerksamkeit bekommt, dann entwickelt sich das Böse in ihm." Sabine und Susane schauten Uwe an. Ob wirklich Böses in ihm schlummerte? Er war so ein guter Bruder, lieb und geduldig. Aber er bekam auch viel Aufmerksamkeit. Mutti hörte immer zu, wenn er etwas auf der Flöte vorspielen wollte und Vati half ihm bei der Motivsuche für seine Malereien.
„Kleine Kinder spüren genau, wenn sie um das betrogen werden, was sie haben müssen", sagte nun auch Tante Magda. Die Mädchen stellten sich Bernd in einem überfüllten Kinderheim vor. Sicher würden die Kinder dort seine lauten Frechheiten falsch verstehen und ihn boxen und ihm vor die Schienbeine treten, um ihn zu ducken. Vielleicht würde er in der Ecke stehen oder Strafarbeiten machen müssen.
Sie schauderten bei dem Gedanken und erkannten, was der Vater meinte. So eine Behandlung mußte das Böse fördern und das Gute verkümmern lassen.
„Wer weiß, wie dieser junge Bursche aufgewachsen ist. Wer weiß, wie er dazu gekommen ist, seine Freunde in einer Einbrechergruppe zu suchen und zu finden. Sicher hatte er gute Anlagen, die keiner entdeckt hat. Nun meint er, sich als Spitzbube hervortun zu können, wäre auch etwas Besonderes."

„Schlimm!" bestätigte Frau Schott einsilbig.

„Es ist sogar sehr schlimm", ergänzte ihr Mann, „denn es wachsen auch heute jeden Tag kleine Jungen ohne Fürsorge, ohne Liebe und ohne Freiheit auf, sie alle sind gefährdet." Den Gedanken fand Sabine unerträglich. Ratsuchend blickte sie in das Gesicht ihres Adoptivvaters. Er blieb bei ihr stehen und faßte unter ihr Kinn.

„Darum sind wir alle mitverantwortlich, du auch, kleine Bine. Wir für euch und ihr für eure Freunde und später für die, die nach euch aufwachsen."

Sie hatte das verstanden und wollte es sich merken, für immer. In dem warmen, guten Gefühl der Geborgenheit, in einer Familiengruppe aufzuwachsen, die Anteilnahme und Freiheit zu gleichen Teilen gewährte, war Sabine an diesem Abend ein Stück älter geworden.

Am Ende dieses ereignisreichen Tages bat Uwe Onkel Alfred, noch einmal ins Jungenzimmer zu kommen Sabine und Susanne schlüpften dazu, während Tante Magda ein Bad nahm. Es war abgemacht worden, Onkel Alfred einzuweihen. Es ging nicht anders. Der große Mann nahm auf Uwes schmalem Bett Platz und hörte voller Staunen den Bericht. Seine Augen, die von hart gewordenen Lachfältchen umringt waren, blinkten kaum.

„Das habt ihr getan?" fragte er. „das habt ihr wirklich allein gemacht? Ich kann es kaum glauben." Er sah immer wieder einen nach dem anderen an. Berndchen nickte jedesmal, wenn der Blick auf ihn fiel, heftig, denn er war einfach überglücklich, etwas so Großartiges vollbracht zu haben. Seine Beteiligung war nun ebenbürtig mit dem Einsatz der Geschwister.

Casper wurde verlegen. Er knöpfte seine Schlafanzugjacke auf und zu und auf und zu. Dabei sagte er dreimal:

„Es war gar nicht so schlimm!"

Sabine wollte Susannes heimlichen Gang zu dem Rumpelkammermann in Erinerunng bringen und erzählte Beispiele von den Schauergeschichten, die den Mann von dem Uhrenkauf abgebracht hatten. **Herr** Schott vermutete nun ebenfalls, daß der Händler den jungen Mann angestiftet haben mußte, den Diebstahl zu begehen.

„Man sollte aber so einen Verdacht nicht aussprechen, bevor man Beweise hat." **Das war seine Meinung, und die** Jungen nickten.

„Also, ich gehe morgen mit Bernd zum Polizeirevier", versicherte er. Dann erhob er sich und ging zu Tür. Dort wandte er sich noch einmal um und flüsterte, so gut er das mit seiner tiefen Stimme konnte:

„Die alte Uhr! Sie kommt in unser Haus! Was wird bloß die Magda dazu sagen?" Bevor er die Tür aufklinkte, sagte er abschließend:

„Was seid ihr für liebe kleine Menschen!" Uwe der gewöhnlich bedächtig sprach, hatte blitzschnell eine Antwort darauf:

„Das dürfte nach dem, was du uns im Wohnzimmer erklärt hast, dann euer Verdienst sein."

Sabine und Casper, Susanne und Bernd klatschten dazu voll Begeisterung in die Hände.

Herr Schott verschwand nach einem Blinzeln mit merkwürdig leuchtenden Augen. Er war gerührt, und er schämte sich nicht.

„So, nun ist Mutti wirklich die einzige, die es nicht weiß", bemerkte Susanne sachlich.

„Ein paar Tage müssen wir noch durchhalten", ermunterte Sabine alle. Die nächsten Tage waren voller mühseliger Kleinarbeit. Herr Schott war mit Bernd mehrere Male auf der Polizeistation gewesen, um immer wieder Auskünfte zu erteilen. Die großen Geschwister wurden auch gebeten und berichteten ihre Beobachtungen. Die Ermittlungen führten tatsächlich zur Aushebung der lange gesuchten Autoknackerbande, deren Hehler und Abnehmer das Paar in dem Altladen „Rumpelkammer" war. Sogar in den Zeitungen waren Notizen darüber zu lesen. Schotts Bitte, das Kindernest und die Geschwister nicht namentlich zu nennen, war erfüllt worden. Dennoch gebührte ihnen die ausgesetzte Belohnung, und sie nahmen sie in Empfang. Uwe spielte danach stundenlang Flöte. Er lief mit finsterem Gesicht umher und ließ sich vom Mittagessen entschuldigen. Bernd kaute mit vollen Backen und sagte:

„Er denkt an die Einbrecher, die ins Jugendgefängnis müssen und stellt sich vor, er wäre dabei."

Casper und die Mädchen sahen Bernd fragend an, weil sei dachten, er übertriebe.

„Hat er mir ja selbst gesagt. Nachdem wir das Geld für die Ergreifung der Bande gekriegt haben."

Tante Magda legte ihr Besteck aus den Händen und ließ sich ebenfalls entschuldige. Sie ging zu Uwe, denn sein Kummer war wichtiger, als warmes Essen.

Die anderen aßen schweigend weiter. Als Frau Schott zurückkam, war der Tisch abgeräumt. Auf die frangenden Blicke sagte sie:

„Ihm ist besser. Ich habe ihm gesagt, daß es nicht genug ist, daß ihn die Not der Kinder stört, die zukünftige Kriminelle werden. Er soll etwas dagegen tun."

„Wie meinst du denn das?" „Er weiß, wie ich es meine. Ich habe ihm die Möglichkeiten und die Berufe aufgezählt, die es für ihn gibt, um zu helfen. Ich glaube, er möchte helfen und etwas tun, seit er das Schicksal seiner Altersgenossen erfahren hatte."

„Gibt es so etwas für Mädchen auch?" fragte Susanne.

Frau Schott lachte und erwiderte:

„Aber selbstverständlich Sanne."

„Ich würde ganz gerne Lehrerin werden", gestand sie.

Vater Schott brummte höchst überrascht.

„Sieh mal an, ich dachte immer, du wolltest zum Film." Diese Bemerkung trug ihm einen ärgerlichen Blick seiner Frau ein. Aber Bernd mußte leider auch necken.

„Na, dann macht mal euren Fanclub wieder zu, Cordula und du," Susanne sagte kein Wort mehr und ging hinaus. Sabine und Casper empfanden ebenfalls Enttäuschung darüber, daß dieses Gespräch so endete. Sie nahmen sich vor, es an einem gemütlichen Abend mit den anderen fortzusetzen.

Es fand wieder eine Besprechung der Geschwister statt, diesmal im Mädchenzimmer. Die Summe der Belohnung würde für die Bezahlung der Uhr und auch für ihren Transport reichen, rechneten sie sich aus.

Casper stellte die entscheidende Frage:

„Wann wollen wir sie holen?"

„Ken muß dabei sein."

„Wir müssen ihm Bescheid sagen."

„Morgen", sagten Sabine und Susanne wie aus einem Munde. Susanne hatte am nächsten Tag eine reparierte Aktentasche abzuliefern. Sabine erklärte, sie wollte sie begleiten. Frau Schott nickte nur, sie hatte es eilig, da sie mit Bernd, der ein entzündetes Auge hatte, zur Ärztin gehen wollte.

Als die Mädchen bei Ken ankamen, sahen sie ihn auf einem Hocker stehen und den frisch verglasten Fensterrahmen streichen.

„Sag mal, könntest du deinen Tatendrang morgen anderen Dingen zuwenden?" fragte Susanne scherzend.

„Und die wären?" neckte er zurück ohne mit dem Malen aufzuhören.

„Eine schwere, alte Standuhr auf einen Lieferwagen zu heben und sie zu einer ahnungslosen lieben Bekannten zu fahren", fuhr Sabine fort.

„Könnte man der netten Dame nicht statt der schweren alten Standuhr eine hübsche, kleine Armbanduhr mitbringen?" erkundigte er sich.

„Nein, sie muß schlagen", gab Susanne zurück.

„Schlagen muß sie?" fragt er.

„Hm-hm!" machte Sabine.

„Okay, dann laß ich mich schlagen und helfe!"

„Hurrah", brüllten beide.

„Gebt mir bitte den Lappen", rief er in den Lärm hinein, denn die Farbe tropfte. Er wischte und strich weiter. Sie vereinbarten dabei, sich am nächsten Morgen bei den **Schwestern Lazar** im Antiquitätengeschäft zu treffen. Ken hatte die geputzten Messingleuchter, den Gong und andere Gegenstände zu ihnen zurückzubringen und entschloß sich, das per Fahrrad zu tun.

„Ich bringe dann gleich die Gewichte und das Pendel auch im Anhänger mit." So war alles bestens geplant, und sie trennten sich zufrieden und bester Laune.

Diese frohe, erwartungsvolle Stimmung steigerte sich am nächsten Tag, als die fünf Schottgeschwister zu Opa Uhl fuhren.

Er schlug die Hände über dem blanken Haupt zusammen, als er Sabine und Casper, Uwe, Susanne und Bernd in seinen Keller marschieren sah.

„Faßt mir bloß nicht alles an" zeterte er, „so muß einem Museumwärter zumute sein, wenn eine Schulklasse kommt."

Kaum hatte er zu Ende gesprochen, da hatte Bernd

bereits die Kuhglocke, die noch immer hing, in Bewegung gesetzt, und ihr voller Ton hallte durch das Gewölbe.

„Da gehts schon los", jammerte er und verlangte, sie sollten sich gegenseitig an den Händen fassen, wie im Kindergarten.

„Der Alte spinnt doch", flüsterte Bernd empört. Sanne überzeugte ihn, daß er Spaß machte und in Wirklichkeit sehr freundlich war. Den Beweis bekam Bernd, als er hörte, daß Opa Uhl sofort bereit war, zu den Lockendamen zu fahren, um die Uhr zu transportieren.

Sie gingen durch eine Hintertür, die zum Hof führte. Dort stand ein Lieferwagen, der gut und gern als Antiquität beschrieben werden konnte.

„Los, los" forderte Herr Uhl auf und ließ Sabine und Susanne eng gedrängt bei sich auf dem Fahrradbänkchen Platz nehmen. Die drei Jungen kletterten hinten auf die Ladefläche. Langsam ratterten sie durch einen runden Torbogen vom Hof. Auf der Straße hielt Opa Uhl noch einmal, stieg aus und schloß die Ladentür ab. Hinter das Fenster hatte er ein Pappschild aufgehängt, auf dem zu lesen stand, daß Herr Uhl ausgegangen und bald zurück sein werde.

Als sie vor dem schmucken kleinen Geschäft der Lazarschwestern hielten, sahen sie wie beim ersten Mal, die silbergrauen, feinen Frisuren über die Vorhangstangen ragen. Beide standen wieder und spähten durch den Tüll. Es gab auch hier eine große Überraschung über die Besucherzahl. Opa Uhl ließ es sich nicht nehmen, seine beiden reizenden Kolleginnen charmant zu begrüßen.

„So etwas hat es wohl bei Ihnen auch noch nicht gegeben?" fragte Opa Uhl, indem er auf die ungeduldige Schar zeigte.

„Nein, gewiß nicht", bestätigte eine der kleinen

Frauen. Dabei lächelte sie Sabine herzlich an und schob ihr behutsam eine Haarsträhne aus dem ferienbraunen Gesicht.

Ken traf ein, und wieder gab es großes Hallo. Er lieferte die gereinigten Artikel ab und beruhigte Sabine, die sich erkundigte ob er auch die Gewichte und das Pendel mithätte. Opa Uhl hörte es und fragte:

„Meine Güte, holt ihr euch denn das gute Stück stückweise zusammen?"

Im weitem Halbkreis standen sie um die Uhr. Frau Lazar, die Fröhliche, sagte zu ihren jungen Kunden:

„Mit schönen Dingen aus unserem Geschäft ist schon viel Freude bereitet worden, aber noch nie ist ein Gegenstand mit so viel Liebe und Mühe gesucht und geschenkt worden wie diese alte Standuhr."

Die Geschwister nahmen dieses Lob ohne falsche Bescheidenheit an. Sabine sprach aus, was die anderen ebenfalls dachten:

„Sie waren so nett zu uns und so hilfsbereit. Und Sie Opa Uhl auch. Wir danken Ihnen sehr." Dabei fielen ihr die beiden Krankenschwestern ein und sie nahm sich vor, ihnen mit Casper zusammen eine Karte zu schreiben. Ken und Opa Uhl hatten sich bereits einen Möbelträgerriemen über die Schultern gelegt. Er lief zwischen ihnen unter der Standuhr hindurch. Sie ruckten an, der hohe Kasten bewegte sich, und es wurde ernst. Die Geschäftsinhaberinnen liefen wie aufgescheuchte Hennen hin und her.

„Wenn nur nichts passiert", rief die eine. Die andere kam mit einem Besen angelaufen, um das Häuflein Staub, das sich unter der Uhr angesammelt hatte, zu entfernen. Mehrere Male mußten der junge und der alte Mann ihre Last vor und zurückschieben, bis sie sie durch die schmalen Türen tragen konnten. Es war schwierig, das schwere, lange Möbelstück durch den mit zerbrechlichen Dingen, vollgestopften kleinen Laden zu bewegen. Sie lachten alle mit, denn Opa Uhl, trotz aller Mühe, noch seine Witze machte, und Ken ihm an Schlagfertigkeit dabei nicht nachstand.

Endlich lag die Uhr weich umwickelt im Lieferauto. Ihr Preis wurde den beiden Schwestern bar auf den Ladentisch gezahlt. Ihre Forderung war bescheiden und angemessen und wurde deshalb gern gezahlt. Nun war der Handel abgeschlossen und Tante Magda wieder Eigentümerin der Uhr, die Onkel Emmerich für sie bestimmt hatte. Es sollten nur noch wenige Stunden vergehen bevor sie das erfuhr.

Es gab einiges Gedränge, dann waren sämtliche Begleitpersonen der wichtigen Fracht verladen. Bernd hielt in einer Hand den Schlüssel der Uhrtür, der beim Tragen heruntergefallen war. Susanne lobte ihn für seine Umsichtigkeit. Flüchtig mußte sie daran denken, wie sie Bernd in das Geheimnis eingeweiht hatte. Während der Fahrt, die nun das Ende der ganzen Angelegenheit bedeutete, fiel ihr auch ein, daß sie Cordula die verreist war, unbedingt einen Brief schreiben mußte. Auch Sabine war besinnlich. Sie erinnerte sich an die Zeit, als das, was heute Wirklichkeit geworden war, nur eine Idee von Casper war. Sie freute sich, daß er ihr die Mitarbeit anvertraut hatte. Sie würde die ersten Tage ihrer heimlichen, gemeinsamen Pläne nie vergessen. Als sie aufschaute, erkannte sie, daß er sie die ganze Zeit schon beobachtet haben mußte. Er lächelte und sagte:

,,Ich glaube, ich weiß woran du gedacht hast."

,,Wie es angefangen hat", erwiderte sie.

,,Also hatte ich recht!" aber sie mußten die Erinnerungen für einen anderen schönen Tag aufheben und die bevorstehende Überraschung konzentrieren.

Die Gedanken aller begannen um Tante Magda zu kreisen.

Sie stand derweil zu Hause in der Küche und legte Wurst und Käse auf die Holzteller. Nachdenklich, wie immer in den letzten Wochen, ordnete sie Brotscheiben im Körbchen und stellte einen Krug mit Saft auf den Tisch. Herr Schott kam in die Küche und verkündete:

„So, Schluß für heute." Wieder war einmal Feierabend.

„Schon Tisch gedeckt?" fragte er danach.

„Ja, ich möchte gern früh mit der Küche fertig sein", war die Antwort, „denn ich habe noch eine Menge zu bügeln."

Onkel Alfred goß sich etwas Apfelsaft in sein Glas, nahm einen Schluck und sagte mit verschmitztem Lächeln:

„Zum Bügeln wirst du heute abend nicht mehr kommen, liebe Magda."

„Sprich du nicht auch noch in Rätseln", ließ sie gereizt hören.

„Du wirst schon sehen, daß ich recht habe", beharrte er ungerührt und genauso rätselhaft. Dann ging er hinaus.

Sie hörte ihn im Wohnzimmer Möbel rücken und folgte.

„Was tust du nur?" forschte sie, völlig verwundert. Er schaute zufrieden auf die frei gewordenen Ecken.

„Meinst du nicht, daß man einmal das Wohnzimmer umräumen sollte?"

„Nein, das meine ich eigentlich nicht. Ich habe eher das Gefühl, daß ihr alle euer Oberstübchen umgeräumt habt."

Sie schlurfte hinaus und begann heftig und ärgerlich ihre Wäschestücke einzuspritzen. Die gehefteten neuen Röcke der Töchter lagen oben auf dem Korb. Sie legte sie beiseite und fand darunter eine zerissene Hose von Bernd, der Flicken auf die Knie gebügelt werden mußten. Obwohl sie sich vorgenommen hatte, das seltsame Tun ihres Mannes zu übersehen, hörte sie, daß er die Ladentür wieder aufschloß. Das fand sie so unbegreiflich, daß sie hinging, um sich zu vergewissern, was das bedeuten sollte.

„Gedenkst du auch, den Laden umzuräumen?"

„Nein, nein, ich muß nur Platz schaffen."

Sie kam in ihrer Neugier bis zur Tür und schaute mit ihm die Straße entlang. Er schob sie sanft zurück und bat liebevoll:

„Magda, ich glaube dir gern, daß du von Heimlichkeiten genug hast. Aber gedulde dich bitte noch ein Stündchen."

Sie ließ sich widerspruchslos von ihm zum Schlafzimmer führen und nickte, als er anordnete:

„Hier bleibst du bitte sitzen und kommst nicht heraus, bis wir dich rufen. Versprich mir das. Du verdirbst sonst den Kindern und mir die Überraschung."

Sie versprach es, und er ging zurück ins Geschäft, um seinen Warteposten zu beziehen.

Nach einer Weile hörte Tante Magda bis ins Schlafzimmer alle Stimmen ihrer Kinder und dazu noch Kens Stimme, sowie die eines fremden Mannes. Sie lachten, flüsterten. Dann hörte sie Stöhnen und Ächzen und leise Kommandos. Und wieder Kichern und das Rücken von Möbelstücken. Dann wurde es plötzlich still. Frau Schott lauschte vergebens. Was in aller Welt ging dort draußen vor sich.

Dann tönte ein vergessener und zugleich vertrauter

Klang durch die Wohnung und gab Antwort auf viele Fragen. Sie wagte kaum zu atmen, um den Klang zu hören, der noch nie durch diese Räume geschwebt war. Ihr Herz klopfte heftig, und die Röte tiefer, freudiger Erregung überzog ihre Wangen und allmählich ihr ganzes Gesicht.

Die Überraschung, dachte sie, das war also die Überraschung! Sie wagte kaum zu glauben, daß das wirklich Onkel Emmerichs alte Standuhr sein konnte, die dort im Wohnzimmer bei dem alten Schrank stand und für sie schlug. Nie und nimmer wäre sie daraufgekommen, daß die Kinder so etwas allein unternehmen würden. Es war unfaßbar, daß sie es geschafft hatten und dann noch Stillschweigen bewahrt hatten, bis die Uhr da war.

Leise begann sie zu weinen und bemühte sich nicht einmal, die Tränen der übergroßen Freude zurückzuhalten. Aber die Schlafzimmertür schloß sie vorsichtshalber ab. Niemand in der Familie war von ihr Gefühlsaufwallungen gewöhnt, sie wollte noch einen Moment allein bleiben. Inzwischen hat die Uhr zwölfmal geschlagen, und es war danach auffallend still. Kurz darauf klinkte es an der Tür. Jemand stutzte und fragte:

„Aber Mutti, du hast dich eingeschlossen? Komm heraus!"

„Ja, Kind. Gleich komme ich, Sabine, gleich."

Frau Schott betupfte ihre Augen und lachte dabei in den Spiegel. Dann bürstete sie ihr Haar, band die Schürze ab und ließ sie einfach zu Boden fallen. Langsam öffnete sie die Tür und schritt in die Diele. Viele Erinnerungen überstürzten sich während dieses kurzen Ganges. Bilder aus ihren Mädchenjahren mischten sich in verwirrender Eile mit den Ereignissen der letzten Wochen. Briefstellen und Gesprächsfetzen längst vergangener Jahre tauchten auf und wurden sofort von schleierhaften Antworten der Kinder während der Unterhaltungen in der letzten schwierigen Zeit verdrängt.

Vom Türrahmen, in dem sie stehen blieb, konnte sie die Uhr, die sie mit so viel Freude gehört hatte, nun auch gut sehen. Sie war in der Ecke aufgebaut worden. Hinter der Glastür, in der sich die Stehlampe spiegelte, schwang gleichmäßig mit geheimnisvollem Schimmer das reichverzierte Pendel. Das große Uhrengesicht mit seinen römischen Ziffern war auch von Ken noch blank geputzt worden. Es schaute auf Tante Magda hinunter.

Die Zeiger standen auf zehn Minuten nach zwölf. Herr Schott schob einen Stuhl neben die Uhr, reichte seiner Frau die Hand und forderte sie auf:

„Stelle deine Uhr auf die richtige Zeit."

Tante Magda tat es schweigend. Ihre Hände zitterten ein wenig, als sie die Zeiger schob. Aber das sah unten niemand.

„Nun wissen wir alle immer, was die Stunde geschlagen hat", bemerkte Herr Schott, um die Rührung seiner Frau zu überbrücken. Sie hüpfte jedoch recht vergnügt von dem Stuhl herab und strahlte alle ihre Lieben in herzlicher Freude an.

Ken stand ein wenig abseits und überlegte, ob er sich zurückziehen sollte. Opa Uhl hatte die Familie schon allein gelassen und viel Glück gewünscht.

Uwe erriet Kens Überlegung und hinderte ihn am Fortgehen.

„Du mußt bleiben. Ohne dich hätten Casper und Sabine vielleicht nie angefangen zu suchen." Die beiden gaben ihm recht, und Casper erwähnte sogar, daß ihm der Einfall nicht zuletzt durch Kens Trödelhobby gekommen war. Sabine hakte sich bei ihm ein und sagte:

„Du warst am Anfang dabei, du gehörst am Schluß dazu."

Tante Magda war mehrere Male vom alten Schrank zur alten Uhr zurückgegangen. Sie war noch immer ziemlich sprachlos. Die Kinder wollten am liebsten alles sofort bis ins Kleinste berichten, aber Onkel Alfred bat sie, sich zu gedulden und Tante Magda in Ruhe die Überraschung genießen zu lassen.

„Es gibt so vieles zu erzählen, das soll auch geschehen, aber nicht alles gleich heute."

Tante Magda nickte ihm dankbar zu. Sie fühlte nicht nur die Anstrengung dieser großen Freude, sondern auch eine große Erleichterung, in der alle ihre Sorgen um die Verschlossenheit der Kinder zerrannen.

„Nun setz dich doch erst einmal hin", schlug Bernd vor, „du kannst sie ja auch von hier sehen." Reichlich erschöpft ließ sie sich in einen Sessel fallen.

„Jetzt müssen wir die Inschriften vorlesen", verlangte Uwe. Diesmal fiel Onkel Alfred diese Aufgabe zu. Selbst Casper meinte, daß er die Verse am ernsthaftesten vortragen würde. Keines der Kinder würde sie, ohne zu lachen, lesen können, und das würde Tante Magdas Freude verderben. Uwe schloß die Glastür auf, und Herr Schott griff sich jeweils eines der Gewichte, die an langen starken Ketten hingen und las.

„Nummer eins:
Der Mensch, ein Wurm, ein armer Wicht,
er ist auf Reichtum nur erpicht.
Er meint das Glück und findet's nicht.
Nummer zwei:
Der Mensch, ein Tor, weil er nicht glaubt,
daß er sich immer selbst beraubt,
wenn er nur Geld und Gold sich klaubt.

Nummer drei:
*Der Mensch, ein Narr, er sieht nicht ein,
die Zeit und nur die Zeit allein,
sie ist mehr wert als Edelstein."*

Niemand hatte gelacht. Onkel Alfred schaute gespannt auf seine Frau. Sie sagte:

„Das muß er selbst geschrieben haben. Es ist seine Lebensgeschichte. Er war immer so tiefsinnig. Es ist, als spräche er."

Uwe hatte währenddessen unverwandt auf das schwingende Pendel gestarrt. Vor der Uhr hockend, schaute er wie gebannt und murmelte vor sich hin.

„Ach richtig", sagte Herr Schott, „es kommt ja noch mehr." Dann las er den kurzen Spruch auf dem Pendel. Uwe wartete die Wirkung nicht ab, sondern wiederholte den eben gelesenen Spruch noch einmal laut und mit besonderer Betonung.

„Laß dich nicht hypnotisieren", rief Bernd.

Uwe schaute so fieberhaft konzentriert, daß die Mädchen längst gemerkt hatten, daß es um etwas Wichtiges ging. Uwe erhob sich, wandte sich zu der Gruppe um und sprach mit einer vor Aufregung heiseren Stimme:

*„Nun schwinge hier für alle Zeit,
als Kostbarkeit in Kostbarkeit."*

Bisher konnte keiner diese Worte sensationell finden. Uwe sah, daß er erklären mußte, was er entdeckt zu haben glaubte.

„Nun schwinge hir für alle Zeit --- damit ist das Pendel gemeint. Das letzte Wort heißt Kostbarkeit, damit hat Onkel Emmerich in seinem Tiefsinn die Zeit gemeint. Aber das erste Mal, wenn er Kostbarkeit sagt, da meint er es wörtlich."

Er schaut in die Runde. Noch immer konnte niemand

folgen. Am allerwenigsten Tante Magda, die etwas benommen von allem, was auf sie einstürmte, zwischen ihren Lieben saß und glücklich lächelte. Aber Casper sprang wie gestochen auf.

„Menschenskinder, es schwingt etwas in der Zeit!"

„Das ist ja das reinste Gesellschaftsspiel", brummte Onkel Alfred. Er suchte in Kens Gesicht nach Verständnis.

„Mit der Zeit ist die Pendelbewegung gemeint", antwortete Ken. Sabine und Susanne, die nun auch ihre Vermutungen hatte, riefen:

„Nun schwinge hier, als Kostbarkeit im Pendel!"

„Richtig", Uwe war selig, „das heißt, es schwingt etwas im Pendel mit."

Sie stürmten gemeinsam auf das neue alte Möbelstück zu. Onkel Alfred schritt dazwischen. Ihm war klargeworden, daß sich die Schar nicht davon abbringen lassen würde, das Pendel näher zu untersuchen, und schlug vor, es behutsam zu öffnen.

Während Ken mit Onkel Alfred ging, um Geräte zu holen, nahmen Uwe und Casper bereits den Pendelstock aus dem Uhrenkasten und legten ihn auf den Kaffeetisch. Tante Magda hat es mit Unbehagen verfolgt, vertraute aber den Einfällen ihrer an Phantasie so reichen Familie und schaute stumm dem Treiben zu. Leise sagte sie nur:

„Zum Bügeln komme ich wahrhaftig nicht mehr."

Sie schaute zu, wie Ken vorsichtig einen kleinen Schraubenzieher in das erste der Schräubchen setzte, die die beiden gewölbten Metallschalen des Pendels zusammenhielten. Man sah ihm die Erfahrung mit antiken Gegenständen wohl an. Sie beobachtete ihn vertrauensvoll. Bald war ein Zwischenraum entstanden, der sich immer mehr erweiterte, als Ken eine winzige Schraube nach der anderen löste. Sabine bückte sich bereits, um hineinzublinzeln. Nichts war zu erkennen. Ken drehte nun das ganze Pendel samt dem Hängestock um. Es klapperte im Inneren! Das hatte es vor der Lockerung der Platten nicht getan.

Das Pendel lag nun auf der beschrifteten Vorderseite von der sich die rückwärtige Schale immer mehr abheben ließ. Keiner sprach ein Wort, alle verfolgten gespannt jeden Handgriff. Ken fuhr fort zu arbeiten und nahm schließlich sanft die beiden Pendelhälften auseinander. Alle Augen schauten in die offen liegende Hälfte auf dem Tisch. Sie war mit rotem Samt ausgeschlagen, der viele, blanke Druckstellen auwies. Sonst war sie leer.

Die andere Seite des Pendels hielt Ken noch in seinen Händen. Er drehte sie um und legte sie auf den Kaffeetisch, vor Tante Magda. In ihrem Rund lag Schmuck. Er war überall an den roten Samt geheftet und funkelte im plötzlichen Licht, wie befreit. Tante Magda blickte auf drei Reihen kunstvoll gegliederter Ketten, die dicht mit gleißenden Steinen besetzt waren. Die größten Edelsteine waren grün, glatt und von atemberaubender Schönheit. Ihre Farbe schien unergründlich von selbst zu leuchten. Die kleineren Steine glitzerten kalt und blendendweiß. Feurig brach sich das Licht in ihnen. Diese ganze sprühende Pracht wurde von feinem goldenen Gitterwerk zusammengehalten. Selbst der Verschluß war mit Edelsteinsplittern bekrustet. Keiner von ihnen hatte jemals etwas Ähnliches gesehen.

„So was nennt man Geschmeide", sagte Bernd beeindruckt, aber keineswegs ehrfürchtig.

„Wie im Märchen", wisperte Sabine.

„Wie im Film", verbesserte Susanne.

Herr Schott betrachtete wortlos die Juwelen, die ihm

an diesem Abend verborgen in sein Haus getragen worden waren. Er zweifelte nicht daran, daß dieser Halsschmuck echt war. Ein Gedanke drängte sich ihm auf, den er für sich behielt: Wieviel Paar reparierter Schuhe mochte dieser Gegenstand maßlosen Luxus' wohl wert sein?

Seine Frau dagegen war weniger nüchtern. Sie sagte zartfühlend:

„Es muß der oft erwähnte Brautschmuck sein. Smaragde und Brillianten, es stimmt. Sicher hat er ihn damals vor Enttäuschung und Verzweiflung in die Uhr einbauen lassen."

Hab ich euch nicht immer gesagt, daß der Onkel Emmerich..." bevor Bernd seinen Satz vollenden konnte, hielt ihm Susanne den Mund zu. Als sie ihre Hand wieder wegnahm, sagte er:

„Eigenartig gewesen sein muß."

Auch Ken mußte etwas sagen, um seine Spannung loszuwerden.

„Wenn Uwe nicht den Vers enträtselt hätte, dann hätte das Stück hier wirlich bis in alle Ewigkeit geschaukelt."

„Wenn Bernd nicht den Diebstahl entdeckt hätte, dann wäre es in die Hände des Rumpelkammermannes geschaukelt", bemerkte Casper. Worauf Sabine mit heller Stimme rief:

, Wenn Casper nicht den Einfall gehabt hätte, die Uhr zu suchen, dann wären die Lockentanten für alle Zeit mit dem Staubwischen der Uhr beschäftigt."

„Oder die Metallteile wären hier eines Tages auf dem Schrottplatz gelandet!" Susannes Vermutung wurde von Onkel Alfred unterbrochen:

„Nun leg das Ding doch einmal um!"

Tante Magda, die noch immer still vor dem Gefunkel saß, erwiderte erschrocken:

„Nein, niemals. Dieser Schmuck war für Elise bestimmt."

Sabine fragte ganz entsetzt:

„Du willst die Kette nicht haben?"

„Nein, ich möchte sie nicht haben. Sie war nicht für mich bestimmt." Alle wußten, daß diese Worte endgültig waren.

Casper erinnterte seine Pflegemutter:

„Du hast sie doch geerbt. Der Schrank und die Uhr, mit allem darin, nicht wahr, so hatte es doch Onkel Emmerich angeordnet?"

Das konnte sie nicht widerlegen, aber sie fand einen Einwand:

„Es steht auf dem Pendel: Nun schwinge hier für alle Zeit..."

Da brach ein Sturm der Entrüstung los.

„Du willst das Geschmeide wieder einsperren und da baumeln lassen?" Bernd brachte ungehemmt seine Empörung zum Ausdruck. Frau Schott war fast am Ende ihrer Nervenkraft.

„Kinder, Kinder, laßt mir doch die große Freude an meiner lieben Uhr. Was geht mich dieser Schmuck an?"

So etwas hatte sie noch nie im Zusammenhang mit Dingen ihres geliebten Onkels gesagt. Daran merkte Herr Schott, daß sie ratlos war.

„Jetzt rede ich!" rief er und Ken mußte:

„Psst, attention", sagen, weil die Mädchen nicht aufhörten zu schwatzen. Dann waren alle still.

„Sabine und Casper haben mit der Suche nach der Uhr begonnen. Ken stand ihnen hilfreich zur Seite. Susanne und Uwe und Bernd schlossen sich an. Jeder tat sein bestes. Es war keine leichte Zeit, für die Kinder nicht und für uns auch nicht. Viele Mißverständnisse hat es gegeben.

Nun ist die Uhr da. Alles hat sich aufgeklärt, und wir haben Freude." Alle nickten. Daran war nicht zu rütteln. Gespannt warteten sie, wie es weitergehen würde.

„Ich will mich kurz fassen", versprach Onkel Alfred, „zu erklären gibt es in den nächsten Tagen noch vieles. Nun aber, da wir diesen wertvollen Schmuck in der Uhr gefunden haben, bekommt alles eine neue Wendung."

Auch hier erhielt er ungeteilte Zustimmung.

„Es ist nun dein Schmuck, Magda. Er gehört dir. Er kam auf Umwegen zu dir, aber nun ist er da und ist dein. Niemals hättest du ihn gesehen, wenn die Kinder sich nicht um die Uhr gekümmert hätten. Von Juwelen wußten sie nichts. Aber nun sind sie da."

Sabine versuchte sich vorzustellen, daß sie auf der Uhrensuche gewußt hätten, daß Smaragde und Brillianten in ihr steckten. Aber es gelang ihr nicht.

Susanne mußte immer wieder denken, wenn der Rumpelkammermann wüßte, was ihm durch seine gierigen Finger gegangen war. Beide hörten wieder ihrem Vater zu, der gerade sagte:

„Dein Onkel Emmerich, liebe Magda, ist mit viel Glück, aufgrund seiner Abenteuerlust und gewiß auch einiger Mühe zu unermeßlichem Reichtum gelangt. Nach der Enttäuschung mit der fortgelaufenen Braut hat er jedoch nichts Nennenswertes mehr vollbracht. Eigenbrötlerisch hat er von Gütern gelebt, keine Freunde gehabt, niemandem geholfen, aber vielen weh getan."

Tante Magda schaute betrübt vor sich hin. Wie schmerzlich war es für sie, diese Wahrheit zu hören, die sie lieber romantisch vertuscht sah. Da sie nicht widersprach, fuhr Herr Schott fort:

„Seine eigensinnigen und starrköpfigen Ansichten sind mit ihm gestorben. Wir wollen sie nicht fortsetzen, indem wir dieses glitzernde Prunkstück wieder in das Uhrenpendel stecken."

Die Spannung in der Gruppe wuchs. Die Geschwister ahnten, daß er nun auch einen Gegenvorschlag machen mußte, und waren sicher, daß er einen vorbereitet hatte. Sie konnten kaum warten, ihn zu hören.

„Tragen willst du dieses Angebinde nicht, liebe Magda. Ich bin nicht traurig darüber. Also werde wir es verkaufen. Du arbeitest viel für die Kinder. Sie haben etwas Liebes für dich getan. Nun soll dieses Schmuckstück für uns etwas tun. Wir werden uns von dem Geld dafür ein Häuschen auf dem ‚Platz' bauen!"

„Hurrah", schrie Bernd als erster.

„Hurrah, dreimal Hurrah", brüllten Uwe und Casper, und hell fielen die Mädchenstimmen mit ein.

„Je nachdem, was diese protzigen Juwelen wert sind, wird das Haus ausfallen. Für eine schöne große Wochenendlaube reicht es bestimmt!"

Tante Magda lachte und freute sich und rief plötzlich auch:

„Hurrah!" Ja, damit war sie einverstanden.

Nun hatte Onkel Alfred also auch etwas Wichtiges, was mit der Anschaffung der Uhr zusammenhing, beigesteuert. Er war froh, zu sehen, daß alle begeistert waren. Dann erhob sich Ken, reckte seine Arme und erklärte:

„Meine Lieben, ich verlasse euch jetzt. Ich wünsche euch eine gute Nacht, mit melodischem Uhrenschlag", scherzte er, und setzte dann hinzu, „für morgen habe ich etwas Wichtiges vor."

Seine jungen Freunde schauten ihn fragend an. Er sagte:

„Ich muß mich unbedingt daranmachen, eine Tür in

den Gartenzaun zu bauen. Meine neuen Nachbarn können doch nicht immer über den Zaun steigen."

Casper und Sabine begleiteten ihn nach einem herzlichen Abschied von Tante Magda zur Tür.

„Das haben wir fein gemacht", sagte Sabine.

„Das war Klasse!" stimmte Casper zu. Ken bemerkte:

„Da ihr ja nun immer genau wißt, wie spät es ist, werdet ihr mich nicht mehr im Morgengrauen aus dem Bett holen." Gerade als Sabine versprechen wollte, das nicht zu tun, rief Casper, dem davoneilenden Ken nach:

„Doch, wenn uns wieder etwas Neues einfällt."